동서양
학문으로 보는

# 자기 이해

진영아 저

학지사

# 머리말

인간은 태초부터 '나는 누구인가?'라는 질문을 품고 살아왔습니다. 이 근원적인 물음에 대한 답을 찾기 위해 우리는 끊임없이 자신을 탐구하고 이해하려고 노력해 왔습니다. 자기이해는 단순한 자기인식의 차원을 넘어, 삶의 방향을 설정하고 의미를 부여하는 중요한 과정입니다. 이는 우리의 정신적 건강과 행복에 깊이 연관되어 있으며, 현대 사회에서 더욱 강조되고 있습니다. 이 책은 이러한 자기이해를 동양과 서양의 학문적 관점에서 다양하게 탐구하고자 합니다.

서양 학문에서는 자기를 이해하는 다양한 방식이 발전해 왔습니다. 제1부에서는 이러한 서양 학문을 통해 자아와 자기, 콤플렉스, 점성술, 증후군, 나르시시즘, 혈액형, 가스라이팅 등을 다룹니다. 서양의 자기이해는 주로 인간의 심리와 행동을 분석하고 이해하는 데 초점을 맞추고 있습니다. 첫 번째 장에서는 자아와 자기의 개념을 탐구하며, 인간의 내면을 깊이 있게 들여다봅니다. 이어지는 장에서는 콤플렉스를 통해 심리적 갈등과 그 극복 과정을 살펴봅니다. 이는 우리가 일상에서 겪는 다양한 정신적 장애와 어려움을 이해하고 극복하는 데 중요한 통찰을 제공합니다.

점성술은 하늘의 별자리와 인간의 성격 및 운명을 연결 짓는 흥미로운 접근법을 제공합니다. 이는 고대부터 현대에 이르기까지 많은 사람이 자신의 성격과 미래를 이해하는 도구로 사용해 왔습니다. 증후군 분석을 통해 특정 행동 양식과 심리적 패턴을 이해하고, 나르시시즘을 통해 자기애와 자아존중감의 중요성을 강조합니다. 현대 사회에서 나르시시즘은 건강한 자아존중감과 어떻게 구별되는지 이해하는 것이 중요합니다. 또한 혈액형에 따른 성격 분석은 서양과 동양에서 모두 인기를 끌었던 주제로, 이를 통해 타인의 성격을 이해하는 방법을 배웁니다. 가스라이팅 현상을 통해 타인의 영향력 아래에서 자아를 잃지 않고 이해하는 법을 논의합니다. 이러한 서양적 접근은 인간의 심리와 행동을 다각도로 분석하고 이해하는 데 중요한 통찰을 제공합니다.

반면, 동양 학문은 자연과의 조화와 균형을 중시하며, 이는 자기이해의 중요한 요소로 작용합니다. 제2부에서는 동양 학문의 관점에서 자기이해를 살펴봅니다. 동양 학문에서는 음양이론, 사상체질, 음양오행설 등의 전통적 사유 방식을 통해 자기를 이해합니다. 첫 번째 장에서는 동양 학문에서의 자기이해의 의의를 논하고, 음양이론의 사유 방식을 통해 자기를 이해하는 방법을 탐구합니다. 음(陰)의 심리적 특성과 양(陽)의 심리적 특성을 비교하고, 이들의 대대적(對待的) 사유 방식을 통해 자기를 돌아보는 방법을 제시합니다. 이는 우리가 일상생활에서 균형을 이루고, 내면의 평화를 찾는 데 큰 도움을 줍니다.

사상체질을 통해 사람들의 체질적 특성과 성격적 특성을 이해하고, 이를 기반으로 한 자기이해 방법을 제시합니다. 동양에서는 개인의 체질에 따라 성격과 운명을 이해하려는 노력이 이루어져 왔으며, 이를 통해 자신의 특성을 더 깊이 이해할 수 있습니다. 이는 단순히 신체적 특성에 그치지 않고, 정신적 특성까지 아우르는 포괄적인 자기이해를 가능하게 합니다. 내 안의 또 다른 나를 탐구하는 과정을 통해 자아의 복합성과 다층적 구조를 이해하고, 스스로를 더욱 잘 알게 됩니다. 이는 자기 자신과의 진정한 대화를 가능하게 하며, 자신에 대한 깊은 이해를 도와줍니다.

음양오행설을 통해 자연의 이치와 인간의 삶을 연결 지어 자기를 이해하는 방법을 논의합니다. 이는 우리가 자연과 하나 됨을 느끼고, 그 안에서 자신의 위치와 역할을 이해하는 데 큰 도움을 줍니다. 마지막으로, 사주명리학을 적용하여 띠, 일간 등의 전통적 요소를 통해 보다 구체적인 자기이해 방법을 제시합니다. 이러한 동양의 방법들은 개인의 삶과 성격을 보다 구체적이고 체계적으로 이해할 수 있게 해 줍니다.

이 책은 동서양의 다양한 자기이해 방법을 비교하고 융합하여, 보다 폭넓고 깊이 있는 자기이해의 길을 모색하는 데 목적이 있습니다. 동서양의 지혜를 통해 나 자신을 더 깊이 이해하고, 나아가 더 의미 있는 삶을 살아가기 위한 지혜와 통찰을 제공하고자 합니다. 단순히 학문적 탐구를 넘어, 현대를 살아가는 우리 각자가 더 나은 삶을 영위하는 데 중요한 길잡이가 되기를 바랍니다.

2024년 8월

人humanity 연구소에서

도현 진영아

# 차례

제1부

# 서양 학문 관점으로 보는 자기이해

제 1 장

# 자아와 자기

"자신을 아는 것이 모든 지혜의 시작이다."

아리스토텔레스(Aristotle)

"당신의 가치와 진실을 아는 것은 타인이 아니라 당신 자신에게 달려 있다."

루이사 메이 올컷(Louisa May Alcott)

# 1. 자아

'자아(ego)'와 '자기(self)'에 대한 연구는 많이 나와 있다. 일반적으로는 ego는 '자아'라고 하며 동기적이고 인지적인 과정으로 이해되고 있고, self는 '자기'라고 하며 환경에 의한 지각이라고 이해를 한다. 그러나 보는 관점이라든가 방향에 따라 달라질 수도 있다. '자아'와 '자기'를 구분하는 학자도 있지만, 구분하지 않는 학자들도 있다.

## 1) 심리학적 자아

(1) 심리학에서의 자아 개념

자아(Ego)의 개념은 심리학, 철학, 사회학 등 다양한 학문에서 중요한 주제로 다루어진다. 각 분야마다 자아를 이해하는 방식이 다를 수 있지만 그 개념은 동일하다. 심리학에서 자아는 개인의 자기개념과 밀접하게 관련된다. 대표적으로 프로이트의 정신분석 이론에서 자아는 이드(Id), 자아(Ego), 초자아(Superego)로 구성된 정신 구조 중 하나다. 여기서 자아는 현실 원칙을 따르며, 이드의 본능적 욕구와 초자아의 도덕적 기준 사이에서 중재하는 역할을 한다는 것이다.

지그문트 프로이트(Sigmund Freud)는 정신분석학의 창시자로, 인간의 정신 구조를 이드(Id), 자아(Ego), 초자아(Superego)로 구분하여 설명한다. 이 세 가지 요소는 각각 고유한 기능과 특징을 가지고 있으며, 상호작용을 통해 개인의 심리적 활동을 형성하게 한다는 것이다.

프로이트의 자아에 대한 정신구조 이론 중 이드는 무의식의 영역으로, 본능적이고 충

**표 1-1 프로이트의 정신분석학 이론**

| 프로이트의 심리학적 자아 분류 | 특징 |
|---|---|
| 이드(Id) | 본능적이고 충동적인 부분으로, 즉각적인 만족을 추구 |
| 자아(Ego) | 현실적이고 합리적인 부분으로, 현실 세계의 규칙과 요구에 맞추어 행동을 조절 |
| 초자아(Superego) | 도덕적이고 이상적인 부분으로, 사회적 규범과 윤리적 기준을 내면화 |

동적인 욕구를 담고 있다. 또한 즉각적인 만족을 추구하며, 쾌락 원칙에 따라 작동한다. 예를 들어, 배고픔을 느낄 때 즉시 먹고 싶은 욕구가 이드에서 비롯된다는 것이다.

자아는 이드와 현실 세계 사이에서 중재 역할을 한다. 현실 원칙에 따라 작동하며, 이드의 충동을 사회적으로 수용 가능한 방식으로 표현하고 충족시키려 한다. 자아는 의식, 전의식, 무의식의 영역에서 활동할 수 있다. 자아는 현실 상황을 평가하고, 장기적인 목표를 설정하며, 이드의 충동을 조절하는 역할을 하는 중요한 작용을 한다.

초자아는 도덕적 기준과 사회적 규범을 내면화한 부분으로, 양심과 이상 자아로 구성된다. 초자아는 부모와 사회로부터 배운 규범과 가치관을 반영하며, 자아의 행동을 판단하고 통제하는 역할을 한다. 이드는 즉각적인 만족을 원하지만, 초자아는 도덕적이고 윤리적인 행동을 요구한다는 것이다. 즉, 자기의 의식 속에서 한 가지 생각을 하는 것 같지만 나의 의식은 3가지로 분류되며 3가지 의식이 서로 상호작용하는 것이다.

### (2) 심리학에서의 자아 역할과 기능

#### ① 중재자 역할

자아는 이드의 충동과 초자아의 도덕적 기준 사이에서 균형을 맞추려고 한다. 이는 현실 상황을 고려하여 행동을 결정하는 과정에서 나타난다. 자아는 이드의 욕구를 즉시 충족시키기보다는, 사회적 규범을 따르고 장기적인 목표를 고려하여 충동을 조절하는 역할을 한다.

#### ② 현실 검증 역할

자아는 외부 세계의 현실을 인식하고, 이를 바탕으로 적절한 행동을 계획하고 실행한다. 또한 현실 검증(reality testing)이라고 불리는 과정으로, 자아가 외부 환경을 평가하고 이에 맞춰 행동을 조정한다.

③ 방어기제 역할

자아는 불안이나 스트레스 상황에서 자신을 보호하기 위해 다양한 방어기제를 사용한다. 예를 들어, 억압(repression), 부정(denial), 투사(projection) 등 여러 가지가 있다. 방어기제는 자아가 불편한 감정이나 생각을 무의식적으로 처리하여 정신적 평형을 유지하려는 시도이다.

④ 문제 해결과 의사 결정 역할

자아는 논리적 사고와 계획을 통해 문제를 해결하고, 의사 결정을 내리는 역할을 한다. 이드의 충동을 현실적으로 충족시키기 위한 전략을 개발하고 실행하는 과정이다.

⑤ 자아의 발달기능

자아는 유아기부터 발달하기 시작하며, 환경과의 상호작용을 통해 점차 복잡해져 간다. 어린 시절의 경험, 부모와의 관계, 사회적 학습 등이 자아의 형성에 중요한 역할을 한다. 자아가 건강하게 발달하게 된 사람은 현실 검증 능력과 감정 조절 능력이 뛰어나고, 생활적응력이 좋아진다. 그러나 자아가 제대로 발달하지 못하면 불안이나 스트레스 상황에서 적절한 대응을 하지 못하고 심리적 어려움을 겪을 수 있다.

프로이트가 말하는 자아는 이드와 초자아 사이에서 균형을 맞추고, 현실 원칙에 따라 행동을 조절하는 중요한 심리적 구조이다. 자아는 현실 검증, 방어기제, 문제 해결, 의사 결정 등 다양한 역할을 통해 개인의 심리적 안정과 적응을 도와준다. 자아의 건강한 발달은 정신 건강과 대인관계에 중요한 영향을 미친다.

## 2) 철학적 자아

철학에서 자아는 존재와 인식, 그리고 자아정체성의 문제와 깊이 연관되어 있다.

데카르트가 말하는 자아는 "나는 생각한다, 고로 존재한다(Cogito, ergo sum)."라고 말했다. 이 명제에서 나타나는 자아는 의식하고 사고하는 주체로서의 자아를 의미한다.

또한 칸트가 말하는 자아는 경험적 자아(empirical self)와 초월적 자아(transcendental self)로 구분하였다. 경험적 자아는 경험과 감각을 통해 인식되는 자아이고, 초월적 자아는 경험을 가능하게 하는 주체로서의 자아이다.

### 3) 사회학적 자아

사회학에서 자아는 주로 사회적 상호작용을 통해 형성되는 사회적 자아(social self)개념으로 논의된다. 미국 출신의 철학자이면서 사회심리학자 조지 허버트 미드(George Herbert Mead)는 상징적 상호작용론(symbolicinteractionism)에서 자아를 'I'와 'Me'로 거론한다. 'I'는 자발적이고 창의적인 측면의 자아이며, 'Me'는 사회적 기대와 규범에 의해 형성된 자아이다. 이 둘의 상호작용을 통해 개인의 자아가 형성된다는 것이다.

## 2. 자기

'자기'의 개념은 자아와 밀접하게 관련되지만, 두 개념은 미묘한 차이가 있다. '자기'는 보다 포괄적이고 넓은 의미를 담고 있으며, 자아보다 더 깊은 내면적 정체성, 자기인식, 자아실현 등의 측면을 포함한다. '자기'개념은 개인이 자신에 대해 가지고 있는 생각과 신념의 총체를 의미하며, '나는 누구인가'에 대한 개인의 답변을 포함하며, 자신에 대한 인식과 평가를 포함한다. 자기개념은 일반적으로 신체적 특성, 능력, 성격 특성, 가치관, 역할 등의 요소로 이해할 수 있다. 다양한 관점에서 자기를 살펴본다.

## 1) 자기개념

심리학에서 '자기'는 개인이 자신을 인식하고, 자신의 존재와 가치를 이해하는 방식과 관련이 있다. 대표적으로 자기인식, 자기존중, 자기효능감이 있다.

**표 1-2 자기의 주요 구성 요소**

| 자기의 주요 구성 요소 | 내용 |
|---|---|
| 자기인식(Self-awareness) | 개인이 자신의 생각, 감정, 행동을 자각하고 있는 상태이며 이는 자기 성찰과 관련된다. |
| 자기존중(Self-esteem) | 상대적 자신에 대한 전반적인 평가로서, 자신을 가치 있고 유능하다고 느끼는 정도다. |
| 자기효능감(Self-efficacy) | 상대적 특정 과제나 상황에서 목표를 달성할 수 있는 자신의 능력에 대한 믿음을 의미한다. |

### (1) 자기인식

자기인식은 개인이 자신의 생각, 감정, 행동을 명확히 이해하고 인식하는 능력을 의미한다. 자기인식은 자신에 대한 객관적인 평가를 가능하게 하며, 개인의 성장과 발달에 중요한 역할을 한다. 자기인식의 주요 요소로는 내적 자기인식과 외적 자기인식이 있다.

#### ① 내적 자기인식

내적 자기인식은 자신의 내부 상태, 즉 감정, 생각, 신념, 욕구 등을 인식하는 것을 말한다. 자신의 감정 상태를 이해하고, 그 원인을 파악하며, 이를 기반으로 행동을 조절하는 능력을 말한다.

#### ② 외적 자기인식

외적 자기인식은 다른 사람들이 자신을 어떻게 인식하는지 이해하는 것을 의미한다. 사회적 상황에서 자신의 행동이 다른 사람들에게 어떻게 영향을 미치는지, 타인이 자신을 어떻게 평가하는지를 인식하는 능력을 말한다.

자기인식은 개인의 성장, 정서적 건강, 대인관계, 의사결정에 중요한 영향을 미치는 핵심 능력이다. 이를 발달시키기 위해 자기 성찰, 피드백 수용, 정기적인 평가 등의 방법을 사용할 수 있으며, 자기인식의 실천방법으로는 명상, 일기 쓰기, 상담 등이 있다. 이러한 자기인식을 통해 개인은 자신의 내면과 외부 세계에서 더 조화롭고 의미 있는 삶을 살아갈 수 있다.

(2) 자기존중

자기존중은 자신에 대한 존중과 자신감을 갖는 것을 의미한다. 자기를 소중히 여기고, 자신에게 책임감을 가지며, 자기를 받아들이는 것을 말한다. 자기존중은 다른 사람들의 인정이나 외부적인 성과에 의존하지 않고, 자신의 내적 가치와 능력을 인정하고 존중하는 것을 의미한다.

**① 정서적 건강**

정서적 건강 면에서 자기존중은 자기를 존중하고 긍정적으로 인식함으로써 스트레스와 우울감을 감소시키고, 내적 안정감을 유지할 수 있다.

**② 대인관계**

대인관계에서 자기존중은 자기존중이 있는 사람들은 타인과의 상호작용에서 보다 자신감을 가지고 긍정적인 태도를 보인다.

**③ 성취**

성취적인 면에서의 자기존중이 높은 사람들은 자신의 능력을 믿고, 목표를 설정하고 달성하는 데 더욱 성공적이다.

**④ 의사결정**

의사결정 면에서 자기존중이 있는 사람들은 자신의 가치관과 목표를 바탕으로 더 나은 의사결정을 내릴 수 있다. 자기를 존중하는 사람은 자신의 니즈와 욕구를 인식하고, 이를 바탕으로 적절한 선택을 할 수 있다.

**표 1-3 자기존중 향상 방법**

| 자기존중 향상 방법 | 내용 |
|---|---|
| 긍정적 자기대화 | 자기를 긍정적으로 대화하고 자신에게 격려의 말을 건네는 것이 중요하다. 부정적인 자기대화를 긍정적으로 변화시키는 연습을 한다. |
| 자기관찰과 자기성찰 | 자신의 감정과 생각을 관찰하고 이해하는 것이 중요하다. 자기관찰과 자기성찰을 통해 자신을 더 잘 이해하면 자기존중을 높일 수 있다. |
| 자기취향과 관심사 발견 | 자신의 취향과 관심사를 발견하고, 그에 맞는 활동을 즐기는 것이 중요하다. 자신의 개성을 존중하고 그에 맞는 활동을 찾아본다. |
| 자기발전 | 지식과 기술을 향상시키는 것은 자기존중을 높이는 데 도움이 된다. 새로운 경험을 즐기고, 자기계발에 힘쓴다. |

자기존중은 개인의 정서적 건강과 대인관계, 성공과 성취, 그리고 의사결정에 중요한 영향을 미치는 핵심 요소다. 자기존중을 높이기 위해서는 자기를 존중하고 인정하는 것뿐만 아니라, 긍정적인 자기대화, 자기관찰, 자기발전 등의 방법을 통해 자신을 발전시키고 성장해야 하며, 이를 통해 보다 건강하고 행복한 삶을 살아갈 수 있다.

### (3) 자기효능감

자기효능감은 개인이 특정한 과제나 상황에서 목표 달성할 능력에 대한 자신감과 믿음을 의미한다. 캐나다 출신의 사회인지학습이론의 창시자이며 스탠퍼드대학교 심리학부 명예교수 앨버트 반두라(Albert Bandura)의 사회학습이론(Social Cognitive Theory)에서 제안된 이 개념은 개인이 자신의 능력을 어떻게 평가하고 이를 효과적으로 조절하는지를 설명하는 데 중요한 역할을 한다. 사회학습이론은 개인의 행동을 사회적, 인지적, 환경적 요인의 상호작용으로 설명하고 있으며, 관찰학습(observational learning), 강화(reinforcement), 모델(model), 인지적 중재(cognitive mediation), 그리고 자기효능감(self-efficacy)에 대해 언급하고 있다.

**표 1-4 자기효능감에 대한 요소와 특징**

| 자기효능감의 요소 | 특징 |
|---|---|
| 자신감과 믿음 | • 개인이 특정한 과제나 상황에서 성공적으로 수행할 능력에 대한 자신감과 믿음을 의미<br>• 자신의 능력을 믿고, 도전적인 상황에 자신 있게 대처할 수 있는 능력 |
| 과제 지속 | • 자기효능감이 높은 사람은 어려운 과제에도 끈질기게 임하고 지속할 수 있는 능력<br>• 실패나 도전에 직면했을 때에도 포기하지 않고 노력하는 경향 |
| 성과 동기부여 | • 목표 달성에 대한 성과를 동기부여함<br>• 자신의 능력에 대한 믿음이 강하면 목표를 달성하고 성과를 얻는 것이 보다 쉽고 자연스러움 |
| 스트레스 관리 | • 스트레스와 압박감을 효과적으로 관리할 수 있는 경향이 있음<br>• 도전적인 상황에 직면했을 때 자신감과 자신의 능력을 믿음으로써 스트레스를 완화하고 대처 |

자기효능감의 원인이 되는 요소는 다음과 같다.

첫째, 성공적인 경험이 자기효능감을 높이는 데 중요한 역할을 한다. 성공을 경험하고 성취를 얻을 때마다 자신의 능력을 더 믿게 되며 자기효능감을 강화시킨다.

둘째, 모델링화하는 것이다. 주변 사람들의 성공적인 모습을 관찰하고 따라 하는 것이 자기효능감을 형성하는 데 도움이 된다. 모델의 성공 경험을 보고 따라 하면서 자신의 능력에 대한 자신감을 키울 수 있기 때문이다.

셋째, 사회적 비교다. 주변 사람들과의 비교를 통해 자신의 능력을 평가하고 자기효능감을 형성하게 된다. 다른 사람들보다 나은 성과를 이루어 내거나, 비슷한 성과를 이룰 때 자기효능감이 높아진다.

넷째, 사회적 지원이다. 주변 사람들의 지지와 격려는 자기효능감을 높이는 데 중요한 역할을 한다. 다른 사람들로부터의 긍정적인 피드백과 지지는 자신의 능력에 대한 믿음을 강화시킨다.

이러한 자기효능감이 높은 사람들은 목표를 더 쉽게 설정하고 달성할 수 있으며, 자기 자신을 믿고 능력을 더 발휘할 수 있게 된다.

### 2) 현대 심리학적 자기개념

현대 심리학에서는 '자기개념'은 다차원적으로 이해된다. 현대 심리학적 자기는 대표적으로 자기조절(Self-regulation), 자기실현(Self-actualization), 자기수용(Self-acceptance)등이 있다.

#### (1) 자기조절

자기조절은 자신의 행동, 감정, 욕구를 통제하고 조절하는 능력이다. 즉, 개인이 자신의 행동, 감정, 생각을 의도적으로 조절하여 목표를 달성하거나 사회적 규범에 맞추는 능력을 의미한다. 자기인식, 자기통제, 목표 설정 및 추구, 감정 조절 등의 다양한 구성 요소를 포함하는 복합적인 과정이다. 자기조절은 학습, 동기 부여, 스트레스 관리, 인간관계 등 다양한 측면에서 중요한 역할을 한다.

**① 자기조절의 주요 요소**

**첫째, 자기인식**(Self-awareness)

자기인식은 자신의 감정, 생각, 행동을 명확하게 인지하고 이해하는 것을 의미한다. 자기조절의 첫 단계로, 자신의 상태를 인식하는 것이 중요하다.

**둘째, 목표 설정**(Goal-setting)

목표 설정은 자기조절의 중요한 부분으로, 명확한 목표를 세우고 이를 달성하기 위한 계획을 세우는 과정을 포함한다. 목표는 동기부여의 중요한 원천이 된다.

**셋째, 자기통제**(Self-control)

자기통제는 순간적인 충동이나 욕구를 억제하고 장기적인 목표를 위해 행동을 조절하는 능력을 의미한다. 유혹을 참거나 부정적인 감정을 관리하는 능력이다.

**넷째, 감정 조절**(Emotion regulation)

감정 조절은 자신의 감정을 이해하고, 이를 효과적으로 표현하고 조절하는 능력을 의미한다. 긍정적인 감정을 유지하고 부정적인 감정을 관리하는 것을 말한다.

**다섯째, 행동 조절(Behavior regulation)**

행동 조절은 자신의 행동을 목표나 규범에 맞추어 조절하는 능력을 의미한다. 일관된 행동을 유지하고, 필요한 변화를 수행하는 것을 말한다.

### ② 자기조절의 중요성

**첫째, 학업 및 직업 성취**

자기조절은 학업 및 직업 성취에 중요한 역할을 한다. 목표를 설정하고, 이를 달성하기 위해 계획적으로 행동하는 능력은 성공적인 학습과 직업 생활에 필수적이다.

**둘째, 정서적 건강**

자기조절은 정서적 건강을 유지하는 데 도움이 된다. 자신의 감정을 효과적으로 조절함으로써 스트레스와 불안을 감소시키고, 긍정적인 정서를 유지할 수 있다.

**셋째, 대인관계**

자기조절은 건강한 대인관계를 형성하고 유지하는 데 중요하다. 자신의 감정과 행동을 조절함으로써 갈등을 관리하고, 더 나은 사회적 상호작용을 할 수 있다.

**넷째, 자아존중감 및 자기효능감**

자기조절 능력은 자아존중감과 자기효능감을 증진시킨다. 자신의 목표를 달성하고, 자신의 행동을 통제할 수 있다는 믿음은 개인의 자기평가를 높이고 자신감을 증진시킨다.

### ③ 자기조절 개선 방법

**첫째, 자기인식**

- 명상과 마음챙김을 통해 순간적인 충동을 억제하고, 장기적인 목표를 위한 계획적인 행동을 촉진하게 하여 자기인식을 높이고, 감정과 생각을 더 잘 조절할 수 있게 한다.
- 일기 쓰기를 통해 자신의 감정과 생각을 정리한다.

**둘째, 목표 설정과 계획**

- 스마트한 목표 설정법을 사용하여 구체적이고 달성 가능한 목표를 세워 본다.
- 계획을 세우고 이를 지속적으로 점검하고 조정한다.

**셋째, 자기통제 및 자기모니터링(Self-monitoring)**

- 충동을 억제하기 위한 전략을 개발한다(예: 딴생각을 피하기 위한 환경 조성).
- 자신의 행동, 생각, 감정을 지속적으로 모니터링하고 평가하여 자신의 상태를 인식하고 필요한 조치를 취할 수 있게 된다.
- 규칙적인 운동과 건강한 식습관을 통해 자기통제 능력을 강화한다.

**넷째, 감정 조절 및 긍정적 자기대화(Self-talk)**

- 감정일기를 써서 부정적인 감정을 식별하고 관리해 본다.
- 이완 기법(예: 심호흡, 명상)을 연습하여 정서적 안정을 취해 본다.
- 긍정적 자기대화는 자기조절을 강화하는 데 도움이 된다. 자신에게 긍정적이고 격려하는 말을 건네면서 자기효능감을 높이고, 목표 달성에 대한 동기를 유지할 수 있다.

**다섯째, 행동 조절**

- 중요한 일을 우선순위로 두고, 시간 관리를 효율적으로 한다.
- 행동 계획을 세우고 그에 따라 행동한다.

**여섯째, 스트레스 관리**

- 규칙적인 운동과 건강한 생활습관을 유지한다.
- 취미활동이나 여가시간을 통해 스트레스를 해소한다.

체크리스트를 통해 자신의 자기조절 능력을 평가하고, 필요한 개선 방법을 실천하여 더 나은 자기조절을 이룰 수 있다.

## 과제

### 자기조절 체크리스트

자기조절 체크리스트는 개인이 자신의 행동, 감정, 생각을 의도적으로 조절하고 관리하는 능력을 평가하고 향상시키는 도구로 사용할 수 있다.

다음 문장을 읽고 해당하는 ( ) 안에 ○표 하세요.

① 자기인식(Self-awareness)

나는 현재 내 감정이 무엇인지 알고 있다.

- ( ) 항상
- ( ) 가끔
- ( ) 거의 안 함

내 생각과 감정이 나의 행동에 어떻게 영향을 미치는지 이해하고 있다.

- ( ) 항상
- ( ) 가끔
- ( ) 거의 안 함

나는 스트레스를 받을 때 그 원인을 인식한다.

- ( ) 항상
- ( ) 가끔
- ( ) 거의 안 함

② 목표 설정(Goal-setting)과 계획(Planning)

나는 구체적이고 달성 가능한 목표를 설정한다.

- ( ) 항상

- ( ) 가끔
- ( ) 거의 안 함

목표를 달성하기 위한 구체적인 계획을 세운다.

- ( ) 항상
- ( ) 가끔
- ( ) 거의 안 함

진행 상황을 정기적으로 점검하고 조정한다.

- ( ) 항상
- ( ) 가끔
- ( ) 거의 안 함

③ 자기통제(Self-control)

유혹이나 충동을 잘 억제할 수 있다.

- ( ) 항상
- ( ) 가끔
- ( ) 거의 안 함

장기적인 목표를 위해 단기적인 욕구를 참는다.

- ( ) 항상
- ( ) 가끔
- ( ) 거의 안 함

중요한 일에 집중하고 산만함을 피할 수 있다.

- ( ) 항상
- ( ) 가끔
- ( ) 거의 안 함

④ 감정 조절(Emotion Regulation)

부정적인 감정을 효과적으로 관리할 수 있다.

- (　　) 항상
- (　　) 가끔
- (　　) 거의 안 함

감정적으로 힘든 상황에서도 침착함을 유지한다.

- (　　) 항상
- (　　) 가끔
- (　　) 거의 안 함

긍정적인 감정을 유지하고 증진시킬 방법을 알고 있다.

- (　　) 항상
- (　　) 가끔
- (　　) 거의 안 함

⑤ 행동 조절(Behavior Regulation)

정해진 시간 내에 중요한 일을 마칠 수 있다.

- (　　) 항상
- (　　) 가끔
- (　　) 거의 안 함

계획한 대로 행동하고 목표를 달성한다.

- (　　) 항상
- (　　) 가끔
- (　　) 거의 안 함

필요할 때 자신의 행동을 조정할 수 있다.

- ( ) 항상
- ( ) 가끔
- ( ) 거의 안 함

⑥ 스트레스 관리(Stress Management)

스트레스를 받았을 때 효과적으로 대처할 수 있다.

- ( ) 항상
- ( ) 가끔
- ( ) 거의 안 함

명상, 운동 등 스트레스 해소 방법을 실천하고 있다.

- ( ) 항상
- ( ) 가끔
- ( ) 거의 안 함

일과 생활의 균형을 잘 맞춘다.

- ( ) 항상
- ( ) 가끔
- ( ) 거의 안 함

### 자기조절 개선 방법

체크한 빈도수를 생각해 보고 '**다. 자기조절 개선 방법**' 내용을 참고하여 자기의 개선 방법을 자유롭게 작성하세요.

### (2) 자기실현

자기실현(Self-actualization)은 자신의 잠재력을 최대한 발휘하고자 하는 과정으로 자신이 될 수 있는 최고의 자아를 실현하는 과정을 의미한다. 인본주의 심리학의 중요한 요소로, 특히 에이브러햄 매슬로(Abraham Maslow)의 욕구 위계 이론에서 자기실현은 중요한 위치를 차지한다. 자기실현은 단순히 생존을 넘어선 삶의 궁극적인 목표로 여겨지며, 개인의 성장, 창의성, 자아실현을 포함한 포괄적인 삶의 성취를 의미한다.

#### ① 자기실현의 정의와 중요성

- 자기실현의 정의는 잠재력 발휘다. 자신의 잠재력과 능력을 최대한 발휘하는 과정이며, 지속적인 개인적 성장을 통해 자기를 발전시키는 것이고, 자신에 대한 깊은 이해와 인식을 통해 진정한 자아를 발견하여 개인적인 목표와 가치에 부합하는 삶을 사는 것이다.
- 자기실현의 중요성은 심리적 건강이다. 자기실현은 개인의 심리적 건강과 안정감을 증진시키며, 자신의 능력을 최대한 발휘하고 있다는 느낌은 자아존중감을 높이며, 삶에 대한 만족감을 증가시키고, 진정한 행복을 느끼게 한다. 또한 자기실현을 이루는 사람들은 주변에 긍정적인 영향을 미치고 사회에 기여할 가능성이 높다.

#### ② 매슬로의 욕구 위계 이론과 자기실현

- 매슬로는 인간의 욕구를 피라미드 형태로 구분하여, 기초적인 생리적 욕구에서 시작하여 안전의 욕구, 사회적 욕구, 애정과 소속의 욕구, 존경의 욕구, 그리고 궁극적으로 자기실현의 욕구로 이어진다고 주장한다. 자기실현은 이 위계의 최상위에 위치하며, 모든 기본적인 욕구가 충족된 후에 비로소 추구할 수 있는 단계로 간주된다.
- **생리적 욕구**: 생존을 위한 기본적인 욕구(예: 음식, 물, 수면)
- **안전의 욕구**: 신체적 안전과 안정된 환경에 대한 욕구
- **애정과 소속의 욕구**: 사랑, 소속감, 인간관계에 대한 욕구
- **존경의 욕구**: 자존감, 타인으로부터의 인정과 존경에 대한 욕구
- **자기실현의 욕구**: 자신의 잠재력을 최대한 발휘하고, 진정한 자아를 실현하는 욕구

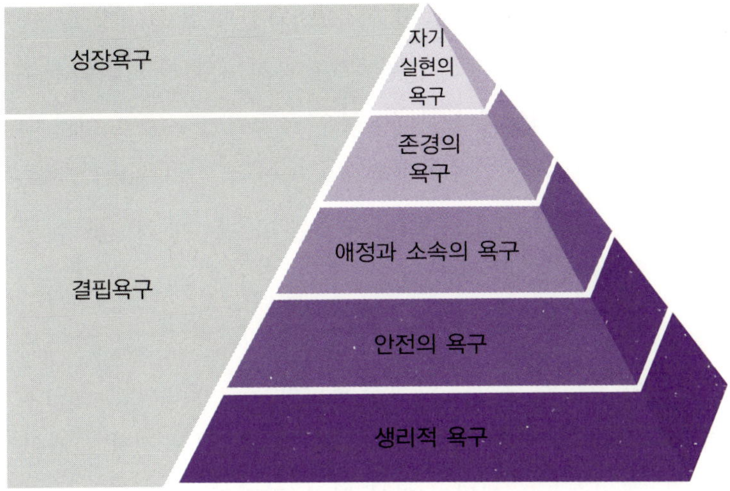


그림 1-1 매슬로의 욕구 5단계

③ **자기실현의 특성**

자기실현을 이루는 사람들은 몇 가지 공통적인 특성을 가지고 있다.

- **창의성**: 일상적인 문제에 대해 독창적이고 창의적인 접근을 하는 경향
- **자기수용**: 자신의 장점과 단점을 있는 그대로 받아들이는 능력
- **자발성**: 자연스럽고 자발적인 행동을 추구하는 성향
- **목표 지향성**: 깊은 목표의식과 의미 있는 목표를 추구하는 성향
- **자기초월**: 자신을 넘어선 더 큰 목적이나 사회적 기여에 대한 관심

④ **자기실현을 위한 실천 방법**

- **자기반성**: 정기적으로 자신의 삶을 돌아보고, 목표와 가치를 재평가한다.
- **목표 설정과 계획**: 구체적이고 현실적인 목표를 설정하고, 이를 위한 구체적인 계획을 세운다.
- **지속적인 학습**: 평생 학습의 자세를 유지하고, 새로운 지식과 기술을 습득한다.
- **긍정적 자기대화**: 자신에게 긍정적인 피드백을 주고, 스스로를 격려한다.
- **창의적 활동**: 창의적이고 자발적인 활동에 참여하여 자신의 잠재력을 발휘한다.
- **사회적 기여**: 자원봉사나 사회적 활동을 통해 사회에 긍정적인 영향을 미친다.

자기실현은 개인의 잠재력을 최대한 발휘하고, 자신의 삶을 진정으로 만족스럽게 만드는 과정이다. 지속적인 자기 탐구와 성장, 목표 설정, 사회적 기여를 통해 이루어질 수 있다. 매슬로의 욕구 위계 이론에서 자기실현은 궁극적인 목표로 여겨지며, 이를 통해 개인은 심리적 건강, 자아존중감, 삶의 만족감을 높일 수 있다. 자기실현을 추구하는 과정은 개인의 삶의 질을 향상시키고, 더 나은 사회를 만드는 데 기여할 수 있다.

### (3) 자기수용

자기수용은 개인이 자신의 강점과 약점을 포함한 모든 면을 받아들이고 존중하는 능력을 의미한다. 자기이해와 자아존중감의 기초가 되며, 정신 건강과 개인적 성장을 위한 중요한 요소다. 자기수용은 개인의 자아 인식, 감정적 안정, 대인관계, 그리고 삶의 만족도에 큰 영향을 미친다.

자기수용은 자신의 모든 측면을 무조건적으로 받아들이고 존중하는 것이다. 여기에는 자신의 외모, 성격, 감정, 행동 그리고 과거의 경험까지 포함된다.

#### ① 자기수용의 중요성

- **정서적 안정**: 자기수용은 개인의 정서적 안정과 심리적 안정감을 증진시킨다. 자신의 약점을 받아들이고 이에 대해 스스로를 비난하지 않음으로써 스트레스와 불안을 줄일 수 있다.
- **자아존중감**: 자기수용은 자아존중감의 기초가 된다. 자신을 있는 그대로 받아들임으로써 자신의 가치를 인정하게 되며 높은 자아존중감으로 이어진다.
- **대인관계 개선**: 자신을 받아들이는 사람은 타인을 이해하고 수용하는 능력도 높아진다. 더 건강하고 긍정적인 대인관계를 형성하는 데 도움을 준다.
- **성장과 발전**: 자기수용은 개인의 성장과 발전을 촉진한다. 자신의 부족함을 인정하고 이를 개선하려는 노력은 개인적 성장을 이끄는 원동력이 된다.

#### ② 자기수용을 방해하는 요인

- **사회적 비교**: 자신을 타인과 끊임없이 비교하는 것은 자기수용을 방해할 수 있다. 사회적 비교는 자아존중감을 낮추고, 자신에 대한 부정적인 평가를 유발할 수 있다.

- **완벽주의**: 완벽주의는 자신의 부족함을 인정하지 못하게 하고, 끊임없는 자기비판을 초래할 수 있다. 자기수용을 방해하는 큰 요인 중 하나이다.
- **과거의 경험**: 과거의 실패나 부정적인 경험에 대한 집착은 자기수용을 어렵게 할 수 있다. 과거의 경험을 긍정적으로 재평가하고, 현재의 자신을 받아들이는 것이 중요하다.

**③ 자기수용 개선 방법**

- **자기인식**
  - 일기 쓰기나 명상 등을 통해 자신의 감정과 생각을 정리하고 인식한다.
  - 자기성찰을 통해 자신의 장점과 약점을 객관적으로 파악한다.
- **자기존중**
  - 자신의 의견과 감정을 존중하고, 스스로에게 긍정적인 피드백을 준다.
  - 타인의 인정보다 자신의 가치를 중시하는 연습을 한다.
- **자기수용**
  - 실수나 실패를 학습의 기회로 받아들이고 자신을 비난하지 않는다.
  - 자신의 약점도 포함하여 자신을 있는 그대로 받아들이는 연습을 한다.
- **자기긍정**
  - 자신에게 친절하고 격려하는 말을 건네는 연습을 한다.
  - 어려운 상황에서도 자기연민을 가지며 긍정적인 태도를 유지한다.
- **자기책임**
  - 자신의 행동과 선택에 대해 책임을 지고, 문제 해결을 위한 구체적인 계획을 세운다.
  - 자신의 삶에 대한 주도권을 가지고 행동한다.
- **자기성장**
  - 새로운 도전을 두려워하지 않고 즐기며, 자기계발을 위해 노력한다.
  - 지속적인 학습과 성장을 목표로 삼고 이를 위한 구체적인 계획을 실행한다.

체크리스트를 통해 자기수용 능력을 평가하고, 필요한 개선 방법을 실천하여 더 높은 자기수용을 이룰 수 있으며, 개인의 전반적인 삶의 질을 높이는 데 중요한 역할을 할 것이다. 자기수용은 개인의 심리적 건강을 높이며, 자신의 모든 면을 받아들이고 존중함으로써 정서적 안정, 자아존중감, 건강한 대인관계를 형성할 수 있다. 또한 자기수용은 지속적인 자기탐구와 긍정적인 자기대화를 통해 발전시킬 수 있으며, 이를 통해 개인은 더욱 만족스럽고 행복한 삶을 살 수 있다.

## 과제

### 자기수용 체크리스트

다음 문장을 읽고 해당하는 ( ) 안에 ○표 하세요.

① 자기인식(Self-awareness)

나는 나의 장점을 잘 알고 있다.

- ( ) 항상
- ( ) 가끔
- ( ) 거의 안 함

나는 나의 약점을 인식하고 있다.

- ( ) 항상
- ( ) 가끔
- ( ) 거의 안 함

나는 나의 감정과 생각을 명확하게 이해하고 있다.

- ( ) 항상
- ( ) 가끔
- ( ) 거의 안 함

② 자기존중(Self-respect)

나는 나 자신을 존중한다.

- ( ) 항상
- ( ) 가끔
- ( ) 거의 안 함

나는 나 자신을 가치 있다고 생각한다.

- ( ) 항상
- ( ) 가끔
- ( ) 거의 안 함

나는 나의 의견과 감정을 존중한다.

- ( ) 항상
- ( ) 가끔
- ( ) 거의 안 함

③ 자기수용(Self-acceptance)

나는 나의 실수와 실패를 받아들인다.

- ( ) 항상
- ( ) 가끔
- ( ) 거의 안 함

나는 나의 약점을 있는 그대로 받아들인다.

- ( ) 항상
- ( ) 가끔
- ( ) 거의 안 함

나는 나의 외모를 받아들인다.

- ( ) 항상
- ( ) 가끔
- ( ) 거의 안 함

④ 자기긍정(Self-positivity)

나는 어려운 상황에서 나 자신에게 친절하게 대한다.

- (　　) 항상
- (　　) 가끔
- (　　) 거의 안 함

나는 나 자신을 비난하지 않고 긍정적으로 생각하려고 노력한다.

- (　　) 항상
- (　　) 가끔
- (　　) 거의 안 함

나는 나 자신에게 격려와 지지를 보낸다.

- (　　) 항상
- (　　) 가끔
- (　　) 거의 안 함

⑤ 자기책임(Self-responsibility)

나는 나의 행동에 대해 책임을 진다.

- (　　) 항상
- (　　) 가끔
- (　　) 거의 안 함

나는 나의 선택에 대해 책임을 진다.

- (　　) 항상
- (　　) 가끔
- (　　) 거의 안 함

나는 내 삶의 주인공으로서 행동한다.

- (　　) 항상
- (　　) 가끔
- (　　) 거의 안 함

⑥ 자기성장(Self-growth)

나는 나의 성장을 위해 노력한다.

- (　　) 항상
- (　　) 가끔
- (　　) 거의 안 함

나는 새로운 도전을 즐긴다.

- (　　) 항상
- (　　) 가끔
- (　　) 거의 안 함

나는 나의 능력을 발전시키기 위해 노력한다.

- (　　) 항상
- (　　) 가끔
- (　　) 거의 안 함

### 자기수용 개선 방법

체크한 빈도수를 생각해 보고 '**다. 자기수용 개선 방법**' 내용을 참고하여 자기의 개선 방법을 자유롭게 작성하세요.

제2장

# 콤플렉스로 보는 자기이해

"자신을 발견하는 것은 혼자일 때다."

– 버지니아 울프(Virginia Woolf)

"아무도 당신의 허락 없이는 당신이 열등하다고 느끼게 만들 수 없다."

– 엘레노어 루즈벨트(Eleanor Roosevelt)

# 1. 신데렐라 콤플렉스

신데렐라 콤플렉스(Cinderella Complex)는 심리학자 콜레트 다울링(Colette Dowling)이 1981년에 출간한 책『The Cinderella Complex: Women's Hidden Fear of Independence』에서 처음 제시되었다. 신데렐라 콤플렉스는 여성들이 독립적이고 자립적인 삶을 두려워하며, 무의식적으로 남성에 의해 구원받기를 바라는 심리적 상태를 말한다.

## 1) 신데렐라 콤플렉스의 배경

### (1) 심리적 배경

어린 시절의 경험과 부모와의 관계가 개인의 자존감과 자아 형성에 큰 영향을 미친다. 특히 딸을 과도하게 보호하거나 의존적인 존재로 대하는 부모는 딸이 독립심을 기르는 데 방해가 될 수 있다. 이로 인해 여성들은 자신의 능력을 과소평가하고 독립적인 생활에 대한 두려움을 가지게 될 수 있다.

### (2) 사회적 배경

오랜 기간 동안 사회는 여성에게 순종적이고 보호받아야 할 존재라는 성 역할을 부여해 왔다. 이러한 고정관념은 여성들이 자신을 독립적이고 자주적인 존재로 인식하기 어렵게 만들며 이는 신데렐라 콤플렉스의 형성에 기여된다. 또한 가부장제 사회 구조는 여성의 독립을 제한하고, 남성에게 경제적·사회적 권력을 집중시켰다. 이러한 사회구조는 심리적으로 아직 존재하는데 여성들이 자립하기보다 남성에게 의존하도록 만든다.

### (3) 문화적 배경

신데렐라 이야기를 비롯한 많은 동화와 전래 이야기에서 여성은 종종 무기력한 상태로 등장하고, 남성의 도움이나 구원에 의해 행복해지는 장면이 종종 나온다. 어린 시절부터 이러한 이야기를 접한 여성들은 무의식적으로 자신도 비슷한 역할을 수행해야 한다고 느낄 수 있다.

(4) 미디어의 영향

영화, 드라마, 광고 등 다양한 미디어에서도 여성이 남성의 도움을 받아 성공하거나 행복해지는 모습이 자주 그려진다. 이러한 문화적 요소는 신데렐라 콤플렉스를 강화시키는 역할을 하게 한다.

### 2) 신데렐라 콤플렉스의 현대적 개선 방법

신데렐라 콤플렉스는 현대 사회에서도 여전히 중요한 문제로 다루어지고 있다. 많은 여성들이 교육과 사회 진출에서 큰 성과를 내고 있음에도 불구하고, 사회적·문화적 압력으로 인해 무의식적으로 독립을 두려워하거나 남성에게 의존하려는 경향이 나타날 수 있다. 이를 극복하기 위해서는 다음과 같은 노력이 필요하다.

(1) 교육과 자아 개발

여성들이 자신의 능력을 인식하고, 자존감을 높일 수 있도록 교육과 자아 개발 프로그램이 필요하다.

(2) 사회적 인식 변화

성 역할 고정관념을 깨뜨리고, 여성의 독립성과 자립성을 존중하는 사회적 분위기 조성이 중요하다.

(3) 긍정적인 롤 모델 제시

다양한 분야에서 성공적으로 독립적인 삶을 살아가는 여성 롤 모델을 제시함으로써 여성들이 신데렐라 콤플렉스를 극복하는 데 도움이 될 수 있다.

신데렐라 콤플렉스는 심리적·사회적·문화적 요인들이 복합적으로 작용하여 형성된 개념이다. 이를 이해하고 극복하기 위해서는 여성 개인의 노력뿐만 아니라 사회 전반의 인식 변화와 제도적 지원이 필요하다.

### 3) 신데렐라 콤플렉스의 사례

신데렐라 콤플렉스의 실제 사례는 다양한 형태로 나타날 수 있다. 여기 몇 가지 가상의 사례를 통해 설명한다. 각 사례는 신데렐라 콤플렉스를 가진 개인이 어떻게 이 문제를 경험하고, 극복해 나가는지 보여 준다.

#### (1) 사례 1: 관계에서의 의존성

**상황**

20대 후반의 은실 씨는 연애 관계에서 항상 상대방에게 의존하는 경향이 있다. 그녀는 혼자 있는 것이 두렵고, 항상 남자친구에게 의지하며, 남자친구의 결정에 따르기만 한다.

**증상**

은실 씨는 자신의 의견을 표현하지 못하고, 상대방의 의견에 무조건 따른다. 자신의 감정과 욕구를 무시하고, 상대방에게 맞추려는 경향이 있다.

**개선 방법**

**① 자기 감정 표현 연습**

은실씨는 자신의 감정을 솔직하게 표현하는 연습을 시작하게 된다. 처음에는 작은 일부터 자신의 의견을 말하고, 점차적으로 중요한 문제에서도 자신의 입장을 표현한다.

② **자기주도적 활동 참여**

독립적인 취미나 활동에 참여하여 자신의 능력을 확인하고, 자신감을 키워 나간다. 이를 통해 스스로의 가치를 깨닫게 된다.

③ **심리 상담**

심리 상담을 통해 자신의 의존적인 성향의 근본 원인을 이해하고, 이를 극복할 수 있는 구체적인 전략을 세운다.

### (2) 사례 2: 직장 생활에서의 의존성

**상황**

30대 중반의 영희 씨는 직장에서 능력 있는 직원으로 평가받고 있지만, 중요한 결정을 내릴 때마다 상사나 동료의 의견을 과도하게 의지한다. 그녀는 스스로 결정을 내리는 것이 두렵고, 항상 누군가의 지지가 필요하다고 느낀다.

**증상**

영희 씨는 독립적으로 일하는 것을 두려워하며, 자신이 내리는 결정에 대한 불안감을 크게 느낀다. 그녀는 자신의 능력을 과소평가하고, 남들의 의견이 없으면 결정을 내리지 못하게 된다.

**개선 방법**

① **자기인식**

영희 씨는 자신이 왜 이렇게 의존적인지를 깊이 반성하여 보니, 어린 시절 부모님이 지나치게 보호하며 키웠다는 것을 깨닫게 된다.

② **작은 결정부터 연습**

영희 씨는 일상적인 작은 결정부터 스스로 내리기 시작해 본다. 점점 시간이 흐를수록 조금씩 자신감이 생긴다.

③ **멘토의 도움**

영희 씨는 직장에서 독립적으로 일하는 동료나 상사를 멘토로 삼아 조언을 듣고, 그들의 독립적인 사고방식을 배우기 시작한다.

### (3) 사례 3: 경제적 의존성

**상황**

40대 초반의 미나 씨는 결혼 후 남편의 수입에 의존해 생활해 왔다. 그녀는 경제적 독립에 대한 두려움 때문에 일을 하지 않았고, 남편이 모든 재정적인 결정을 내리는 상황이다.

**증상**

미나 씨는 경제적 독립에 대한 두려움이 크고, 돈 관리나 재정적인 책임을 질 능력이 없다고 느껴진다. 남편의 결정에 무조건 따르는 경향이 있다.

**개선 방법**

① **교육**

미나 씨는 재정 관리와 경제적 독립에 대한 교육을 받기 시작했다. 온라인 코스를 통해 기초적인 재정 관리 기술을 배우고, 이를 일상생활에 적용해 본다.

② **작은 목표 설정**

미나 씨는 독립적으로 소규모 예산을 관리하는 작은 목표부터 시작한다. 예를 들어, 매달 자신의 용돈을 관리하거나, 가족의 소규모 지출을 책임지는 일부터 시작한다.

③ **직업 찾기**

미나 씨는 자신의 관심사와 능력을 고려하여 파트타임 일자리나 취미를 살린 소규모 사업을 시작해 본다. 이를 통해 경제적 독립의 첫걸음을 내딛게 된다.

이러한 사례들은 신데렐라 콤플렉스를 가진 사람들이 어떻게 자신의 문제를 인식하고, 극복해 나가는지를 보여 준다. 중요한 것은 자기이해와 자기존중을 통해 스스로의 가치를 깨닫고, 독립적인 삶을 살아갈 수 있는 능력을 키우는 것이다. 이를 통해 여성들은 자신의 삶을 주도적으로 이끌어 나갈 수 있게 된다.

### 4) 신데렐라 콤플렉스의 장점 승화

'신데렐라 콤플렉스(Cinderella Complex)'는 주로 여성들이 남성에게 의존하려는 심리를 의미한다. 여성이 독립적으로 자신의 삶을 개척하기보다는 남성에게 보호받고 의존하려는 경향을 나타낸다. 그러므로 심리적 경향은 종종 부정적인 측면으로 인식되지만, 장점으로 승화된 측면도 고려할 수 있다.

(1) 안정감과 안전감

신데렐라 콤플렉스를 가진 사람은 보호받고 있다는 느낌을 통해 심리적 안정감을 느낄 수 있다. 그러므로 삶의 여러 가지 스트레스 요인들로부터 자신을 보호하고 안정적인 생활을 유지하는 데 도움이 될 수 있다.

(2) 신뢰와 지원

타인에게 의존하는 만큼 그들과 깊은 신뢰 관계를 형성할 수 있다. 그러므로 개인이 혼자서 해결하기 어려운 문제들을 함께 해결하며 더 나은 결과를 도출할 수 있도록 도와줄 수도 있다.

(3) 팀워크와 협력

의존적인 성향은 다른 사람과의 협력과 팀워크를 촉진할 수 있다. 의존성은 때로는 상대방과의 관계에서 더 나은 협력을 이끌어 내는 동력이 될 수 있다.

(4) 사회적 유대 강화

신데렐라 콤플렉스를 가진 사람은 사회적 관계를 중시하고 강화하려는 경향이 있다. 그러므로 사회적 네트워크를 확장하고 유지하는 데 긍정적인 영향을 미칠 수 있다.

(5) 자기성찰의 기회

남에게 의존하면서 자신의 약점을 깨닫고 이를 보완하기 위한 자기성찰의 기회를 가질 수 있다. 그러므로 개인의 성장과 발전에 기여할 수 있다.

(6) 심리적 위안

특정 상황에서 의존적인 성향은 심리적인 위안을 제공할 수 있다. 그러므로 개인이 불안이나 스트레스를 관리하는 데 도움을 줄 수 있다.

물론 신데렐라 콤플렉스의 장점을 논의하면서도 과도한 의존성은 장기적으로 개인의 성장과 자립에 방해가 될 수 있음을 잊지 말아야 한다. 따라서 이러한 심리를 인식하고 균형을 맞추는 것이 중요하다.

## 과제

### 신데렐라 콤플렉스 체크리스트

다음 문장을 읽고 ( ) 안에 ○, ×로 표시하세요.

- 남성에게 의존하는 경향

중요한 결정을 내릴 때 남성의 의견을 기다리거나 의존하나요? ( )

재정적인 문제에서 스스로 해결하기보다는 남성에게 의존하나요? ( )

- 자립에 대한 두려움

혼자서 문제를 해결하는 것이 두렵거나 부담스럽나요? ( )

독립적인 생활을 생각하면 불안감을 느끼나요? ( )

- 구원자 환상

이상적인 남성이 나타나서 자신의 삶을 변화시켜 주길 기대하나요? ( )

어려운 상황에서 항상 남성의 도움을 받아야 한다고 생각하나요? ( )

- 자신감 부족

자신의 능력에 대한 확신이 부족하고 남성이 더 잘할 것이라고 생각하나요? ( )

중요한 일을 맡을 때 자신보다는 남성이 더 적합하다고 느끼나요? ( )

- 사회적 규범과 기대

전통적인 성 역할에 대한 기대를 많이 느끼나요? ( )

여성이 집안일을 주로 맡아야 한다는 생각을 가지고 있나요? ( )

- 인정과 칭찬을 갈구

남성으로부터 인정받고 칭찬받는 것에 집착하나요? (　　)

자신의 성취보다 남성의 인정을 더 중요하게 여기나요? (　　)

- 의존적 성향

중요한 순간에 스스로 결정을 내리는 대신 남에게 기대는 경우가 많나요? (　　)

남성의 보호를 받으려는 경향이 있나요? (　　)

**체크한 빈도수를 생각해 보고 '2) 신데렐라 콤플렉스의 현대적 개선 방법'을 참고하여 소감을 작성하세요.**

## 2. 열등 콤플렉스

나폴레옹 보나파르트는 역사적으로 작은 키를 가지고 있었다. 그가 어린 시절부터 자신의 외모에 대해 열등감을 느끼게 하는 요인 중 하나였다. 그러나 그의 작은 키와는 대조적으로 그는 엄청난 자신감과 카리스마를 지녔다.

나폴레옹은 작은 키에 대한 자존심이나 열등감을 다른 강력한 특성들로 대체했다. 군사적 천재성, 전략적인 지식, 카리스마 그리고 뛰어난 지도자로서의 능력으로 자신의 키 이상으로 자신을 증명하였다. 이러한 자신감과 능력은 그를 프랑스 군대의 최고 지휘관으로 만들었고, 그의 뛰어난 지도력은 프랑스 혁명을 이끄는 데 결정적인 역할을 하였다.

나폴레옹은 작은 키에 대한 부정적인 감정을 이용하여 자신을 더욱 강하고 강인하게 만들었으며 그는 자신의 키가 아닌, 자신의 능력과 열정을 통해 사람들에게 영향력을 행사하였다. 이러한 자신감과 지도력을 바탕으로 나폴레옹은 유럽 대륙을 정복하고 역사상 최강의 제국을 건설하였다.

나폴레옹의 이야기는 우리에게 작은 키나 외모에 대한 열등감을 극복하고 자신의 능력과 역량을 발휘하여 성공할 수 있다는 강력한 교훈을 전달한다. 그는 자신의 단점을 극복하기 위해 자신을 발전시키고, 이를 통해 역사상 가장 위대한 지도자 중 하나로 기억되고 있다.

이러한 열등 콤플렉스(Inferiority Complex)는 주로 외모나 키 등의 신체적 특징, 표현력, 부모, 가족 등의 다양한 요인들이 복합적으로 작용하여 발생한다.

### 1) 열등 콤플렉스의 주요 요인

(1) 가정환경

- **부모의 양육 태도**: 과도한 비판적 태도나 무관심, 또는 지나치게 높은 기대치는 아이에게 열등감을 심어 줄 수 있다.
- **형제 간 비교**: 부모가 형제나 자매와 비교하며 경쟁을 유도하면, 자신이 항상 뒤처진다고 느끼게 되어 열등감을 느낄 수 있다.

(2) 사회적 비교

- **SNS와 미디어**: SNS와 미디어를 통해 다른 사람들의 성공, 행복, 외모 등을 쉽게 접할 수 있어 자신과 비교하게 된다. 자신을 부정적으로 보게 만들고 열등감을 유발할 수 있다.
- **또래집단의 영향**: 학교나 직장에서 또래들과의 비교는 자신을 열등하게 느끼게 만드는 중요한 요인이다. 인기, 성적, 외모 등에서 다른 사람들과 비교하게 된다.

(3) 개인적 경험

- **실패와 거절 경험**: 중요한 일에서 실패하거나 거절당하는 경험이 반복되면 자신에 대한 부정적인 인식이 강화될 수 있다.
- **성취 부족**: 목표한 바를 달성하지 못하는 경우, 자신의 능력에 대해 의문을 품게 되고 열등감을 느끼게 된다.

(4) 문화적 요인

- **사회적 기대**: 특정 문화나 사회에서 요구하는 기준에 부합하지 못한다고 느낄 때 열등감을 느낄 수 있다. 예를 들어, 특정 외모 기준이나 성취 기준을 강조하는 사회에서는 그 기준에 맞지 않는 사람들이 열등감을 느낄 수 있다.

(5) 심리적 요인

- **성격 특성**: 내성적이거나 민감한 성격을 가진 사람들은 작은 실패나 비판에도 크게 반응하며 열등감을 느낄 수 있다.
- **완벽주의 경향**: 완벽주의 성향을 가진 사람들은 자신이 설정한 높은 기준에 도달하지 못했을 때 심한 열등감을 느끼는 경향이 있다.

(6) 신체적 요인

- **외모나 신체적 특징**: 외모나 신체적 특징에 대한 불만족은 열등감의 원인이 될 수 있다. 특히 외모가 중요시되는 사회에서는 이러한 열등감이 더 강해질 수 있다.
- **건강 상태**: 만성적인 질병이나 신체적 장애 등도 개인이 열등감을 느끼는 원인이 될 수 있다.

이러한 다양한 원인들이 복합적으로 작용하여 열등 콤플렉스를 유발하게 된다. 열등감을 극복하기 위해서는 이러한 원인들을 인식하고, 자기수용과 긍정적인 자기대화, 그리고 현실적인 목표 설정 등을 통해 자존감을 회복하는 것이 중요하다.

## 2) 열등 콤플렉스의 현대적 개선 방법

열등 콤플렉스를 극복하고 개선하기 위한 현대적인 방법들은 여러 가지가 있다. 다음은 그중 몇 가지 주요한 방법들이다.

(1) 자기인식 및 수용

- **자기인식 훈련**: 자신의 감정과 생각을 인식하고 그것이 열등감에서 비롯된 것임을 깨닫는 것이 첫걸음이다.
- **자기수용**: 자신의 단점과 약점을 인정하고 수용하는 것이 중요하다. 완벽하지 않음을 받아들이고 자신을 긍정적으로 평가하는 연습을 한다.

(2) 긍정적인 자기대화

- **부정적인 생각 바꾸기**: 부정적인 자기대화나 생각을 긍정적인 방향으로 바꾸는 연습을 한다. 예를 들어, "나는 항상 실패해." 대신 "나는 실수를 통해 배우고 성장할 수 있어."라고 생각하는 것이다.
- **자기격려**: 자신을 칭찬하고 격려하는 습관을 들인다. 작은 성취도 인정하고 스스로에게 보상하는 것이 좋다.

### (3) 현실적인 목표 설정

- **작고 구체적인 목표**: 달성 가능한 작은 목표를 설정하고 그것을 이루어 나가는 과정에서 자신감을 키운다.
- **장기적인 비전**: 장기적인 목표를 설정하고 그것을 향해 나아가는 과정을 계획한다. 목표 달성의 진척 상황을 체크하며 성취감을 느끼도록 한다.

### (4) 사회적 지지 시스템 활용

- **신뢰할 수 있는 사람들과의 관계**: 가족, 친구, 멘토 등 신뢰할 수 있는 사람들과의 긍정적인 관계를 유지한다. 정서적인 지지와 격려를 제공할 수 있다.
- **지지 그룹 참여**: 유사한 경험을 공유하는 사람들과의 지지 그룹에 참여하여 서로의 경험을 나누고 지원을 받는 것이 도움이 될 수 있다.

### (5) 자기개발 및 학습

- **새로운 기술 습득**: 새로운 기술이나 지식을 습득하는 것은 자신감을 향상시키는 데 도움이 된다.
- **계속적인 학습**: 자기개발을 위한 독서, 워크숍, 온라인 강의 등 지속적인 학습을 통해 자신을 성장시키는 노력을 기울인다.

### (6) 전문적인 도움

- **심리 상담**: 심리학자나 상담사와의 상담을 통해 열등감의 원인을 탐색하고, 적절한 대처 방법을 배우는 것이 중요하다.
- **치료 프로그램**: 인지행동치료(CBT) 등 과학적으로 검증된 치료 프로그램을 통해 열등감을 개선하는 방법을 배울 수 있다.

### (7) 신체적 건강 유지

- **운동과 영양**: 규칙적인 운동과 균형 잡힌 영양 섭취는 신체적 건강뿐만 아니라 정신적 건강에도 긍정적인 영향을 미친다.
- **스트레스 관리**: 명상, 요가, 심호흡 운동 등 스트레스를 관리하는 다양한 방법을 통해 정신적인 안정을 유지한다.

열등 콤플렉스를 극복하는 과정은 시간이 걸릴 수 있지만, 지속적인 노력과 긍정적인 태도로 접근하면 충분히 개선할 수 있다.

### 3) 열등 콤플렉스의 사례

사례를 바탕으로 열등 콤플렉스를 경험하는 사람의 상황과 개선 방법을 살펴본다.

**상황**

대학 졸업 후에 취직을 못하고 있고, 주변 지인들은 이미 취직하고 성공을 거두고 있는데, 자신은 계속해서 불안과 자존감 하락을 겪고 있다. 주변 사람들과의 대화에서 자신의 열등감을 감추려고 하지만 내적으로는 자신을 비하하고 있다.

**원인**

- **사회적 비교**: 주변 지인들의 성공과 비교하며 자신을 부정적으로 평가한다.
- **자기인식**: 취직 실패로 인해 자신의 능력과 가치에 대한 의심이 증폭되고 있다.
- **외적 요인**: 주변 사람들의 성공적인 이야기나 사회적 압박이 열등감을 더욱 부각시키고 있다.

**개선 방법**

**① 자기 인식과 수용**

자기 자신의 능력과 가치를 인정하고 수용하는 데 중점을 둔다. 취업 실패를 자신의 능력 부족이 아닌 환경적 요인으로 받아들이고 수용한다.

**② 긍정적인 자기대화**

"나는 실패한 사람이다."라는 부정적인 자기대화를 "나는 경험을 통해 배우고 성장할 수 있는 사람이다."로 교체한다. 또한 자신에게 긍정적인 피드백을 주고, 작은 성취에 대해 칭찬하고 격려하는 습관을 기른다.

**③ 현실적인 목표 설정**

매일 일정량의 취업 관련 활동을 수행하고, 그 결과를 체크하는 등 작고 구체적인 목표를 설정한다. 또한 시간을 내어 실력 향상을 위한 공부나 프로젝트를 진행하여 자기계발하며 취업에 대한 자신의 자신감을 높인다.

**④ 사회적 지지 시스템 활용**

비슷한 상황에 있는 사람들과 지원 그룹에 참여하여 서로의 경험을 공유하고 지지를 받는다. 또한 열등감을 감추지 않고, 가족이나 친구들과 솔직하게 소통하여 지지를 받는다.

**⑤ 전문적인 도움**

열등 콤플렉스를 극복하기 위해 심리 상담을 받아 자신의 마음을 더 깊게 이해하고, 적절한 대처 방법을 학습한다.

이러한 개선 방법들을 통해 열등 콤플렉스를 극복하고, 자신에게 맞는 긍정적인 방향으로 성장하고 발전할 수 있다.

### 4) 열등 콤플렉스의 장점 승화

열등 콤플렉스는 자신이 다른 사람보다 부족하다고 느끼는 심리적 상태를 의미하므로 주로 자기비하, 자존감 저하, 불안 등의 부정적인 결과를 초래할 수 있지만, 이러한 콤플렉스가 긍정적인 방식으로 승화될 때 다음과 같은 장점을 가질 수 있다.

(1) 동기부여

열등 콤플렉스를 가진 사람은 자신을 개선하고 더 나아지려는 강한 동기를 가질 수 있다. 그러므로 자기 개발과 성취를 위한 강력한 원동력이 될 수 있다.

(2) 성장과 학습

자신의 약점을 인식함으로써 이를 보완하기 위한 노력을 기울이게 된다. 그러므로 개인의 성장과 학습에 큰 도움이 되며, 새로운 기술과 지식을 습득하는 데 중요한 역할을 한다.

(3) 겸손함 유지

열등감을 느끼는 사람들은 일반적으로 자신의 부족한 점을 인정하며 겸손한 태도를 유지하게 된다. 그러므로 다른 사람들과의 관계에서 긍정적인 평가를 받을 수 있으며, 팀워크와 협력에 유리하게 작용할 수 있다.

(4) 공감과 이해

자신의 열등감을 경험한 사람들은 타인의 고통과 어려움을 더 잘 이해하고 공감할 수 있게 된다. 그러므로 사회적 관계를 형성하고 유지하는 데 있어 중요한 역할을 할 수 있다.

(5) 문제 해결 능력

열등감을 극복하기 위해 다양한 문제 해결 전략을 개발하고 시도하는 과정에서 문제 해결 능력이 향상될 수 있다. 그러므로 개인의 전반적인 능력을 높이는 데 기여할 수 있다.

(6) 높은 성취욕

열등감을 느끼는 사람들은 자신을 증명하기 위해 더 높은 성취를 목표로 설정하는 경향이 있게 된다. 그러므로 직업적·학문적·개인적 목표를 달성하는 데 중요한 역할을 할 수 있다.

(7) 자기성찰과 발전

열등 콤플렉스를 가진 사람들은 자주 자기성찰을 통해 자신의 강점과 약점을 분석하게 된다. 그러므로 지속적인 자기 개선과 발전을 위한 중요한 기반이 될 수 있다.

(8) 끈기와 인내

열등감을 극복하기 위한 노력은 끈기와 인내심을 기르는 데 도움이 된다. 그러므로 장기적인 목표를 달성하는 데 필요한 중요한 덕목이 될 수 있다.

열등 콤플렉스는 그 자체로 부정적인 감정이지만, 이를 긍정적인 방식으로 활용할 수 있는 방법을 찾는다면 개인의 성장과 발전에 큰 도움이 될 수 있다. 중요한 것은 이러한 감정을 인정하고 이를 극복하기 위한 노력을 기울이는 것이다.

## 과제

### 열등 콤플렉스 체크리스트

다음 문장을 읽고 (　　) 안에 ○, ×로 표시하세요.

① 내가 다른 사람들과 비교할 때 자주 나쁜 감정을 느끼는가? (　　)
② 성공한 사람들을 보면 내가 자신에 대해 더 부정적인 생각을 갖는가? (　　)
③ 내가 자주 자신을 비하하거나 자신의 능력을 의심하는가? (　　)
④ 다른 사람들의 성공이나 성취에 대해 부러움이나 질투를 느끼는가? (　　)
⑤ 자주 자기비판을 하며 부정적인 자기대화를 가하는가? (　　)
⑥ 실패나 실수를 하면 그것을 자신의 능력에 대한 증거로 보는가? (　　)
⑦ 주변 사람들과의 대화나 상황에서 자주 자신을 비교하는 경향이 있는가? (　　)
⑧ 나에게 주어진 일에 대해 자주 자신을 부정하거나 자신의 능력을 믿지 못하는가? (　　)
⑨ 다른 사람들의 평가나 의견에 지나치게 민감한가? (　　)
⑩ 자주 자신을 다른 사람들과 비교하여 나의 가치를 판단하는 경향이 있는가? (　　)

### 체크한 빈도수를 생각해 보고 '2) 열등 콤플렉스의 현대적 개선 방법'을 참고하여 소감을 작성하세요.

# 제3장

# 점성술로 보는 자기이해

"너의 자아를 발견하라. 다른 누구도 아닌 너 자신이 되라."

– 프리드리히 니체(Friedrich Nietzsche)

"자신을 사랑하고, 자신을 지지하고, 자신을 존중하는 것이 최우선이다. 그럴 때 타인의 의견은 그저 의견일 뿐이다."

– 브레네 브라운(Brené Brown)

# 1. 점성술의 의미

## 1) 점성술의 개념

점성술(占星術, astrology)은 인간 세계에서 천문학의 현상 또는 천체 현상을 관찰하여 미래를 예측하는 점술(방술)이다. 서양에서 점성술은 태양과 달 그리고 다른 행성 객체들의 위치에 기반하여 개인의 성격을 설명하고, 그들의 인생에서 미래의 사건을 예언한다고 주장되는 천궁도의 체계로 거의 대부분이 구성된다. 점성술은 천체 현상을 관측하여 인간의 운명과 장래를 예측하는 방법이다.

이는 하늘에서 일어나는 일과 땅에서 일어나는 일이 서로 영향을 준다는 믿음에서부터 시작되었다. 옛 점성술사들은 주로 항성(별자리)들과 태양과 달, 행성, 혜성과 유성을 비롯한 객성들의 관계를 갖고 점복을 보았다. 과거에는 점성술을 토대로 중요한 정치 사안 등을 결정하는 일이 잦았기 때문에 정식 학문으로 인정되었던 때도 있었다고 한다. 하늘의 현상은 언제나 인간이 경외심을 가지는 대상이었고, 이러한 현상과 법칙이 인간을 지배한다는 사상은 고대로부터 언제나 있어 왔다. 특히 고대 바빌로니아에서 발달하기 시작했는데, 아직도 우리 주변에 있는 육십갑자나 황도 12궁 따위가 이러한 사상이 아직도 남아 있는 사례라 할 수 있다. 고대에 점성술에 기여한 나라는 이집트, 그리스, 로마, 부분적으로는 아랍이며 프랑스는 점성술의 영향력이 큰 편이다. 특히 헬레니즘 시대에 이집트가 점성술에 공헌한 바는 엄청나다. 점성술이 뜻밖에 엉뚱한 데서 학문적 기여를 하는 경우도 있다. 고대에 점성술의 영향력이 컸다는 점과 점성술 자체는 비과학적일지언정 관측된 천체의 운행은 과학적인 시간표가 성립된다. 이 때문에 고대의 사건에 점성술과 연관된 언급이 있을 경우 비교적 정확한 발생시간을 추정해 볼 수 있다고 전해진다. 이러한 점성술을 위해 천체 관측을 하고 이를 연구하면서 천문학이 발달하기 시작했다.

이는 마치 연금술이 결국에는 중세 시대의 허황된 믿음에 불과하지만 금을 연성해 보려고 갖가지 별짓들을 다 해 본 것에서부터 현대 화학이 태동한 것과도 같다. 아래의 역사 항목에 나오듯이 초창기 천문학은 점성술과 상당히 연관성이 크다. 이러한 천체 운행에 대한 기록은 당시 천문학의 수준을 파악하고 동시에 당시의 천문 현상을 유추할 수 있는 좋은 자료가 되기도 한다. 점성술은 하늘을 보고 천체 현상을 관측하며 생겨난 개념이므로, 지구 그 자체는 대상에서 제외한다.

### 2) 점성술의 역사

옛사람들은 하늘의 별에 의지해서 운명을 보는 경우가 많았다. 그 예가 영국의 스톤헨지다. 보편적으로 이때의 점성술은 개인의 운명을 보는 현대의 점성술과는 달리 주로 국가의 흥망이나 농사의 성공 여부 등 나라의 운명을 미리 보는 방식으로 쓰였다. 흔히 우리가 알고 있는 천궁도를 기반으로 한 점성술의 기원은 고대 메소포타미아 지역이었다.

이러한 점성술이 대대적으로 퍼지기 시작한 것은 알렉산드로스 대왕의 헬레니즘 시대 성립 이후다. 메소포타미아 지방에 국한되어 있던 점성술이 그리스, 이집트, 인도, 페르시아 지방으로 전파되기 시작한 것이다. 사실 이때 대부분의 점성학적 체계가 정립되었다. 이들은 당시 학문의 중심지인 이집트의 알렉산드리아를 기반으로 점성술을 발전시켰는데, 이들은 국가의 흥망을 보는 데에 쓰인 점성술을 개인의 운세로 보는 점성술로 변화시키는 데 기여하였다. 헬레니즘 세계의 성립 이후 이 지역을 양분하였던 로마 제국과 사산 조 페르시아에 의해 점성술은 유지되고 발전되었으나, 밀라노 칙령과 이교 금지령을 위시한 그리스도교의 발흥 이후로 로마 제국을 비롯한 서방 세계에서 점성술은 쇠퇴하기 시작하였다. 그러나 동방 세계에서는 아랍인들에 의해 점성술은 체제를 유지하게 되었다.

아랍 제국은 당시 동서의 교통로에 있었던 나라인 만큼 그리스, 로마의 점성술은 물론, 페르시아와 저 멀리 인도의 점성술까지도 융합해서 자신들만의 점성술을 만들어 나

갔다. 이러한 점성술은 십자군 전쟁과 레콩키스타로 대표되는 12세기 이후 동방 세계와의 접촉을 통해 다시 서방으로 유입되기 시작하였다. 이러한 점성술이 다시 부흥을 맞이하기 시작한 것은 바로 르네상스 이후인데 이 당시 점성술은 그리스 문화와 같이 유럽 입장에서는 세련된 문화로 받아들여졌기 때문이다.

심리학이 발달하기 시작한 19세기 말부터 점성학적 체계를 운명이 아닌 심리에 결부시켜서 개인의 심리나 정서를 보는 심리 점성술이 탄생하게 되었다. 이러한 점성술은 근대 이후 관측 도구의 발달로 새로이 발견된 천왕성, 해왕성, 명왕성, 소행성을 비롯한 천문학적 발견과 근대 들어 급격히 발전한 심리학을 결합하여 만들어졌으며, 원래 의미의 점성술과 차이점이 생기게 되었다. 특히 소행성인 세레스와 관련된 부분에서 많은 차이를 보인다. 전통 점성술은 소행성을 완전히 무시하는 반면, 현대 심리 점성술은 천궁도를 해석할 때 소행성도 참고하여 해석하기 때문이다.

인도에서는 알렉산드로스 대왕의 인도 원정 이후로 점성술이 전파되었다고 전해지는데, 인도 점성술은 죠티쉬(jyotish), 혹은 베딕 점성술이라고 부르기도 한다. 죠티쉬는 산스크리트어로 빛의 학문이라는 뜻을 가지고 있다. 한국, 중국, 일본을 비롯한 동아시아에도 자생적으로 발생한 점성술과 역법을 이용한 사주명리학이 있다.

당나라 때는 불교와 함께 인도점성술이 유입되어 성행하였고, 원나라 당시에는 회회력과 함께 이슬람 점성술이 소개되었다. 칠정사여, 십팔비성, 자미두수, 사주명리학 등의 다양한 점성술은 서로 영향을 주고받으며 각자의 이론을 정교하게 발전시켰다. 조선에도 서양 점성술이 전래되었다. 19세기의 천문학자이자 수학자인 남병철(南秉哲)은 호로스코프 점성술(horoscopic astrology)의 영향을 받아 『성요(星要)』를 저술한 바 있다. 또한 옥스퍼드대학교의 고전학부에는 점성술을 학술적으로 연구하는 연구실과 연구 과정이 있다.

### 3) 점성술의 종류

#### (1) 네이탈 점성술(Natal Astrology)

개인의 운명을 보는 점성술이다. 인간사의 일을 다루는 학문이다.

#### (2) 호라리 점성술(Horary Astrology)

현대적 언어로 하면 점(占)과 같다. 특정 질문이 떠올랐을 때 질문이 떠오른 그 시점의 차트를 해석하는 것으로, 네이탈 점성술에서 쓰이는 관법을 그대로 차용한다.

(3) 먼데인 점성술(Mundane Astorlogy)

국운을 보는 점성술이다. 사산 왕조 페르시아에서 발전하기 시작하여 아랍시대에 정립되었다. 먼데인 점성술을 통해 역사적 사건을 해명한 서적도 있다.

(4) 메디컬 점성술(Medical Astrology)

점성술을 통해 건강을 살펴보는 점성술이다.

### 4) 점성술의 문화적 영향

서양에서는 정치 지도자들이 점성가들에게 자문을 구한다는 이따금씩의 보고가 있다. 히틀러가 그의 행동에 점성술을 사용한다는 주장이 있은 후에, 루이스 더 볼은 영국 정보부 MI5를 위해 점성가로 일했다. 육군성은 "히틀러의 점성가들이 매주마다 그에게 무엇을 말하게 될지에 대해서 관심을 가졌다."고 한다. 존 힝클리의 미국 대통령 로널드 레이건 살해 기도 이후에, 영부인 낸시 레이건은 점성가 조안 퀴클리를 백악관의 비밀 점성가로 임명했다고 한다.

점성술은 보통 일상생활에 특히 결혼과 직업에 관계된 문제들에 사용되었으며, 택일, 순간, 업보의 점성술의 광범위하게 사용되었다. 인도의 정치는 점성술의 영향을 받아오고 있다. 인도의 과학자들과 정치인들은 국고의 사용에 있어서 점성술에 대한 연구에 투자하는 제안에 대하여 토론하고 비평했는데, 그 결과 인도의 대학들에서 베다 점성술 과정의 제공이 허가되었다.

또한 일본에서 점성술에 대한 강한 믿음은 '화마'의 해에 출산율과 낙태 횟수의 인상적인 변화를 이끌었다. 이러한 연도들에 태어난 여성들은 히노에우마(丙午병오)라고 불렸고, 1966년 병오년에는 결혼율이 줄었다고 한다. 왜냐하면 그때 태어나는 아이는 아버지나 남편에게 불운을 가져다준다고 믿었기 때문이다. 1966년 일본에서 화마의 해에 태어나 갖게 될 딸의 낙인을 피하려는 부모들의 노력 때문에 신생아들의 수는 [그림 3-1]과 같이 25% 이상 떨어졌을 정도로 점성술의 문화적 영향은 적지 않다고 볼 수 있다.

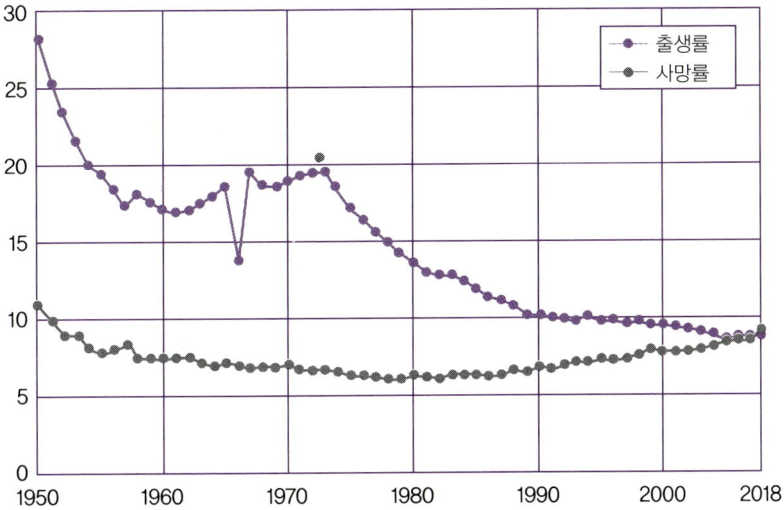


그림 3-1 일본의 출생률과 사망률

* 1950년부터 일본의 출생률(보라색)과 사망률(회색), 화마의 해(1966년)에 출생률이 급하락했다.

## 2. 점성술로 보는 자기이해

### 1) 나의 별자리 찾기

양력으로 찾는다. 나의 태어난 생월과 생일 구간을 찾는다.

**표 3-1** 별자리 찾기

| 별자리(constellation) | 생월 생일 구간(양력) |
|---|---|
| 물병자리(Aquarius) | 1월 20일 ~ 2월 18일 |
| 물고기자리(Pisces) | 2월 19일 ~ 3월 20일 |
| 양자리(Aries) | 3월 21일 ~ 4월 19일 |
| 황소자리(Taurus) | 4월 20일 ~ 5월 20일 |
| 쌍둥이자리(Gemini) | 5월 21일 ~ 6월 21일 |
| 게자리(Cancer) | 6월 22일 ~ 7월 22일 |
| 사자자리(Leo) | 7월 23일 ~ 8월 22일 |
| 처녀자리(Virgo) | 8월 23일 ~ 9월 22일 |

| 천칭자리(Libra) | 9월 23일 ~ 10월 23일 |
|---|---|
| 전갈자리(Scorpio) | 10월 24일 ~ 11월 21일 |
| 사수자리(Sagittarius) | 11월 22일 ~ 12월 21일 |
| 염소자리(Capricorn) | 12월 22일 ~ 1월 19일 |

## 2) 나의 별자리 이해

(1) 물병자리(Aquarius)

**① 성향**

창조적인 생각과 새로운 발상을 통해 사람들에게 희망을 주려고 한다. 어떤 상황에서도 감정적으로 깊이 빠져들지 않고 일정한 거리를 두면서 객관적으로 새로운 것을 알아가고 만들어 가는 타입이다. 대인관계가 원만하고 사교적이며, 많은 사람들과 함께 즐거움과 행복을 누리기 바라고, 자유로운 세상과 더불어 정의로운 세상을 꿈꾼다.

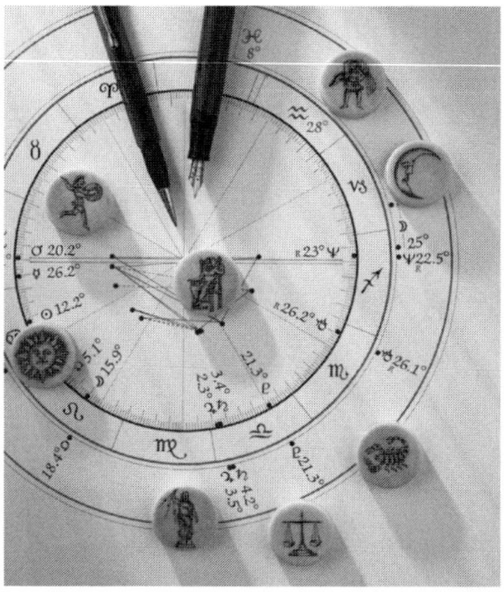

**② 장점**

자유주의자, 독립성 투철, 혁신적, 창조적, 창의력 탁월, 논리적이면서도 타인에 대한 배려가 깊으며 끈기가 있다.

**③ 단점**

언제 어디로 향하게 될지 모르는 사람, 자신의 생각이나 자신의 관념에 집착할 수 있다. 때로는 반항적이기도 하며 늘 새로운 것을 꿈꾸는 스타일이다.

(2) 물고기자리(Pisces)

**① 성향**

온화하고 인정이 넘치며, 어려움을 겪는 이웃에게 친절하고 따뜻한 타입이다. 자신의 목표나 일보다는 주변 사람에 대한 관심이 깊어서 늘 희생과 사랑과 정이 넘치고, 신뢰할 수 있는 인간적인 사람이다. 직관력이 발달하고 감수성이 뛰어나 사람을 파악하거나 상황을 파악하는 데 탁월한 능력이 있다.

더불어 상상력이 풍부하고 낭만적이고 희망적이어서 타인의 말에 늘 귀 기울이고, 세상의 문제를 해결하려고 하며, 창녀촌 뒷골목에서도 희망을 보고 쓰레기더미 속에서도 아름다움을 찾을 수 있는 사람이다. 다만, 자신의 정체성을 제대로 찾지 못하여 인생을 물 흘러가듯 살다가 방향을 잘못 선택하여 자기 목표나 일을 성취하지 못하는 어려움이 따르기도 한다.

**② 장점**

사랑이 넘치고, 희생적이다. 자비로움, 친절, 배려가 특징이다.

**③ 단점**

목표가 약하고, 늘 주변을 배려하다가 자신의 것을 놓친다. 힘들면 소심하고 일을 추진하는 능력이 부족해진다. 생각이 혼란스러우면 변덕스럽고 우유부단한 성격이다.

(3) 양자리(Aries)

**① 성향**

매사에 열정적이고 저돌적이며 모험을 좋아한다. 좋아하는 것이라면 시간과 돈을 투자하는 데 주저하지 않으며, 자신을 희생하면서 돌파해 가는 타입이다. 한곳에 안주하거나 정체하기를 거부하고, 늘 활동적으로 움직이며, 충동적이고, 자신이 하고 싶은 것은 꼭 해내고야 마는 성향이다.

자신의 능력을 믿으며 자신이 최고라고 믿고 정열적으로 밀고 나가고 앞서가는 것을 좋아한다. 다른 사람의 생각이나 의견을 무시하기도 하고, 자신의 주도로 일을 끌고 나가는 것을 선호한다. 자신이 다른 사람에게 미치는 영향이나 책임 등에는 별로 관심 없고, 오로지 자신이 하려는 일에만 관심을 두기도 한다. 충동적, 창조적, 적극적, 솔직함, 공격적, 직설적, 경험적, 시행착오로 배움, 새로운 것을 직면하는 성향이다.

② 장점

열정적이고 모험심이 강하다. 매사에 적극적이고 과감하게 돌파한다. 독립적이고 창조적이며, 새로운 것을 추구한다. 현재를 열심히 살고 현재를 추구한다.

③ 단점

조급하고 다혈질이다. 시작은 잘 하지만 끝마무리가 약하다. 상대방과 생각이 다르면 자신의 생각에 몰입하고 타협을 잘 모른다. 지배하면서 무시하는 경향도 있다.

(4) 황소자리(Taurus)

① 성향

낭만적이고 감각이 발달되어 있고 감수성이 뛰어나며, 무엇이든 자신의 목표대로 만들고 이루어 나가는 것을 즐긴다. 자신이 하려는 일에만 관심을 가지고, 움직일 만한 가치가 있는 일에만 전력투구하는 타입이다. 아무리 힘들고 어려운 상황이라도 일단 목표가 정해지면 묵묵히 기다려 끈기 있게 밀고 나가는 사람이다. 한 직장이나 하나의 일을 선호하고, 소수의 적은 친구와 사귀는 것을 좋아한다.

안정적인 것을 좋아하고, 세상의 어떤 것보다 물질적 가치에 중심을 두고, 자신이 정한 목표물을 확실하게 자신의 것으로 하고 싶어 하며, 감각적인 즐거움을 누리기 위해 노력하고, 자신이 선호하고 열망하는 것들에 열정적으로 가슴 뜨겁게 도전한다.

어떠한 고난과 고통도 자신의 목표를 이룰 수만 있다면 인내할 수 있고, 참을성 있게 밀고 나가며, 배우고 익히고 하나씩 이루어 나간다. 신뢰하고 믿음직한 타입이지만, 아집이 강하고 고집이 세며 지나치게 완고하고 자기중심적인 점 때문에 비난을 받기도 한다. 안정적, 자연스러움, 안락, 묵직, 꾸준, 만족, 유지, 넉넉, 여유의 성향이다.

② 장점

어떤 상황에서든 쉽게 마음이 흔들리지 않는다. 끈기와 은근한 고집이 있고 끊임없이 노력한다. 자신이 하고자 하면 반드시 이루고야 만다. 무언가 만들고 그것을 완성시키고 이루어 가는 것을 좋아한다. 신뢰할 수 있고 신용이 있다.

**③ 단점**

편안한 것을 선호하고 사치를 좋아한다. 변화와 변동을 싫어하고, 사람이 많은 공간을 회피한다. 집착이 강하고 소유욕이 강한 편이다. 한 사람을 해바라기처럼 믿다가 자칫 배신을 당하기 쉽다.

(5) 쌍둥이자리(Gemini)

**① 성향**

직관력이 발달되어 있어서 새로운 것에 즉각 반응하고, 새로운 것에 대한 끝없는 호기심과 다양한 것에 관심을 보이는 것이 특징이다. 가만히 있기보다는 변화와 변동에 대한 갈망을 가지고 있는 타입이다. 손재주가 뛰어나고, 매사에 적극적이고 활동적이며, 쾌활하고 명랑하며, 이 일 저 일 끝없이 새로운 일을 만들어 가고, 계획적인 것이나 구조화된 것을 거부하고 늘 변화를 꿈꾸며 살아간다. 한 가지 일을 꾸준하게 밀고 나가기보다 여러 가지 다양한 것을 함께하는 타입이며, 기계를 다루는 능력이 뛰어나다.

가슴에 담아 두기보다는 자신의 감정을 겉으로 표현하고 행동한다. 유머 감각이 있고 대화하기를 매우 좋아하며, 가만히 있지 않고 무엇인가 계속 표현하고 말해야 하는 사람이다. 집중력이 부족하여 산만해 보이며 수다스럽고, 자칫 엉뚱한 것에 현혹되기 쉬운 타입이다. 민첩함, 교류, 가벼움, 다양함, 소통, 재치, 임기응변, 유연한 성향이다.

**② 장점**

새로운 것에 대한 호기심과 모험심이 있다. 언어능력이 있어서 표현력이 뛰어나고 순간적 재치가 있다. 문학과 기계적인 부분에 뛰어난 재능이 있다. 다양한 분야에 관심이 있고, 폭넓은 지식 수용능력이 있다.

**③ 단점**

집중력이 부족하고 산만하기도 한다. 수다스럽고, 때로는 자기 감정을 타인에게 강조한다. 하나를 완성시키지 못하고 이것 저것 하다가 용두사미가 되기 쉽다.

(6) 게자리(Cancer)

**① 성향**

현재 자신이 처한 상황이나 현재 상태를 매우 좋아하고, 새로운 것에 대한 거부반응이 심하다. 새로운 공간, 새로운 사람, 낯선 것에 대한 두려움이 크고, 많은 사람 앞에 서는 것을 거부하며 수줍음이 많다. 겉으로 보이는 모습은 차갑고 방어적이지만, 내면은 매우 부드럽고 따뜻한 사람이다. 절약정신이 강하고, 자기 절제능력이 있으며 조심성이 많다. 아주 천천히 조금씩 앞으로 나아가는 스타일로서, 가까운 주변 사람이나 가족에 대한 애착이 강하여 주변 사람이나 가족이 어려움을 당하면 심한 스트레스를 받고 당황해서 안절부절못한다.

절약정신과 절제 능력이 강하다 보니 옛것이나 헌것이라도 절대 버리지 못하고 모으고 쌓아 두는 타입이다. 고지식하고, 가까운 사람에게 집착하고 그들을 소유하려는 경향이 강하여 가까운 사람들이 매우 힘들어한다.

**② 장점**

어떤 상황이든 매우 확실하게 처리하고 집요하게 완성해 나간다. 머리가 총명하고 명석하며 기억력이 탁월하다. 매우 가정적이고 현실적이며 안정적이다. 모성본능과 보호본능이 있어 사람들의 욕구를 쉽게 알아차리고 유익한 사람이 되려고 노력한다.

**③ 단점**

여린 성품이라서 쉽게 상처받는다. 자존심이 강하여 작은 모욕에도 견디지 못한다. 때로는 비현실적이고 게으르며 목표의식이 약하다.

(7) 사자자리(Leo)

**① 성향**

목적의식과 목표의식이 매우 크고 원대하며, 그것을 향하여 전진한다. 어떤 상황에서도 당당하고 적극적이며 위엄이 있고, 관대하고 낙천적이고 낭만적이며 유쾌한 타입이다. 늘 여유가 있고 활력이 넘치며 자긍심이 높고, 일에 대한 적극성과 욕심, 진취적인 기상과 정상을 향한 꾸준한 노력은 누구도 따라갈 수 없다. 이런 사람이 높은 자리에 오르면 따뜻하고 친근하며 매우 관대하고 여유롭게 사람을 상대한다.

누군가 변명하거나 거짓말을 하면 매우 화를 내고, 자신을 굽히고 어려움을 호소하거나 하소연하는 사람, 아부하는 사람, 자신을 치켜세워 주는 사람들을 매우 좋아한다. 자신이 늘 주목받는 사람이길 바라고 그렇게 되기 위해 끊임없이 노력한다.

**② 장점**

적극적이고 배짱이 있고 활력이 넘친다. 위엄이 있고 정직하고 근엄하며 중후한 타입이다. 낭만적이고 낙천적이며 어떤 일이든 긍정적이다. 어렵고 힘든 상황에 처한 사람에게 도움을 주려고 한다.

**③ 단점**

복종하는 사람에게만 안정적이고, 가끔 자신의 힘을 과시하려 한다. 마음이 상하면 독선적이고 허세가 강하며 깔보는 경향이 있다. 때로는 허영심을 부리며 무자비한 경향이 있다.

(8) 처녀자리(Virgo)

**① 성향**

사소하고 세밀한 것들을 분석해 내길 좋아하고, 논리적이고 과학적이고 통계적이고 완벽한 것을 선호하는 타입이다. 어떤 상황에서든 흔들리지 않고, 침착하고 빈틈없이 깔끔하며, 겉으로 보기에는 매우 냉정하고 차가워 보인다. 신경질적인 기질이 있고, 작은 것에도 반응이 즉각적이며, 잔소리가 심하고 간섭하려고 한다.

완벽주의자 기질이 있어서 자신의 공간을 구조화하고 타인이 함부로 그 공간에 들어오지 못하게 한다. 조직화하고 계획화하고 세심하게 분석하고 수집하며, 자신의 관심분야에서 전문가 수준까지 오르기 위해 노력한다. 깊은 마음에는 끝없는 열정과 노력이 있고 일이나 목표를 완성해 내려고 하는 끈기가 있다. 다만, 자신의 관심분야가 아닌 경우에는 눈길 한번 주지 않는 냉정함과 냉혹함이 있기도 하다.

**② 장점**

매사에 섬세하고 꼼꼼하며 조직적이다. 과학적이고 통계적이며 논리적이다. 본능적 감각이 뛰어나고 자신의 것을 챙겨 나가는 능력이 있다. 깔끔한 성격이고 늘 자신을 비판적으로 반성한다.

③ 단점

늘 책임감을 느끼고 살다 보니 스트레스가 심하다. 완벽하게 처리하려다가 실패하는 경우가 종종 있다. 완벽하려 하니 까다롭고 예민하여 잔소리가 심하다.

(9) 천칭자리(Libra)

① 성향

조화로움을 선호하고, 타협적이고 평화를 유지하려는 타입이다. 다른 사람의 말을 경청하고 수용하며, 다른 사람에 대한 배려가 깊고, 세련된 매너가 있다. 어떤 상황에서도 한쪽으로 편중되지 않고 균형감감을 유지하려고 하며, 약자와 소수자와 생각이 다른 사람의 의견을 충분히 수용하고 반영하려고 한다.

낭만적이고 매력적이며, 혼자 있는 것보다 타인들 앞에서 중재하고 화합시키려는 외교능력이 뛰어난 사람이다. 복잡하고 조잡한 것을 거부하고, 매력적이고 싶어서 외모를 중시하고, 세련된 옷차림을 유지한다. 다만, 하나의 일이나 목표에도 두 가지 생각이 늘 공존하여 혼란스럽고, 빠르게 정리하지 못하고 결정을 내리지 못하는 경우가 많으며, 자기 감정을 잘 표현하지 못한다. 그러나 일단 한번 결정되면 자신의 의견을 쉽게 굽히지 않는 뚝심이 있다.

② 장점

성격이 유순하고, 다른 사람과의 관계를 부드럽고 세련되게 이끌어 간다. 협조적이고 타협적이다. 다른 사람에 대한 배려가 있고 동정적이다. 매력적이고 세련된 매너가 있다.

③ 단점

어려운 상황에서는 어떤 대가가 있다 해도 회피한다. 쉽게 감정이 상하게 되고 우유부단하기도 한다.

(10) 전갈자리(Scorpio)

① **성향**

자신 외에는 쉽게 믿지 않고, 돌다리도 두들겨 보고 건널 만큼 신중한 성격이다. 자기 비판적이고 방어적이며, 극소수의 몇몇 사람과 자신이 선택한 일이나 목표만을 위해서 자신을 변화시키고 헌신하려고 한다. 통찰력과 탐구력이 매우 뛰어나고, 섬세하고 세밀하게 관찰하고 일을 끌고 나간다. 어떠한 경우라도 비밀을 지키려고, 자신의 감정을 쉽게 드러내지 못한다. 사람들에게 쉽게 적응하지 못하고, 사람을 만나거나 믿기까지 오랜 시간에 걸쳐 검토하고 신중하게 선택한다.

손재주가 뛰어나고 어떤 경우든 세심하고 빈틈없이 생각하며 완벽하게 마무리한다. 목표를 매우 높게 설정하고, 사람들로부터 존경받기를 원하며, 질투심이 강하고 화를 잘 낸다. 늘 믿을 수 있는 사람인가 아닌가를 판단하다 보니 다른 사람들의 내면세계를 꿰뚫어 보는 능력이 있다.

② **장점**

통찰력이 뛰어나 타인의 마음을 쉽게 읽는다. 섬세하고 세밀하여 일을 완벽하게 처리한다. 한 단계 한 단계 밟아 가며 안정적이다. 꼼꼼하고 빈틈없는 성격이며, 손재주가 뛰어나다.

③ **단점**

자기비판적이고 방어적이다. 지나치게 참고 실수를 용납하지 못한다. 의심하고 질투하고 소유욕이 강하며, 가끔 배신을 느끼고 복수심에 스트레스를 받을 수 있다.

(11) 사수자리(Sagittarius)

① **성향**

낙천적이고 열정적이며, 솔직담백하고 사람을 편하게 만드는 타입이다. 공정하고 정직하려고 노력하며, 성격이 관대하여 타인에 대한 원망과 원한을 쉽게 잊어버리고 용서하려고 한다. 총명하고 지능이 뛰어나며, 순간적 위기를 잘 넘기고, 항상 긍정적이고 희망적인 생각으로 살아간다.

포용력이 있고, 어떤 상황이나 어떤 주제에 몰입하거나 구속되는 것을 싫어하며, 자유주의자 기질이 있어서 여행을 좋아한다. 폭넓은 시야를 가지고 크게 바라보는 능력은 있지만, 꼼꼼하고 섬세한 것이나 구조화되고 계획적인 일을 회피하려는 경향이 있어서 작은 실수 하나 때문에 큰 것을 놓치는 경우가 종종 있다.

**② 장점**

낙천적이고 열정적이며 솔직담백하다. 공정하고 정직하다. 긍정적이고 희망적이고 미래지향적이다. 언어능력이 발달되어 있다.

**③ 단점**

열정적으로 밀고 나가지만 늘 빠트리는 것이 있다. 가끔 일을 할 때 광신적인 기질이 있다. 무언가 이야기하려 하고 설교적이고 논쟁적이다.

(12) 염소자리(Capricorn)

**① 성향**

책임감이 있고, 장기적인 계획을 정하고 실현시켜 나가는 끈기가 있고 열심히 일하는 사람이다. 현실적이고 주도면밀하며, 완벽주의자로서 조직력과 꼼꼼함은 타인의 추종을 불허하고 타인의 모범이 된다. 과거의 경험이나 결과를 중시하는 관습적인 사람이고 한번 결정한 것은 어떤 어려움에도 극복해 내는 저돌성이 있고, 확신을 가지고 자기만의 방식으로 끝까지 밀고 나간다.

애늙은이 소리를 들을 정도로 맡겨진 일을 완벽하게 처리하고, 일처리가 능숙하고 열심히 일한다. 계획된 삶을 살아가다 보니 순간적 판단이 약하고, 융통성이 부족하며, 다양한 상황이나 복잡한 상황을 견디지 못하고, 여러 사람을 사귀는 것이 힘들다. 또한 매우 인색하여 계획된 금전 상황이 아니면 쉽게 지출하지 않으려 하는 구두쇠 기질이 있다.

**② 장점**

손에서 일이 떠나지 않는 열심히 일하는 사람이다. 신중하고 꼼꼼하고 주도면밀하게 일처리를 한다. 타인의 모범이 되는 완벽주의자이며, 책임감이 있고 계획적이다.

### ③ 단점

자기중심적이고 타인의 실수를 용서하지 못한다. 가끔 이기적이고 완고하게 된다. 때로는 대인관계가 원만하지 못하고 스트레스를 받으면 폐쇄적일 수 있다.

## 과제

(1) 자기의 양력 생월, 생일을 기입하세요.

| 생월 | 생일 |
|---|---|
| | |

(2) 본문의 〈표 3-1〉 별자리 찾기를 보고 나의 별자리를 찾으세요.

| 생월 | 생일 |
|---|---|
| | |

(3) 본문의 '2) 나의 별자리 이해'를 참조하여 작성하세요.

제 4 장

# 증후군으로 보는 자기이해

"자신을 아는 것이 모든 지혜의 시작이다."

아리스토텔레스(Aristotle)

"당신의 가치와 진실을 아는 것은 타인이 아니라 당신 자신에게 달려 있다."

루이사 메이 올컷(Louisa May Alcott)

# 1. 리플리증후군

## 1) 리플리증후군의 배경

리플리증후군(Ripley Syndrome)은 현실을 부정하고 허구의 세계를 진실로 믿으면서 살아가는 심리적 상태를 가리키는 용어다. 이 용어는 퍼트리샤 하이스미스(Patricia Highsmith)의 소설 『재능 있는 리플리(The Talented Mr. Ripley)』의 주인공인 톰 리플리(Tom Ripley)에서 유래되었다. 톰 리플리는 자신의 평범한 삶을 부정하고, 사기와 거짓말을 통해 다른 사람의 삶을 살아가면서 실제로 자신이 그 사람인 것처럼 행동한다.

1955년에 발표한 심리 스릴러 소설인 『재능 있는 리플리』 주인공 톰 리플리의 범죄와 변신을 중심으로 전개되며, 그의 심리적 복잡성을 엿볼 수 있다.

내용을 살펴보면, 톰 리플리는 뉴욕에서 어렵게 살아가던 젊은이로, 돈과 사회적 지위에 대한 강한 욕망을 가지고 있다. 그는 사소한 사기와 거짓말로 생계를 유지하며 살아간다. 어느 날, 톰은 부유한 선박 제조업자 허버트 그린리프(Herbert Greenleaf)로부터 이탈리아에 가서 그의 아들 디키 그린리프(Dickie Greenleaf)를 미국으로 데려오라는 제안을 받는다. 디키는 이탈리아에서 방탕한 생활을 즐기며 돌아오지 않고 있었기 때문에 허버트는 톰에게 디키를 설득해 줄 것을 요청한다.

톰은 허버트가 제공한 돈을 가지고 이탈리아로 떠나 디키와 그의 친구 마지 셔우드(Marge Sherwood)를 만나게 된다. 톰은 디키와 가까워지기 위해 많은 노력을 기울이는 가운데 디키의 화려한 생활에 매료된다. 톰은 점차 디키의 친구로서 그의 생활에 동화되어 가지만, 디키는 톰의 집착적인 태도에 불편함을 느끼기 시작한다.

톰과 디키의 두 사람의 관계가 점점 악화되자, 톰은 디키의 존재를 대신할 계획을 세우게 된다. 그는 디키를 살해하고 그의 신분을 도용한다. 디키의 여권과 재산을 가지고 디키로서의 삶을 살기 시작한 톰은, 자신이 항상 갈망하던 부유한 생활을 즐긴다. 그는 디키의 서명을 위조하고, 디키의 돈을 관리하며, 디키의 친구들과 사교 생활을 계속해서 이어 간다.

하지만 톰의 행동은 점차 의심을 사기 시작했고, 마지와 디키의 친구 프레디 마일즈(Freddie Miles)가 톰을 의심한다. 프레디는 톰이 디키의 신분을 도용했다는 것을 눈치챈다. 톰은 결국 프레디도 살해하게 된다. 경찰의 조사망이 좁혀 오지만, 톰은 고도하게 머리를 쓰며 교묘하게 자신의 흔적을 지우고 계속해서 디키의 역할을 유지한다.

『재능 있는 리플리』에서 톰이 법의 추적을 피하며, 결국 자신의 새로운 신분을 완벽하게 유지하는 데 성공하는 것으로 끝이 난다. 그는 디키의 재산을 모두 자신의 것으로 만들고, 마침내 자신이 꿈꾸던 부유한 생활을 누리게 된다. 그러나 이러한 삶 속에서도 톰은 지속적인 불안과 정체성 혼란에 시달리며, 언제 들킬지 모른다는 두려움을 계속 안고 살아간다.

『재능 있는 리플리』는 복잡한 인물 심리와 치밀한 플롯으로 많은 독자와 비평가들로부터 찬사를 받은 작품이다. 톰 리플리의 이야기는 이후 여러 번 영화화되었으며, 그의 캐릭터는 현대 문학에서 중요한 반영웅으로 자리 잡고 있다.

## 2) 리플리증후군의 주요 특징

### (1) 과장된 허구적 이야기

- 자신의 삶을 과장하거나 왜곡된 이야기를 만들어 내어, 타인에게 자신을 다르게 보이려는 경향이 있다.
- 거짓된 이야기와 행동을 반복하다 보면, 결국 자신도 그것을 진실로 믿게 된다.

### (2) 현실 회피

- 현재의 현실을 부정하고, 이상적인 삶을 꿈꾸며 그 속에서 살아가려는 경향이 있다.
- 현실에서의 문제나 실패를 직면하기보다는 허구적 세계로 도피하려 한다.

(3) 자아정체성의 혼란

- 자신의 실제 모습과 허구의 모습 사이에서 혼란을 겪는다.
- 진정한 자신의 정체성을 잃고, 자신이 만들어 낸 허구의 정체성을 진짜로 믿고 있다.

(4) 사회적 관계의 문제

- 허구적 이야기를 유지하기 위해 지속적으로 거짓말을 하며, 이는 타인과의 신뢰를 무너뜨린다.
- 가까운 사람들과의 관계에서 갈등과 문제를 일으킬 수 있다.

### 3) 리플리증후군의 원인

리플리증후군의 원인은 다양할 수 있으며, 보통 다음과 같은 요인이 복합적으로 작용한다.

(1) 자존감의 결핍

- 자신에 대한 낮은 자존감과 불안정한 자아상이 주요 원인 중 하나다.
- 자신을 있는 그대로 받아들이기 어려워 이상적인 모습을 만들고, 그것을 실제로 믿으려 한다.

(2) 스트레스와 압박

- 현실에서의 극심한 스트레스와 압박이 허구적 세계로 도피하게 만드는 요인이 될 수 있다.
- 특히 사회적 성공이나 외모, 능력에 대한 강한 압박감을 느낄 때 나타날 수 있다.

(3) 성격적 요인

- 성격적으로 공상적이고 창의적인 성향을 가진 사람들이 리플리증후군을 경험할 가능성이 높다.
- 현실과 허구를 구분하기 어려운 경향이 있는 사람들에게 나타날 수 있다.

## 4) 리플리증후군의 사례

### (1) 호주서 난리 난 한인 일가족 살해 태관도장

2024년 2월 호주 시드니의 한 태권도장에서 한인 일가족이 잔인하게 살해된 사건이 발생한 가운데, 용의자인 태권도장 관장이 여러 거짓말을 했다는 의혹이 제기됐다. 16일 SBS '그것이 알고 싶다'에서는 '마스터 라이언의 거짓말'이라는 제목으로 '시드니 한인 일가족 살인 사건'을 다뤘다. 지난달 20일 시드니 노스파라마타 지역의 한 태권도장에서 7세 아이와 엄마가, 그들의 집에서는 아빠가 사망한 채 발견됐다. 현지 조사 결과 세 사람은 누군가로부터 불시에 공격을 받아 숨졌다.

용의자는 아이가 다니던 태권도장 관장인 호주 시민권자 유관경(49)으로, 지역사회에서 '마스터 라이언' '라이언 유'라고 불리던 인물이었다. 유씨는 시신 발견 전날인 지난달 19일 태권도 수업을 들으러 온 아이와 엄마를 도장 안쪽 방에서 살해하고, 이후 피해자 차량으로 집에 찾아가 아이 아빠도 살해한 혐의를 받는다. 다만 유씨는 현재 묵비권을 행사하며 범행 자체를 부인하고 있다.

지역의 신망이 두터웠던 유씨에게 이 같은 소식이 전해지자 현지 교민들은 충격에 빠졌다. 유씨는 자신이 2000년 시드니 올림픽 호주 국가대표 출신이자, 호주 유명 매쿼리대 석좌교수로 임명됐다고 소개했다고 한다. 유씨의 도장 홈페이지에는 그가 10대 때부터 태권도 선수로 활동했으며, 한국과 호주의 여러 태권도 대회에서 수상한 경력이 있다고 나타나 있다.

"부모 재력가, 아내는 변호사" 상습적 거짓말

그러나 유씨의 주장은 사실이 아닌 것으로 파악됐다. '그것이 알고 싶다'는 "학장의 자필 서명까지 있는 매쿼리대 석좌교수 계약서와 시드니 대학 박사과정은 모두 거짓과 조작이었다."고 지적했다. 유씨의 국내 국기원 서류는 사실이었으나, 홈페이지에 기재된 8단은 사실 4단이었다. 제작진이 발견한 유씨의 이력서에는 최종 학력이 고등학교로 적혀 있었는데, 이에 대해 그는 "쌍둥이 동생이 있다."고 둘러댔다.

유관경 씨가 운영한 태권도장

유씨는 또 지인들에게 돈을 자주 빌려 갔으며, 호주로 건너온 지 얼마 안 된 이민자나 유학생들에게 수시로 "부모가 재력가다." "아내가 변호사다." 등 거짓말을 상습적으로 일삼은 것으로 전해졌다. 유씨는 아내조차 속였다. 자신을 로스쿨에 진학한 회계 관련 변호사이며 재력가 부모가 있다고 한 것이다. 시어머니 역시 국제 변호사라고 말했다. 하지만 유씨의 부모는 "저는 계모기 때문에 아무 관련 없다. 15년 전부터 (유씨와) 연락 안 한다. 연락 아무도 안 한다."라고 부정했다.

심지어 그는 자신이 일가족을 살해하는 과정에서 상처를 입었는데도 "정체불명의 누군가로부터 주차장에서 습격을 받았다."고 거짓 진술까지 했다. 과거 유씨를 고용한 적이 있는 한 태권도 관장은 그를 "악마"라고 표현했다. 관장은 "1년에 한 번씩 쫓아냈다. 남의 돈 탐내는 손버릇, 학부모와의 갈등, 이성 관계로 쫓아낼 때마다 가족의 부탁으로 받아줬으나 습관적 거짓말을 했다."고 말했다.

전문가들은 이런 유씨의 상태를 '리플리증후군'이라고 진단했다. 리플리증후군은 허구의 세계를 진실이라 믿고 거짓된 말, 행동을 상습적으로 하는 반사회적 성격장애를 말한다. 다만, 유씨의 범행 동기는 아직 알려지지 않았다.

- 아시아 경제, 2024년 3월 18일 기사-

## (2) 전청조의 사기 사건

남현희와 전청조 사건은 2023년 후반부터 큰 주목을 받았다. 전청조는 자신을 재벌 3세, 파라다이스 호텔 후계자 등으로 사칭하며, 다양한 사람들에게 투자 사기를 벌였다. 남현희는 전 국가대표 펜싱 선수로, 사건이 터지기 전 전청조와 개인적인 관계를 맺고 있었다.

전청조는 주로 '재벌 3세'라는 거짓 신분을 내세워 여러 사람을 속여 투자금을 받아 냈다. 전청조는 다양한 수법으로 투자자들을 현혹했고, 그가 사칭한 신분은 파라다이스 호텔 후계자 등으로 알려져 있다. 남현희는 전청조의 사기 행각에 대한 직접적인 관여 여부가 논란이 되었다.

전청조는 사기 전과자임에도 출소 후에도 새로운 사기를 일삼던 그는 혼인빙자 사기의 타깃 중 하나를 펜싱 메달리스트 남현희로 정하고, 2023년 1월 9일 남현희에게 접근하여 점점 그를 현혹시켰다. 남편과의 불화, 펜싱 학원 일 등으로 심적으로 힘든 상태였던 남현희는 전청조에게 홀려 버렸고, 동년 10월 23일 그와 결혼 발표 인터뷰 기사까지 내는 수준까지 갔지만, 오히려 이 인터뷰는 해당 기사를 본 사람들 중 피해자와 과거의 그를 아는 사람들이 전청조를 알아보고 줄줄이 나타나 인터넷에 대대적으로 고발하면서 그의 행적이 모두 까발려지는 자폭이 되고 말았다.

이 상황을 지켜보다 충격을 받은 남현희도 결국 이틀 만에 이별을 통보하며 전청조로부터 도망쳤다. 전청조는 26일 새벽 남현희에게 찾아와 문을 두드려 대다 스토킹 혐의로 체포되었다. 전청조의 사기수법은 고급 호텔에서의 만남, 유명 인사와의 친분 과시 등으로 신뢰를 얻어 냈으며, 그는 투자자들에게 IT기업 상장 정보를 제공하며 최소 3배의 수익을 보장한다고 속였다. 또한 창업 컨설팅을 미끼로 삼아 투자금을 유치하기도 했다. 법적 결과 전청조는 총 35억 원에 달하는 금액을 편취한 혐의로 경찰에 체포되었다.

전문가들은 전청조의 사기 수법이 매우 교묘하고 치밀했다고 지적했다. 그는 심리적 기법을 사용해 피해자들의 신뢰를 쉽게 얻었으며, 피해자들이 전청조의 말에 쉽게 속은 이유 중 하나로 그의 고도의 심리적 전략을 꼽았다. 전문가들은 이러한 사건에서 경계심을 가질 필요가 있다고 강조했다. 이 사건은 전청조의 사기 행각과 그로 인해 발생한 피해자들의 상황을 잘 보여 주며, 투자 사기에서의 신중한 판단과 철저한 검토의 중요성을 다시 한번 상기시켰다.

- NEWSIS, 2024년 2월 14일 기사 -

### 5) 리플리증후군의 현대적 개선 방법

리플리증후군을 극복하기 위해서는 자기인식, 현실 직면, 심리적 지원 그리고 지속적인 자기개선이 중요하다. 여기서 몇 가지 구체적인 방법을 제안하고자 한다.

(1) 자기인식 향상

① **자신의 행동과 생각 인식하기**

- 자신의 행동과 생각 패턴을 기록하고 분석해 본다. 일기를 쓰거나 명상을 통해 자신을 객관적으로 바라보는 연습을 한다.
- 자신의 허구적 이야기를 자각하고, 그것이 왜 시작되었는지, 그리고 어떤 상황에서 더 심해지는지 이해하려고 노력한다.

**② 정직한 자기평가**

- 자신의 강점과 약점을 솔직하게 평가한다. 자신을 이상화하거나 과장하지 않고, 현실적인 자아상을 구축하는 것이 중요하다.
- 친구나 가족 등 신뢰할 수 있는 사람들에게 피드백을 요청하고, 그들의 의견을 수용하는 태도를 기른다.

(2) 현실 직면과 수용

**① 현실적인 목표 설정**

- 달성 가능한 현실적인 목표를 설정하고, 이를 단계적으로 이루어 나가는 과정에서 자신감을 쌓는다.
- 작은 성공 경험을 통해 자존감을 회복하고, 자신에 대한 긍정적인 평가를 높인다.

**② 실패와 실수 받아들이기**

- 실패와 실수를 자연스러운 삶의 일부로 받아들이고, 그것을 통해 배우고 성장하려는 태도를 기른다.
- 자신의 실수를 인정하고, 그것을 개선하기 위한 계획을 세운다.

(3) 공감능력 향상

**① 타인의 감정 이해하기**

- 다른 사람의 감정과 생각을 이해하고 공감하는 연습을 한다. 상대방의 이야기를 잘 듣고, 그들의 입장에서 생각해 보려는 노력을 기울인다.
- 공감 훈련 프로그램이나 관련 서적을 통해 공감능력을 향상시킬 수 있다.

**② 적극적 경청**

- 대화 시 상대방의 말을 끊지 않고 끝까지 듣는 연습을 한다. 상대방의 감정을 반영하고, 그들의 경험에 대해 질문을 함으로써 공감을 표현한다.

(4) 전문적인 도움받기

① **심리 상담과 치료**

- 전문가의 도움을 받아 심리 상담이나 치료를 받는 것이 필요할 수 있다. 심리학자나 상담사와 함께 자신의 문제를 논의하고, 해결책을 모색한다.
- 인지행동치료(CBT)나 정신역동치료가 효과적일 수 있다. 이러한 치료법은 허구적 사고와 행동 패턴을 변화시키는 데 도움을 준다.

② **지원 그룹 참여**

- 유사한 경험을 가진 사람들과 함께하는 지원 그룹에 참여하여, 서로의 경험을 공유하고 지지받는 환경을 찾는다.
- 이러한 그룹 활동을 통해 자신의 문제를 객관적으로 바라보고, 다른 사람들의 성공 사례를 통해 동기부여를 얻을 수 있다.

(5) 건강한 생활 습관 형성

① **규칙적인 생활**

- 규칙적이고 건강한 생활 습관을 유지한다. 충분한 수면, 균형 잡힌 식사, 규칙적인 운동을 한다. 정신 건강에 긍정적인 영향을 미친다.
- 일상 속에서 스트레스를 관리하고, 건강한 스트레스 해소 방법을 찾는다.

② **취미와 관심사 찾기**

- 자신의 관심사와 취미를 찾고, 이를 통해 자아실현과 만족감을 느낄 수 있도록 한다. 창의적인 활동이나 취미는 스트레스를 줄이고 자존감을 높이는 데 도움이 된다.
- 새로운 기술을 배우거나, 자원봉사 활동에 참여하여 타인에게 긍정적인 영향을 미치는 경험을 쌓아 본다.

작은 심리적 요인이 나도 모르게 쌓여 눈덩이처럼 불어나 큰 파탄으로 연결될 수 있다. 리플리증후군은 심리적으로 복잡한 문제지만, 꾸준한 노력과 적절한 지원을 통해 극복할 수 있다. 자기이해를 통해 맑고 건강한 심리를 유지하는 것이 중요하다. 자기인식과 현실 직면, 공감 능력 향상, 그리고 필요하다면 전문적인 도움을 통해 건강한 자아를 형성하고, 진정한 자신으로서의 삶을 살아가는 것이 중요하다.

### 6) 리플리증후군의 장점 승화

리플리증후군(Ripley Syndrome)은 주로 특정 상황이나 대상에 대해 강한 혐오감을 느끼는 심리적 상태를 의미한다. 일반적으로 이는 부정적인 경험이나 감정과 관련이 있지만, 이와 같은 감정이 긍정적인 방식으로 전환될 때 다음과 같은 장점을 가질 수 있다.

(1) 위험 회피

리플리증후군을 통해 특정 상황이나 대상을 피함으로써 자신에게 해로울 수 있는 위험을 회피할 수 있다. 그러므로 신체적·정신적 건강을 보호하는 데 도움이 된다.

(2) 결단력 강화

혐오감을 통해 빠르게 결정을 내리고, 불쾌한 상황에서 벗어나려는 결단력을 강화할 수 있다. 그러므로 빠르고 효과적인 의사 결정 과정에 유리하게 작용할 수 있다.

(3) 자기보호

리플리증후군은 자신을 불쾌하거나 해로운 환경으로부터 보호하는 역할을 할 수 있다. 그러므로 개인의 심리적·정서적 안정을 유지하는 데 기여한다.

(4) 개인 경계 설정

강한 혐오감은 개인이 자신의 경계를 명확히 설정하고, 이를 다른 사람들에게 분명히 전달하는 데 도움이 된다. 그러므로 건강한 인간관계를 유지하는 데 중요하게 작용한다.

(5) 스트레스 관리

불쾌한 상황을 피함으로써 스트레스 수준을 관리하고 줄일 수 있다. 그러므로 전반적인 정신 건강과 웰빙에 긍정적인 영향을 미친다.

(6) 자기인식

리플리증후군을 통해 자신이 무엇을 싫어하고, 어떤 상황에서 불편함을 느끼는지 명확히 알 수 있다. 그러므로 자기인식을 높이고, 자신의 감정과 반응을 이해하는 데 도움이 된다.

(7) 효율성 증대

불필요하거나 불쾌한 일을 피하고 자신에게 중요한 일에 집중함으로써 효율성을 높일 수 있다. 그러므로 생산성과 만족도를 증가시킬 수 있다.

(8) 감정적 청결

부정적인 감정을 유발하는 상황이나 대상을 피함으로써 감정적 청결을 유지하고, 긍정적인 감정을 더 많이 경험할 수 있다.

리플리증후군은 강한 혐오감을 느끼는 심리적 상태이지만, 이를 긍정적인 방식으로 이해하고 활용하면 개인의 삶과 건강에 유익한 영향을 미칠 수 있다. 중요한 것은 이러한 감정을 적절히 관리하고, 장점화 시키는 노력이 필요하다.

## 2. 스마일증후군

### 1) 스마일증후군의 개념

스마일증후군(Smile Syndrome)은 일본에서 처음으로 보고된 것으로 알려져 있다. 1986년에 일본의 소아과 의사인 나카마츠가 이 증후군을 처음으로 기술했다. 이 증후군은 미소 질환(Smile Disorder) 또는 엘리자베스 아디스만 증후군(Elisabeth Addis-Man)이라고도 불린다. 대개 사람이 남에게 대면할 때 불쾌한 상황에 미소로 대처하는 특징을 갖고 있다.

'스마일증후군'이라는 용어는 의학적으로 공식적으로 인정받은 용어는 아니지만 일상적인 대화나 일부 커뮤니티에서 사용되는 용어 중 하나이다. 이 용어는 일반적으로 사람들이 외부적으로는 환한 웃음을 보이지만, 내적으로는 슬픔이나 우울함을 느끼는 상황을 묘사할 때 사용된다. 예를 들어, 사회나 문화적으로 '긍정적이고 밝은 모습'을 유지해야 한다는 기대에 따라 사람들은 자신의 우울한 감정을 감추려고 할 수 있다. 밝은 모습을 보여 줘야 한다는 강박관념이 지나치게 되어 자기 감정을 적절하게 발산하지 못하여 생기는 우울증이라고 할 수도 있다.

스마일증후군은 일종의 마스크가 되어 외부에는 행복한 모습을 유지하면서 내부적으로는 슬픔이나 우울함을 숨기는 현상을 의미한다. 사람들이 주변에 자신의 실제 감정을 드러내지 않고, 대신에 외부적으로 행복한 모습을 유지하려는 경향이다. 또한 스트레스, 불안, 우울과 같은 정신적인 문제로 인해서도 이러한 현상이 나타날 수 있다. 또한 타인의 반응이나 평가를 걱정하거나, 자신의 감정을 다른 이들과 공유하는 것을 부끄러워하는 경우에도 이러한 현상이 나타날 수 있다. 증상은 식욕이 떨어지고 매사에 재미가 없어지고 의욕이 없어지며 피로감과 불면증이 나타나게 될 수도 있다.

스마일증후군은 일시적으로는 상황을 해결할 수 있을지 모르지만, 계속해서 심리적으로 해소되지 못하고 쌓인다면 장기적으로는 내부적인 감정을 억누르고 숨기는 것이 심리적으로 해로운 영향을 미칠 수 있다. 즉, 내부적인 갈등이나 스트레스를 유발할 수 있다. 스마일증후군을 경험하는 사람들은 다른 이들에게 도움을 요청하는 것을 어려워할 수 있다. 또한 자신의 진정한 감정을 무시하고 감추는 것은 자아에 대한 손상을 일으킬 수 있으며, 심리적으로 부정적인 영향을 미칠 수 있다.

따라서 스마일증후군을 경험하는 사람들에게는 자신의 감정을 솔직하게 표현하고, 필요하다면 심리적인 지원을 받는 것이 중요하다. 또한 자신의 감정을 인정하고 다루는 방법을 배우는 것이 스마일증후군을 극복하는 데 도움이 될 수 있다.

## 2) 스마일증후군의 원인

스마일증후군의 원인은 다양하며, 각 개인의 상황과 경험에 따라 다를 수 있다. 그러나 일반적으로 다음과 같은 요인이 스마일증후군을 유발할 수 있다.

(1) 사회적 기대와 압력

사회나 문화적으로 '긍정적이고 밝은 모습'을 유지해야 한다는 기대는 사람들이 자신의 실제 감정을 감추려고 할 수 있도록 유도할 수 있다. 이러한 기대로 인해 사람들은 자신의 우울한 감정을 숨기고, 대신에 행복한 척을 하는 경향이 있다.

(2) 자기보호 메커니즘

일부 사람들은 내부적으로 불안하거나 상처받을 것을 우려하여 자신의 감정을 숨기고, 대신에 긍정적인 모습을 유지하려는 경향이 있다. 이는 자기보호 메커니즘이며, 스스로를 방어하기 위한 방법으로 작용할 수 있다.

(3) 사회적 상황

특정한 사회적 상황이나 환경에서는 자신의 감정을 표현하는 것이 부적절하다고 느낄 수 있다. 예를 들어, 업무 장소나 사회적 모임에서는 자신의 감정을 표현하는 것을 피하고, 대신에 행복한 척을 하는 것이 더 적절하다고 여기는 경우가 있을 수 있다.

(4) 개인적인 이유

개인적인 이유로 인해 스마일증후군이 발생할 수 있다. 예를 들어, 자신의 감정을 다른 이들과 공유하는 것을 부끄러워하는 경우, 혹은 자신의 감정을 인정하고 다루는 것이 어려운 경우에도 스마일증후군이 발생할 수 있다.

이러한 다양한 요인들이 개인의 감정 표현에 영향을 미치며, 스마일증후군을 유발할 수 있다. 이러한 원인을 이해하고 인지함으로써 자신의 감정을 더욱 건강하게 다루고, 필요한 경우에는 적절한 지원을 받을 수 있다.

## 3) 스마일증후군의 현대적 개선 방법

스마일증후군을 극복하기 위해서는 자신의 감정을 솔직하게 이해하고 다루는 것이 중요하다. 다음은 스마일증후군을 극복하기 위한 몇 가지 방법이다.

(1) 자기인식과 감정 인식

먼저 자신의 감정을 인식하고 이해하는 것이 중요하다. 어떤 상황에서 우울하거나 슬픈 감정이 느껴질 때, 그것을 부정하지 않고 받아들이고 이해해야 한다.

(2) 감정을 표현하는 연습

자신의 감정을 표현하는 연습을 한다. 이는 자신의 감정을 솔직하게 드러내는 것을 배우고, 사회적 기대나 압력에 따라 감정을 숨기지 않는 것을 의미한다.

(3) 자기 돌아보기와 심리적 지원

스마일증후군을 극복하기 위해서는 자신을 돌아보고 내면의 감정과 싸워야 한다. 필요한 경우, 친구, 가족 또는 전문가와 열린 대화를 나누고 심리적인 지원을 받도록 한다.

(4) 건강한 대처 방법 습득

스트레스 관리 기술과 감정 조절 기술을 습득하고 실천한다. 명상, 호흡 운동, 운동 등의 스트레스 관리 기법을 통해 마음을 차분하게 유지하고, 긍정적인 에너지를 얻을 수 있다.

(5) 자기돌봄과 취미 활동

자기돌봄 활동을 통해 자신을 더 잘 돌보고 자신을 사랑해 보도록 한다. 또한 흥미로운 활동이나 취미를 찾아 즐기는 것도 좋은 방법이다. 이는 긍정적인 경험과 즐거움을 제공하여 스마일증후군을 극복하는 데 도움이 된다.

(6) 목표 설정과 자기개선

자신의 감정을 관리하고 스마일증후군을 극복하기 위해 목표를 설정하고 그에 따라 행동하는 것이 중요하다. 자기발전을 위한 노력을 기울이고, 스스로를 개선하는 데 집중해 본다.

(7) 전문적인 도움을 받기

만약 스마일증후군을 극복하는 데 어려움을 겪는다면, 전문가의 도움을 받도록 한다. 정신건강 전문가나 상담사와 상담을 통해 자신의 감정을 다루는 방법을 배우고, 필요한 지원을 받을 수 있다.

이러한 방법들은 각자의 상황과 선호도에 따라 다르게 적용될 수 있다. 중요한 것은 자신의 감정을 솔직하게 이해하고, 필요한 지원을 받으면서 스마일증후군을 극복하는 데 필요한 조치를 취하는 것이다. 삶을 살아가면서 상대방의 상황에 따라 밝고 웃음으로 적절하게 표현해야겠지만, 지나치면 심리적으로 불안정하게 되고 질병으로 발전할 수 있다. 이러한 요인들을 사전에 잘 점검하고 예방하여 안전하고 편안한 삶을 살아가야 한다.

### 4) 스마일증후군의 장점 승화

스마일증후군은 과도한 미소나 웃음을 짓게 되는 증후군으로, 종종 신경계 질환이나 특정 뇌 손상과 관련이 있다. 이러한 증후군은 일반적으로 부정적인 영향을 미치며, 환자의 일상생활에 지장을 줄 수 있다. 그러나 긍정적인 측면을 찾는다면, 다음과 같은 몇 가지 장점을 생각해 볼 수 있다.

(1) 사회적 호감

자주 웃는 사람은 대체로 다른 사람에게 친근하고 호감 있게 보일 수 있다. 그러므로 사회적 관계를 형성하고 유지하는 데 도움이 될 수 있다.

(2) 스트레스 감소

웃음은 스트레스를 줄이고 기분을 좋게 만드는 데 도움이 된다. 그러므로 자주 웃는 사람은 스트레스에 더 잘 대처할 수 있을 가능성이 있다.

(3) 면역력 강화

웃음은 면역 체계를 강화하는 데 기여할 수 있다. 그러므로 웃음은 스트레스 호르몬 수치를 낮추고 면역 기능을 증진시키는 것으로 알려져 있다.

(4) 긍정적 분위기 형성

웃음은 긍정적이고 활기찬 분위기를 조성하는 데 기여한다. 그러므로 주변 사람들에게도 좋은 영향을 미칠 수 있다.

(5) 통증 완화

웃음은 엔돌핀을 분비시켜 통증을 완화하는 데 도움이 될 수 있다.

## 과제

### 스마일증후군 체크리스트

다음 문장을 읽고 (　　) 안에 ○, ×로 표시하세요.

① 과도한 웃음

- 이유 없이 자주 웃거나 미소를 짓는다. (　　)
- 웃음을 멈추기 어려운 경우가 많다. (　　)

② 사회적 상황에서 부적절한 웃음

- 엄숙하거나 진지한 상황에서 웃음을 터뜨린다. (　　)
- 타인의 감정이나 상황을 고려하지 않고 웃음을 나타낸다. (　　)

③ 웃음의 빈도와 강도

- 하루 중 대부분의 시간에 웃음을 보인다. (　　)
- 작은 자극에도 과도하게 웃는다. (　　)

④ 기분의 일관성

- 기분 변화와 상관없이 지속적으로 웃는 표정을 유지한다. (　　)
- 기분이 좋지 않을 때도 웃음을 멈추지 못한다. (　　)

⑤ 신경학적 증상

- 갑작스러운 웃음 발작이 있다. (　　)
- 뇌 손상이나 신경학적 질환의 병력이 있다. (　　)

⑥ 정신 건강 상태

- 불안, 우울 등의 정신 건강 문제를 겪고 있다. (　　)
- 웃음과 관련된 강박적 행동이 있다. (　　)

⑦ 신체적 증상

- 웃음과 함께 나타나는 다른 신체적 증상이 있다(예: 경련, 근육 경직). (　　)

⑧ 일상생활의 영향

- 웃음 때문에 일상생활에 지장을 받는다. (　　)
- 사회적·직업적 활동에서 부정적인 영향을 경험한다. (　　)

**체크한 빈도수를 생각해 보고 '3) 스마일 증후군의 현대적 개선 방법' 내용을 참고하여 소감을 작성하세요.**

제5장

# 나르시시즘을 통한 자기이해

"가장 중요한 관계는 바로 자신과의 관계다."
– 사이먼 시넥(Simon Sinek)

"스스로를 존중하는 사람은 항상 강하다."
– 랄프 왈도 에머슨(Ralph Waldo Emerson)

## 1. 나르시시즘의 개념

나르시시즘은 자기애성 성격 특성으로 자신의 외모, 능력, 성취 등에 대한 과도한 관심과 애정을 의미한다. 이 용어는 그리스 신화에 나오는 나르키소스(Narcissus) 이야기에서 유래되었으며, 자신을 연못에 비친 모습에 반해 물에 빠져 죽은 청년의 이야기를 바탕으로 한다. 그의 아름다움은 사람들의 관심을 끌었다. 많은 사람들이 나르키소스를 사랑했지만, 그는 다른 사람들에게 관심이 없었다. 그는 자신을 사랑하는 사람들의 감정을 무시하고, 그들의 마음을 아프게 했다.

나르키소스를 사랑한 사람들 중에는 요정 에코(Echo)도 있었다. 에코는 헤라 여신의 저주로 인해 다른 사람의 말을 반복하는 것 외에는 아무 말도 할 수 없는 상태였다. 에코는 나르키소스를 사랑했지만, 나르키소스는 그녀의 사랑을 거부했다. 상심한 에코는 결국 산속에서 홀로 지내며 그녀의 목소리만 남게 되었다고 전해진다. 나르키소스의 거만하고 무정한 태도는 네메시스(Nemesis) 여신의 분노를 샀다. 네메시스는 그를 벌주기로 결심하고, 나르키소스가 연못에 비친 자신의 모습을 보게 했다. 나르키소스는 자신의 아름다움에 매료되어 연못에 비친 자신에게 사랑에 빠졌다. 그는 연못에서 눈을 떼지 못하고, 그 자리에서 꽃으로 변했다고 전해진다. 이 꽃이 바로 나르시서스(Narcissus), 즉 수선화이다.

이러한 나르키소스의 이야기는 과도한 자기애와 자아도취가 가져오는 위험을 경고하는 교훈적인 이야기로 해석된다. 다른 사람의 감정을 무시하고 자신만을 사랑하는 태도가 결국 자신에게도 해를 끼칠 수 있다는 메시지를 담고 있다.

## 2. 나르시시즘의 특징과 신호

나르시시즘의 주요 특징과 신호는 다음과 같다.

(1) 과장된 자아 중요성

- 자신이 특별하고 독특하며 다른 사람들보다 뛰어나다고 믿는 경향이 있다.

- 자신의 성취와 재능을 과장하여 이야기한다.

### (2) 과도한 칭찬과 인정 욕구

- 다른 사람들로부터 지속적으로 칭찬과 인정을 받아야 만족하는 경향이 있다.
- 다른 사람들에게 주목받고 싶어 한다.

### (3) 공감 부족

- 다른 사람의 감정이나 필요를 이해하거나 공감하는 능력이 부족하다.
- 다른 사람의 고통이나 어려움을 무시하거나 최소화해 버린다.

### (4) 대인관계에서의 착취

- 타인을 이용하여 자신의 목적을 달성하려는 경향이 있다.
- 다른 사람의 감정을 고려하지 않고 자신의 이익을 우선시한다.

### (5) 질투심과 오만함

- 타인의 성공에 대해 질투심을 느끼거나 자신이 특별하다고 여겨 타인을 무시하는 태도를 보인다.
- 다른 사람을 깔보거나 경멸하는 태도가 있다.

### (6) 환상에 빠짐

- 무한한 성공, 권력, 지능, 매력, 이상적인 사랑에 대한 환상에 빠진다.
- 비현실적인 목표나 기대를 가진다.

#### (7) 대인관계의 불안정성

- 친밀한 관계를 유지하는 데 어려움이 있다.
- 관계에서 자주 갈등을 빚거나 갑작스럽게 관계를 끊는다.

#### (8) 자신의 감정 과잉 반응

- 비판이나 실패에 과도하게 반응하며 쉽게 화를 낸다.
- 자신이 존중받지 못한다고 느낄 때 극도로 예민해진다.

#### (9) 우월감과 특권 의식

- 자신이 다른 사람들보다 우월하다고 믿으며, 특별한 대우를 받아야 한다고 생각한다.
- 규칙이나 사회적 규범을 무시하는 경향이 있다.

이러한 신호들은 상황과 개인에 따라 다르게 나타날 수 있으며, 나르시시즘이 항상 부정적이거나 병리적인 것은 아니다. 그러나 이러한 특성이 과도하게 나타나고 개인 및 주변 사람들에게 해로움을 줄 정도로 일상생활에 지장이 되면 심각하게 생각해 봐야 하며 전문가의 상담이나 진단이 필요할 수 있다.

## 3. 건강한 나르시시즘의 형태

건강한 나르시시즘은 자신에 대한 긍정적인 자아상을 유지하면서도 타인의 감정과 요구를 인식하고 존중할 수 있는 상태를 말한다. 건강한 자존감과 자신감을 바탕으로 하며, 자신과 타인 모두를 소중히 여기는 균형 잡힌 태도를 말한다.

### 1) 건강한 나르시시즘의 특징

#### (1) 자기존중과 자존감

자신의 가치와 능력을 인정하고 자신을 긍정적으로 바라보는 태도를 유지한다. 자기를 과대평가하는 것이 아니라, 자신의 장점과 단점을 균형 있게 인식하는 것을 말한다.

(2) 자기표현

자신의 감정과 생각을 자유롭게 표현할 수 있으며, 타인에게 피해를 주지 않는 선에서 자기주장을 펼치는 능력을 의미한다.

(3) 타인에 대한 존중

다른 사람의 감정과 요구를 인식하고 존중하는 능력을 가지고 있으며, 공감능력을 바탕으로 한 대인관계의 조화로운 유지에 기여한다.

(4) 건강한 야망

자신의 목표를 설정하고 이를 달성하기 위해 노력하는 동기를 부여하며, 자기발전을 위한 긍정적인 에너지가 있다.

(5) 비판 수용

타인의 비판이나 피드백을 건설적으로 받아들일 수 있는 능력을 가지고 있으며, 자기개선을 위하여 비판하고 수용한다.

건강한 나르시시즘은 자기애성 인격장애(NPD)와는 다르다. 인격장애는 극단적인 자기중심적 행동, 타인에 대한 무관심, 과도한 찬사에 대한 욕구 등을 특징으로 하는 심리적 장애다. 반면, 건강한 나르시시즘은 자기애를 바탕으로 한 균형 잡힌 자아상과 대인 관계다. 따라서 건강한 나르시시즘은 자신을 사랑하고 존중하면서도 타인과의 관계에서 조화를 이루는 능력을 의미하며, 이는 개인의 정신적·정서적 건강과 성격발달에 중요한 요소다. 즉, 자기애가 긍정적으로 작용하여 자존감이 높고 자신감이 있는 상태다.

## 4. 나르시시즘의 심리적 영향

나르시시즘은 개인과 주변 사람들에게 다양한 심리적 영향을 미칠 수 있다. 나르시시즘이 심한 경우 특히 다음과 같은 부정적인 영향을 초래할 수 있다.

### 1) 나르시시즘이 개인에게 미치는 영향

#### (1) 대인관계의 어려움

- 나르시시스트는 공감 능력이 부족하고 타인의 감정을 이해하거나 존중하지 않는 경우가 많아서 친밀한 관계를 유지하는 데 어려움을 겪는다.
- 지속적인 칭찬과 인정을 요구하는 성향 때문에 주변 사람들과의 관계가 불안정해지거나 단절될 수 있다.

#### (2) 심리적 스트레스와 불안

- 나르시시스트는 비판이나 실패를 받아들이기 힘들어하며, 이러한 상황에서 극도의 스트레스와 불안을 경험할 수 있다.
- 외부의 인정과 칭찬에 지나치게 의존하기 때문에 만족을 느끼지 못하면 자존감이 급격히 하락할 수 있다.

#### (3) 우울증과 자존감 문제

- 내면적으로는 불안정한 자아상을 가지고 있는 경우가 많아, 외부의 인정이 없을 때 우울증을 경험할 수 있다.
- 겉으로는 자신감이 넘치는 것처럼 보이지만, 실제로는 자존감이 낮고 불안정할 수 있다.

#### (4) 완벽주의와 과도한 목표 설정

- 자신의 능력과 성취를 과장하는 경향이 있어서 현실적으로 달성하기 어려운 목표를 설정하는 경우가 많다.

- 이러한 목표를 달성하지 못하면 좌절감과 실패감을 느낄 수 있다.

## 2) 나르시시즘이 주변에 미치는 영향

(1) 정서적 고갈

- 나르시시스트는 주변 사람들에게 지속적으로 인정과 칭찬을 요구하기 때문에 주변 사람들은 정서적으로 지칠 수 있다.
- 특히 가까운 가족이나 친구는 나르시시스트의 과도한 요구와 비판에 시달릴 수 있다.

(2) 갈등과 긴장

- 나르시시스트는 자신이 우월하다고 믿기 때문에 주변 사람들과의 갈등이 빈번하게 발생할 수 있다.
- 비판이나 충고를 받아들이지 않으려 하며, 자기중심적인 태도로 인해 주변 사람들과의 관계가 긴장될 수 있다.

(3) 심리적 학대

- 나르시시스트는 타인을 조종하거나 이용하려는 경향이 있어서 주변 사람들은 심리적 학대를 경험할 수 있다.
- 타인의 감정을 무시하고 자신의 필요만을 강조하기 때문에 주변 사람들은 상처를 받거나 스트레스를 받을 수 있다.

이러한 나르시시즘은 개인의 심리적 건강과 사회적 관계에 큰 영향을 미칠 수 있다. 개인은 심리적 불안정성과 낮은 자존감으로 고통받을 수 있으며, 주변 사람들은 정서적 부담과 갈등을 겪을 수 있다. 따라서 나르시시즘이 심각한 경우 전문가의 도움을 받아 치료와 상담을 받는 것이 중요하다.

## 5. 나르시시즘의 사례

### (1) 사례 1: 직장에서의 나르시시즘

**상황**

민우는 한 회사의 팀 리더로 일하고 있다. 그는 자신의 능력을 과장하는 경향이 있으며, 항상 자신이 팀의 성공을 이끌었다고 주장한다. 민수는 다른 팀원들의 기여를 인정하지 않고, 모든 공로를 자신에게 돌리려 한다.

**영향**

민우의 태도 때문에 팀원들은 불만을 느끼고, 그와 협력하는 데 어려움을 겪고 있다. 팀원들은 자신의 노력이 인정받지 못한다고 느끼며, 사기가 저하되어 일의 능률이 오르지 않는다.

**결과**

민우는 팀원들과의 관계가 악화되면서 스트레스를 받고, 팀의 성과가 저하될 때마다 팀원들을 탓한다. 민우는 지속적으로 팀원들에게 인정과 칭찬을 요구하지만, 이는 갈등을 더욱 심화시킨다.

**개선 방법**

민우는 팀원들의 피드백을 적극적으로 수용하고, 팀원들의 기여를 인정하는 태도를 기르기 위해 노력해야 한다.

민우는 공감 훈련을 적극적으로 하여, 타인의 감정을 이해하고 존중하는 방법을 배워야 한다.

### (2) 사례 2: 가족 내의 나르시시즘

**상황**

은실이는 가족 내에서 항상 자신이 특별하다고 생각한다. 은실이는 자신의 의견만을 중요하게 여기며, 가족들의 의견이나 감정을 무시한다. 가족들이 은실이의 행동에 대해 비판을 하면, 은실이는 방어적이 되거나 화를 낸다.

**영향**

은실이의 부모와 형제들은 은실이와 대화하는 것이 어렵다고 느끼며, 갈등이 자주 발생한다. 가족들은 은실이의 요구와 기대에 부응하려고 노력하지만, 항상 만족시키지 못해 좌절감을 느낀다.

**결과**

은실이는 가족들의 비판에 과도하게 반응하며, 자신이 존중받지 못한다고 생각한다. 이는 은실이의 자존감에 부정적인 영향을 미치고, 가족들과의 관계를 더욱 악화시킨다.

**개선 방법**

은실이는 가족들과의 소통 방법을 개선하고, 가족 구성원들의 감정을 이해하는 법을 배워야 한다.

은실이는 자기인식 향상을 위해 자신의 행동 패턴을 인식하고, 이를 개선하기 위해 노력해야 한다.

### (3) 사례 3: 친구관계에서의 나르시시즘

**상황**

혜수는 친구들과의 모임에서 항상 자신이 주목받기를 원한다. 혜수는 자신의 이야기를 길게 하며, 다른 친구들의 이야기를 듣지 않는다. 친구들이 자신의 문제나 경험을 이야기할 때, 혜수는 관심을 보이지 않고 화제를 자신에게 돌린다.

**영향**

혜수의 친구들은 혜수와의 대화에서 소외감을 느끼며, 점차 혜수와의 만남을 피하게 된다. 친구들은 혜수가 자신들에게 관심을 가지지 않는다고 느끼며, 관계가 서서히 멀어진다.

결과

혜수는 친구들이 자신을 멀리하는 이유를 이해하지 못하고, 자신이 충분히 주목받지 못한다고 생각한다. 이러한 현상은 혜수의 외로움을 가중시키고, 자존감을 더욱 낮춘다.

개선 방법

혜수는 적극적 경청을 실천하기 위해 친구들의 이야기를 주의 깊게 듣고, 공감하는 연습을 해야 한다. 혜수는 대화 중에 상대방의 이야기를 존중하고, 자신의 이야기를 줄이는 연습을 해야 한다.

혜수는 자기수용을 실천하기 위해 자신의 장점과 단점을 인정하고, 타인의 인정을 받지 않더라도 자신의 가치를 인정하는 법을 배워야 한다.

# 6. 나르시시즘의 현대적 개선 방법

## 1) 자기인식과 이해

### (1) 자기인식 강화

자신의 강점과 약점을 이해하고 받아들인다. 자신에 관해 과장된 또는 부정적인 시각을 피하고, 현실적인 자기인식을 개발한다. 자기인식을 높이기 위해서는 자신의 강점과 약점을 인식하고 받아들인다. 이를 위해 자신의 경험, 능력, 특성에 대해 고찰하고, 주변의 피드백을 듣는 것이 도움이 된다. 자기인식을 향상시키기 위해서는 감정과 생각을 인식하고, 그에 따른 행동의 결과를 이해하는 것이 중요하다.

(2) 자기 심리적 탐구

나르시시즘은 종종 자아의 부족과 내적 불안정성에서 비롯된다. 이를 이해하기 위해서는 자신의 행동과 감정에 대해 깊이 있는 탐구를 해야 한다. 자신의 과거 경험, 가족관계, 자아 발달에 대한 이해가 필요하다. 자신의 행동과 태도에 대해 깊이 있는 탐구를 해본다. 왜 나르시시즘 특성을 나타내는지, 이러한 행동이 어떤 심리적 배경에서 비롯되었는지 이해하려고 노력해야 한다.

(3) 자기발견

자기발견은 자아의 학습과 성장의 핵심이다. 나르시시즘을 극복하기 위해서는 자기의 가치관, 목표, 욕구를 밝혀야 한다. 취미나 관심사를 통해 자신의 열정과 관심을 발견하고, 내면의 욕구와 필요를 충족시키는 방법을 찾아보도록 한다. 자신의 가치관, 목표, 욕구를 발견하고 자아를 깊이 있게 이해한다. 내면의 필요와 욕구를 충족시키는 방법을 찾아본다.

### 2) 타인과의 관계

(1) 공감능력 향상

공감능력은 다른 사람들의 감정과 경험을 이해하고 공감하는 능력을 의미한다. 다른 사람들의 관점을 이해하고 그들의 감정을 공유함으로써 타인과의 관계를 개선할 수 있다. 즉, 다른 사람들의 감정과 필요에 대한 이해를 높여 보도록 한다. 상대방의 관점을 이해하고 그들의 경험을 존중해야 한다.

(2) 소통 스킬 개발

효과적인 소통은 나르시시즘을 극복하는 핵심적인 요소다. 적절한 대화 기술과 비언어적 신호를 배우고 연습하여, 상대방과의 대화에서 이해관계를 구축하고 유지해야 한다.

#### (3) 타인과의 연결 강화

나르시시즘은 종종 타인과의 관계에서 거리를 두는 요인이 된다. 이를 극복하기 위해서는 다른 사람들과의 관심을 기울이고, 상호간에 신뢰와 이해를 증진시키는 노력이 필요하다. 즉, 나르시시즘은 대인관계를 방해하는 요인일 수 있다. 타인과의 연결을 강화하기 위해 적극적으로 관심을 기울이고 동료감을 표현해 보도록 한다.

### 3) 자기조절과 성장

#### (1) 자기조절 능력 향상

나르시시즘을 극복하기 위해서는 자기조절 능력을 향상시켜야 합니다. 스트레스 관리, 감정 조절, 자기통제 등의 기술을 개발하여 자신의 욕구와 감정을 적절하게 관리할 수 있다. 즉, 자신의 욕구와 감정을 관리하는 방법을 배우고 연습해 보자. 스트레스 관리, 감정 조절, 자기통제 등의 기술을 개발해야 한다.

#### (2) 타협과 융통성

다른 사람들과의 관계에서 충돌을 피하고 해결하기 위해서는 타협과 융통성 있는 태도가 필요하다. 타인의 의견을 존중하고, 상호간의 양보와 타협을 통해 관계를 유지하고 발전시켜 나가야 한다.

#### (3) 자기성장 추구

나르시시즘을 극복하고 성장하기 위해서는 개인적인 발전을 위해 노력해야 한다. 자신을 발전시키고 발전시키는 것에 관심을 두며, 새로운 경험을 즐기고 학습하며, 자신의 역량을 향상시켜야 한다. 즉, 개인적인 발전을 위해 노력하고 학습하는 것이 중요하다. 취미나 관심사를 통해 자신을 발전시키고 새로운 경험을 즐겨 보자.

### 4) 도움을 구하는 것

#### (1) 전문가와 상담

심한 경우 나르시시즘을 극복하기 위해서는 종종 전문가와의 상담이 필요할 수 있다.

정신건강 전문가와의 상담을 통해 개인적인 과정을 지원받도록 한다.

(2) 지원 체계 활용

지원 그룹이나 사회적 지원 시스템을 활용하여 다른 이들의 지원과 조언을 받는다. 다양한 관점과 경험을 통해 자신의 성장을 도모해 본다.

### 5) 실천 전략

(1) 감사 일기 쓰기

- 매일 감사한 일을 기록함으로써 긍정적인 사고방식을 키운다. 이는 자신의 삶에 대한 만족도를 높이는 데 도움이 된다.
- 자신이 받은 도움이나 타인의 친절에 감사하는 마음을 가진다.

(2) 사회적 활동 참여

- 자원봉사나 사회적 활동에 참여하여 다른 사람들을 돕는 경험을 쌓는다. 이는 타인에 대한 이해와 공감을 높이는 데 도움이 된다.
- 팀워크가 필요한 활동에 참여하여 협력과 상호의존성을 배운다.

나르시시즘을 극복하는 과정은 시간이 걸릴 수 있으며, 지속적인 노력이 필요하다. 그러나 이러한 전략을 통해 건강한 자존감과 대인관계를 형성하며 자기발전을 이룰 수 있다.

## 7. 나르시시즘의 장점 승화

나르시시즘은 일반적으로 자기애와 자기중심적인 성향을 의미하며, 심리학적 용어로는 자아도취 성격장애(Narcissistic Personality Disorder: NPD)를 포함할 수 있다. 나르시시즘은 흔히 부정적인 의미로 사용되지만, 적절한 수준의 자기애는 몇 가지 장점을 가질 수 있다.

### (1) 자신감

- 높은 자기애는 자신감으로 이어질 수 있다. 그러므로 직장, 사회적 관계, 목표 달성 등 다양한 영역에서 긍정적인 영향을 미칠 수 있다.
- 자신에 대한 강한 신념은 도전적인 상황에서도 포기하지 않고 지속적으로 노력하게 한다.

### (2) 리더십

- 나르시시즘 성향이 강한 사람들은 종종 리더십 역할을 맡는 경우가 많다. 자신을 믿고 타인을 이끄는 능력은 팀이나 조직을 이끌어 가는 데 유리할 수 있다.
- 카리스마와 비전 제시 능력은 다른 사람들에게 동기부여를 하고 영감을 줄 수 있다.

### (3) 목표 지향적

- 자신의 성공과 성취를 중시하는 나르시시스트는 명확한 목표를 설정하고 이를 달성하기 위해 열심히 노력한다.
- 야망이 크기 때문에 높은 성과를 내기 위해 필요한 자원과 전략을 적극적으로 찾는다.

### (4) 창의성 및 혁신

- 독창적인 아이디어와 새로운 접근 방식을 추구하는 경향이 있다. 그러므로 창의성과 혁신을 촉진할 수 있다.
- 자신의 아이디어와 비전을 믿고 실행에 옮기는 능력은 종종 혁신적인 결과를 낳는다.

### (5) 자기보호

- 자신의 가치를 높게 평가하고 자신을 중요하게 생각하기 때문에, 불필요한 위험을 피하고 자신을 보호하는 데 능숙하다.
- 비판에 대한 내성이 강해져 부정적인 피드백에 쉽게 좌절하지 않는다.

(6) 결단력

- 자신에 대한 확신이 강하기 때문에 결정을 내리는 데 있어 주저하지 않는 경향이 있다. 그러므로 빠르고 단호한 결정을 필요로 하는 상황에서 유리할 수 있다.
- 어려운 상황에서도 확고한 태도로 문제를 해결하는 능력이 뛰어날 수 있다.

나르시시즘의 장점은 자기애가 적절한 수준에서 발휘될 때 유효하다. 자기애를 건강하게 유지하고, 타인에 대한 공감과 상호 존중을 잊지 않는 것이 중요하다. 자기애가 강한 사람들은 자신의 강점을 활용하되, 타인과의 관계에서 적절하게 균형을 맞추는 노력이 필요하다. 나르시시즘을 극복할 수 있는 것은 단기적인 과정이 아니며, 지속적인 노력과 자기발전을 위한 의지가 필요하다. 이러한 노력을 통해 더 건강하고 의미 있는 삶을 살 수 있다.

# 과제

## 나르시시즘 체크리스트

다음은 더 자세한 나르시시즘의 체크리스트다. 각 항목을 읽고 해당 여부를 판단해 보세요.

다음 문장을 읽고 (  ) 안에 ○, ×로 표시하세요.

① 자기중심적인 태도

- 나는 자주 나 자신의 욕망과 욕구를 우선시한다. (  )
- 내 생각, 감정, 욕망이 다른 사람들보다 더 중요하다고 느낀다. (  )
- 대화에서 자주 내 이야기를 중심으로 회전시키는 경향이 있다. (  )

② 타인 이용 또는 경멸

- 나는 다른 사람들을 종종 이용하거나 이익을 취하기 위해 활용한다. (  )
- 다른 사람들의 감정이나 필요를 무시하고 내 욕구만을 중시하는 경향이 있다. (  )
- 다른 사람들의 능력이나 성공을 경시하거나 질투하는 경우가 있다. (  )

③ 자기 칭찬과 자랑

- 내 성과나 업적에 대해 자주 칭찬하거나 자랑하는 경향이 있다. (  )
- 나는 내 외모나 능력에 대해 과장된 자랑을 자주 한다. (  )
- 내 이야기에서 내가 성공한 부분에만 집중하는 경향이 있다. (  )

④ 비판에 대한 예민함

- 나는 비판을 받을 때 예민하거나 방어적인 반응을 보이는 경우가 있다. (  )
- 다른 사람들의 의견이나 피드백을 거부하거나 무시하는 경향이 있다. (  )
- 내가 잘못을 인정하거나 변화하는 것을 어려워하는 경우가 있다. (  )

⑤ 대인관계에서의 어려움

- 나는 대인관계에서 자주 문제를 겪거나 친구나 가족들이 나를 이해하지 못한다고 느낀다. (  )
- 나는 대화 중에 상대방의 이야기에 관심을 기울이지 않고 자기 이야기만을 중시하는 경향이 있다. (  )
- 다른 사람들과의 관계에서 자주 갈등이 생기는 편이다. (  )

⑥ 공감능력의 부족

- 나는 다른 사람들의 감정이나 필요에 대한 이해와 공감능력이 부족한 것 같다. (  )
- 다른 사람들의 감정에 대한 이해보다 내 감정이 우선시된다. (  )
- 내가 상대방의 입장이나 감정을 고려하지 않고 행동하는 경우가 있다. (  )

**체크한 빈도수를 생각해 보고 '6.나르시시즘(Narcissism)의 현대적 개선 방법'을 참고하여 소감을 작성하세요.**

# 제 6 장

# 혈액형으로 보는 자기이해

"당신은 자신이 생각하는 것보다 훨씬 더 강하고 훨씬 더 능력 있고 훨씬 더 똑똑하다."

– 마야 안젤루(Maya Angelou)

"자기이해는 지금 이 순간의 진실을 있는 그대로 보는 데서 시작된다."

– 지두 크리슈나무르티(Jiddu Krishnamurti)

## 1. 혈액형의 발견

혈액형은 오스트리아의 의사이자 생리학자인 카를 란트슈타이너(Karl Landsteiner, 1868~1943)에 의해 처음 발견되었다. 란트슈타이너는 1901년에 ABO 혈액형 체계를 발견하여 이를 발표했다. 그는 다양한 사람들의 혈액을 섞어보는 실험을 통해 일부 조합에서 응집(혈액이 응고되는 현상)이 발생하는 것을 관찰했고, 이를 통해 서로 다른 혈액형이 존재한다는 것을 알아냈다.

다른 혈액형의 피를 수혈하면 목숨이 위험할 정도로 심각한 부작용이 생기기 때문에 혈액형이 발견되기 전에는 안전한 수혈이 불가능했다. 혈액형이 발견되기 전에는 수혈을 하면 가끔 효과가 있는 경우도 있지만 원인불명의 부작용으로 죽는 사람이 너무 많아서 제대로 된 치료법으로 인정 받지 못했지만, 혈액형의 발견으로 안전한 수혈이 가능해지면서 출혈이 심한 환자나 대규모 수술이 필요한 환자 등 수많은 환자를 치료할 수 있게 되었다. 혈액형을 처음 발견한 카를 란트슈타이너는 이 공로로 노벨생리학 · 의학상을 수상했다.

이후 1940년에는 란트슈타이너와 알렉산더 위너(Alexander S. Wiener)가 공동으로 Rh 혈액형을 발견했다. Rh 혈액형 체계는 ABO 혈액형 체계와 함께 혈액형 분류에 중요한 역할을 한다. RhD 항원의 존재 여부에 따라 Rh 양성(Rh+)과 Rh 음성(Rh-)으로 나뉘며, 이는 특히 임신과 수혈에 중요한 의미가 있다.

## 2. 혈액형의 체계

혈액형은 적혈구 표면에 있는 특정 항원(단백질이나 당)과 혈장에 있는 항체에 의해 결정된다. 혈액형은 주로 두 가지 주요 체계에 따라 분류된다. ABO 혈액형 체계와 Rh 혈액형 체계, 이 두 체계를 결합하여 총 8가지 주요 혈액형이 도출된다. 다음은 이 두 체계의 분류 방법이다.

### 1) ABO 혈액형 체계

ABO 혈액형 체계는 적혈구 표면에 있는 A와 B 항원의 존재 유무에 따라 결정된다. 이 체계는 다음과 같이 나누어 진다.

- **A형**: A 항원을 가지고 있고, B 항체를 혈장에 가지고 있다.
- **B형**: B 항원을 가지고 있고, A 항체를 혈장에 가지고 있다.
- **AB형**: A와 B 항원을 모두 가지고 있으며, 혈장에는 A나 B 항체가 없다.
- **O형**: A와 B 항원 모두 없으며, A와 B 항체를 혈장에 가지고 있다.

### 2) Rh 혈액형 체계

Rh 혈액형 체계는 RhD 항원의 존재 여부에 따라 결정된다.

- **Rh 양성(Rh+)**: RhD 항원이 적혈구 표면에 존재한다.
- **Rh 음성(Rh−)**: RhD 항원이 적혈구 표면에 존재하지 않는다.

따라서, ABO 혈액형 체계와 Rh 혈액형 체계를 결합하여, 사람의 혈액형은 'A+, A−, B+, B−, AB+, AB−, O+, O−'와 같이 8가지로 분류될 수 있다.

# 3. 혈액형 검사

## 1) 혈액형 검사 방법

혈액형을 분류하기 위해 일반적으로 혈액형 검사를 시행한다. 이 검사는 혈액 샘플을 채취하여 특정 항체와 혼합하여 응집 반응을 관찰하는 방식으로 진행된다. 응집 반응을 통해 적혈구 표면의 항원의 존재 여부를 확인할 수 있다. 예를 들어, A 항체와 혼합하여 응집 반응이 일어나면 A 항원이 존재하는 것으로 간주한다.

이러한 검사는 병원, 혈액 은행, 의료 실험실 등에서 표준화된 절차에 따라 수행된다. 혈액형 검사는 수혈, 장기 이식, 임신 등의 의료 절차에서 중요한 역할을 하며, 정확한 분류와 기록이 필요하다.

## 2) 인종별 ABO 혈액형의 비율

대한민국은 ABO식 혈액형의 4가지 분류가 가장 고르게 존재하는 국가이기도 하다. 이는 O형이 세계 최하위권으로 적으면서, A형과 B형이 큰 차이 없이 존재하는 덕분에 AB형도 10% 이상을 기록할 수 있다. 자료에 따라 대한민국의 혈액형 분포 순위가 A, O, B, AB 인 경우도 있고, A, B, O, AB인 경우도 있다. 실제로 O형과 B형은 분포 비율이 1%도 차이 나지 않고, 조사연도에 따라 O형이 많기도 하고 B형이 많기도 하다. 물론 어떤 자료에서든 A형이 가장 많고 AB형이 가장 적은 것은 똑같다. 또한 우리나라에서 유일하게 제주도는 B형이 가장 많다고 보고된 바 있다.

전 세계적으로 혈액형 분포 비율은 O형이 49%, A형이 38%, B형이 10%, AB형이 3% 정도 분포하며, 인종에 따라서 혈액형 비율이 꽤 달라진다. 대부분 국가는 O형이 가장 많고, A형과 B형의 비율 차이가 현격하며 AB형은 매우 적은 형태를 띤다.

**표 6-1** 인종별 ABO 혈액형의 비율(%)

| | O형 | A형 | B형 | AB형 |
|---|---|---|---|---|
| 한국인 | 28 | 34 | 27 | 11 |
| 일본인 | 31 | 38 | 22 | 9 |
| 일본인(아이누) | 17 | 32 | 32 | 18 |
| 중국인 | 48 | 28 | 19 | 5 |
| 중국인(베이징 지역) | 29 | 27 | 32 | 13 |
| 영국인 | 47 | 42 | 8 | 3 |
| 프랑스인 | 43 | 47 | 7 | 3 |
| 이탈리아인 | 46 | 42 | 11 | 3 |
| 헝가리 집시 | 29 | 27 | 35 | 10 |
| 러시아인 | 33 | 36 | 23 | 8 |
| 미국 백인 | 45 | 42 | 10 | 3 |
| 미국 흑인 | 49 | 29 | 18 | 4 |
| 알래스카 이누이트 | 38 | 44 | 13 | 5 |
| 그린란드 이누이트 | 54 | 39 | 5 | 2 |
| 나바호 인디언 | 73 | 27 | 0 | 0 |
| 페루 인디언 | 100 | 0 | 0 | 0 |
| 마야인 | 97 | 1 | 1 | 1 |
| 유대인(독일) | 42 | 41 | 12 | 5 |
| 유대인(폴란드) | 33 | 41 | 18 | 8 |

출처: 대한적십자사.

다만 위의 통계는 오래전 통계로, 지금은 아메리카 원주민이나 이누이트족도 여러 외부인들이 많이 이주해 와서 인종 간 결혼도 많았기 때문에 100%는 아니다. 그리고 표에는 없지만 오스트레일리아 원주민들은 B형과 AB형이 없고, 〈아마존의 눈물〉로도 유명해진 브라질 원주민 부족인 조에족은 부족민 전원이 A형이다.

# 4. 혈액형의 유전

## 1) 혈액형의 유전적 배경

혈액형은 부모로부터 유전되는 유전자에 의해 결정된다. ABO 혈액형은 ABO 유전자에 의해 결정되며, 이 유전자는 A, B, O의 세 가지 대립유전자로 존재한다. A와 B는 각각 O보다 우성이다. Rh 혈액형은 Rh 유전자에 의해 결정되며, Rh+는 Rh-보다 우성이다.

부모로부터 물려받은 유전자 조합에 따라 자녀의 혈액형이 결정된다. 예를 들어, 부모가 각각 A형과 B형일 경우 자녀는 A형, B형, AB형, O형 중 하나가 될 수 있다. 혈액형의 인자는 두 개인데, O형의 인자가 A형과 B형의 인자보다 열성이며 A형과 B형은 동급이다. 그래서 O형 인자의 경우 A형이나 B형 인자와 붙으면 특성이 발현되지 못해 표현형이 A형이나 B형으로 나오게 되고, A형 인자와 B형 인자가 함께 있으면 같이 발현되어 AB형이 나오게 된다. 즉, 표현형이 A형이라도 실제 염색체는 AA와 AO 두 가지 종류가 존재한다. 때문에 A형과 B형 사이의 부모에서도 O형 자식이 나올 수 있으며, 부모의 유전자형이 각각 AO, BO일 때는 자식의 혈액형은 O, A, B, AB형 모두 동일한 확률로 나온다.

특수한 경우로, AA-BB에서 A형이나 B형이 나오거나 AB-O 사이에서 AB형이 나오는 등 ABO 자체가 유전법칙과 동떨어진 형태로 나올 수 있다. 확률은 적지만, 어디까지나 낮은 가능성일 뿐, 불가능이 아니므로 종종 발생한다. 대표적인 예로는 전라도와 일본 규수 지방에 분포하는 희귀 혈액형인 Cis-AB형이 있는데, A/B 형태가 아닌 AB/O의 형태로 유전되는 독특한 AB형이다. 그리고 AB형인데 A, B 둘 중에 하나가 선천적이나 질병 탓으로 약해져서 A형이나 B형으로 검사되는 경우도 많고, 획득 B형이라고 해서 대장암이나 직장염 같은 게 있을 때 O형이 B형으로, A형이 AB형으로 검사 결과가 잘못 나오는 경우도 있다.

### 2) 혈액형의 유전적 특징

혈액형의 유전적 특징은 부모로부터 물려받은 유전자에 의해 결정된다. 주로 ABO 혈액형 체계와 Rh 혈액형 체계에 따라 결정되며, 각각의 체계는 특정 유전자와 대립 유전자에 의해 규제된다.

### 3) ABO 혈액형의 유전 패턴

ABO 혈액형은 ABO 유전자에 의해 결정된다. 이 유전자는 세 가지 대립 유전자를 가지고 있다. A, B, O, A와 B는 각각 O보다 우성이다.

- A형: AA 또는 AO 유전자형
- B형: BB 또는 BO 유전자형
- AB형: AB 유전자형(공우성)
- O형: OO 유전자형(열성)

부모의 혈액형 조합에 따라 자녀의 혈액형이 결정된다. 다음은 가능한 유전자 조합과 그 결과이다.

① **A형 부모(AO) × B형 부모(BO)**

- **자녀**: AB형, A형, B형, O형(AB, AO, BO, OO)

② **A형 부모(AA) × O형 부모(OO)**

- **자녀**: A형(AO)

③ **AB형 부모(AB) × O형 부모(OO)**

- **자녀**: A형, B형(AO, BO)

**④ O형 부모(OO) × O형 부모(OO)**

- **자녀**: O형(OO)

Rh 혈액형의 경우도 비슷한 방식으로 유전된다. Rh 양성 부모가 모두 Dd 유전자형일 경우 자녀는 75% 확률로 Rh 양성, 25% 확률로 Rh 음성이 될 수 있다. 이러한 유전적 특징들은 각 대립 유전자의 조합이 자녀의 혈액형을 결정한다. 이는 부모의 유전자형을 알면 자녀의 혈액형을 예측할 수 있는 중요한 정보다.

### 4) 혈액형의 중요성

혈액형은 수혈, 장기 이식, 임신 등에서 중요한 역할을 한다. 수혈 시, 수혈자의 혈액형과 수혜자의 혈액형이 맞지 않으면 면역 반응이 발생할 수 있다. Rh 음성인 산모가 Rh 양성인 태아를 임신하면, 산모의 면역 체계가 태아의 적혈구를 공격할 수 있는 Rh 부적합 문제도 있다. 혈액형은 또한 일부 질병에 대한 민감성과 관련이 있을 수 있다는 연구도 있다. 예를 들어, O형 혈액형이 위궤양에 더 취약하다는 연구 결과가 있다. 또한 혈액형은 단순히 의료적인 측면뿐만 아니라, 유전학과 면역학에서 중요한 연구 주제다.

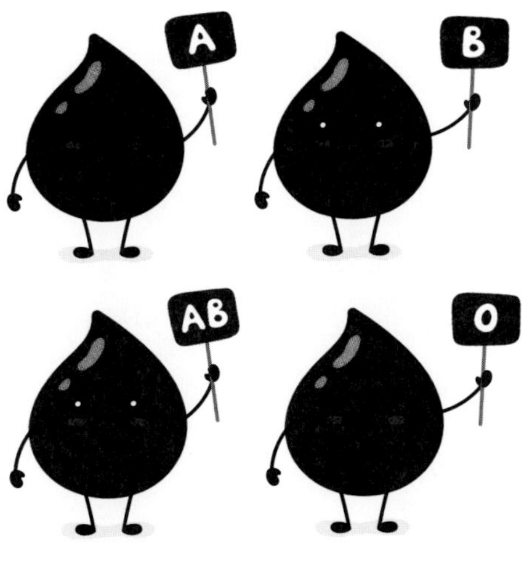

# 5. 혈액형으로 보는 자기이해

## 1) 혈액형에 따른 성격분류 이론

혈액형으로 성격과 심리를 분류하는 것은 한국에서 특히 유행하는 문화 중 하나이다. 일본에서는 이를 '혈액형 성격론'이라고 한다. 이러한 관점에서는 개인의 혈액형이 성격과 심리에 영향을 미친다고 여긴다.

혈액형에 따른 성격 분류 이론은 일본의 심리학자이며 저널리스트인 후루카와 다케지(古川 竹二, Takeji Furukawa, 1891~1940)가 처음으로 제안했다. 후루카와는 1927년에 「혈액형에 의한 성격의 연구」라는 논문을 발표하면서 혈액형과 성격 간의 연관성을 주장했다. 그의 이론은 일본에서 큰 관심을 받았고, 이후 여러 사람들이 이 개념을 발전시키고 대중화했다. 또한 노미 마사히코(能見 正比古, 1925~1981)는 후루카와의 이론을 더욱 체계적으로 발전시키고, 혈액형과 성격의 연관성에 대한 책을 여러 권 출판했으며, 마사히코 노미는 혈액형 성격 이론을 보다 구체화하고, 이를 다양한 생활 분야에 적용하려 했다고 전해진다.

혈액형으로 자기이해를 하는 개념은 특정 혈액형을 가진 사람들이 그들의 성격, 특성, 감정, 행동 등을 이해하고 설명하는 데 사용되는 것을 의미한다. 이 이론은 주로 동양 국가에서 널리 퍼져 있으며, 특히 한국, 일본, 중국에서 혈액형에 따른 성격의 차이를 이해하고자 하는 문화적 관심이 크다.

혈액형에 따른 자기이해의 개념은 간단히 말해 특정 혈액형을 가진 사람들이 그들의 특성을 파악하고, 자신의 성격과 행동을 설명하는 데 사용하는 것이다. 예를 들어, A형 혈액형을 가진 사람들은 일반적으로 신중하고 조용한 성격의 특징이 있으며, 이를 통해 자신이 왜 특정 상황에서 특정한 방식으로 반응하는지에 대해 이해할 수 있다.

## 2) 혈액형으로 보는 자기이해

혈액형에 따른 자기이해는 개인이 자신의 행동이나 성격 특성을 다른 사람들과 비교하고 분석하는 데 도움을 줄 수 있다. 이를 통해 개인은 자신의 강점과 약점을 인식하고,

더 나은 방향으로 자기성장을 이룰 수 있다. 그러나 중요한 점은 혈액형에 따른 성격이나 특성은 항상 개인의 경험, 환경, 유전적 요인 등과 함께 작용한다는 것이다. 따라서 혈액형에 따른 자기이해는 단지 한 가지 측면에 불과하며, 개인의 다양한 측면을 이해하는 데에는 한계가 있을 수 있다.

다음은 혈액형 분류에 따른 대표적으로 일반적인 개념이다.

(1) A형

**① 성격 특징**

- 신중하고 조용한 편이다.
- 친절하고 배려심이 많으며, 타인을 이해하려는 노력을 한다.
- 책임감이 강하고, 규칙과 질서를 중요시한다.
- 미적 감각이 뛰어나며, 예술적인 면이 있을 수 있다.

**② 심리 특징**

- 갈등을 싫어하고, 타협을 선호한다.
- 변화에 대한 저항이 있을 수 있으며, 새로운 환경이나 상황에 적응하는 데 어려움을 겪을 수 있다.
- 외향적인 활동보다는 내향적인 활동을 선호한다.
- 감정을 내키지 않고 속으로 삭히는 경향이 있다.

**③ 장점**

- 신중하고 조용한 성격으로, 상황을 잘 판단하고 신중하게 행동할 수 있다.
- 규칙을 준수하고 책임감이 강하여, 안정적인 환경을 조성하는 데 도움이 된다.
- 세심한 배려와 친절함으로 타인과의 관계를 원만하게 유지할 수 있다.

**④ 단점**

- 변화에 적응하기 어려울 수 있고, 유연성이 부족할 수 있다.
- 상황에 따라 너무 신중하게 행동하여 결정력이 부족할 수 있다.

- 갈등을 피하려는 경향이 있어, 자신의 의견을 제대로 표현하지 못할 수 있다.

### (2) B형

#### ① 성격 특징

- 자유로운 영혼을 가지고 있으며, 독창적인 생각을 가질 수 있다.
- 책임감이 강하지 않을 수 있으며, 자신의 관심사에 집중하는 데 능숙하다.
- 활동적이고 호기심이 많으며, 새로운 도전을 즐긴다.
- 자신의 선한 면을 인정하고 싶어 한다.

#### ② 심리 특징

- 융통성이 있고, 새로운 아이디어를 받아들이는 데 열려 있다.
- 자신만의 방식으로 일을 처리하며, 규칙과 관습을 무시하는 경향이 있다.
- 감정 표현이 직접적이고 솔직하며, 때로는 과장할 수 있다.
- 활동적인 사람이며, 새로운 경험을 추구한다.

#### ③ 장점

- 독창적이고 창의적인 성향으로, 새로운 아이디어를 제시하고 문제를 해결하는 데 도움이 된다.
- 융통성이 있어 다양한 상황에 적응할 수 있고, 자신만의 방식으로 일을 처리할 수 있다.
- 사교적이고 활발한 성격으로, 새로운 사람들과의 관계를 쉽게 형성할 수 있다.

#### ④ 단점

- 책임감이 부족하거나 규칙을 따르기를 꺼릴 수 있어, 일의 완수에 어려움을 겪을 수 있다.
- 감정 표현이 직접적이고 과장될 수 있어, 타인에게 혼란을 줄 수 있다.
- 변화에 쉽게 영향을 받아 목표를 변경하거나 중도 포기할 수 있다.

### (3) O형

#### ① 성격 특징

- 현실적이고 실용적인 성격을 가지고 있다.
- 친구들과의 관계를 중요시하며, 사교적이고 활동적이다.
- 활동적이고 에너지가 넘치며, 목표를 달성하기 위해 노력한다.
- 낙천적이고 긍정적인 면이 있다.

#### ② 심리 특징

- 친절하고 배려심이 많으며, 다른 사람들에게 도움을 주는 것을 즐긴다.
- 변화에 대한 적응력이 뛰어나며, 새로운 환경에 쉽게 적응할 수 있다.
- 갈등을 회피하려는 경향이 있으며, 평화로운 분위기를 유지하기 위해 노력한다.
- 감정 표현이 직접적이고 솔직하며, 때로는 과장할 수 있다.

#### ③ 장점

- 사교적이고 친절한 성향으로, 다른 사람들과의 관계를 유지하는 데 용이하다.
- 활동적이고 에너지가 넘치며, 목표를 달성하기 위해 노력하는 데 재능이 있다.
- 적응력이 뛰어나고 낙천적인 면이 있어, 다양한 상황에서 긍정적으로 대처할 수 있다.

#### ④ 단점

- 갈등을 회피하는 경향이 있어, 문제를 해결하기 위해 직면하는 것을 꺼릴 수 있다.
- 일의 세부 사항을 무시하거나 대충 처리할 수 있어, 일의 완수에 어려움을 겪을 수 있다.
- 감정 표현이 과장되거나 솔직하지 못할 수 있어, 의사 소통에 어려움을 겪을 수 있다.

### (4) AB형

#### ① 성격 특징

- 예민하고 섬세한 면이 있으며, 다양한 관점에서 사물을 바라볼 수 있다.
- 창의적이고 독창적인 생각을 가질 수 있으며, 상상력이 풍부하다.
- 다재다능하고 유연한 면이 있으며, 다양한 분야에서 활약할 수 있다.

- 책임감이 강하고 완벽주의적인 면이 있다.

② 심리 특징

- 갈등을 피하려는 경향이 있으며, 조화롭고 안정된 관계를 선호한다.
- 다른 사람들에게 이해심이 많으며, 공감을 잘 한다.

③ 장점

- 다양한 관점에서 사물을 바라볼 수 있어, 창의적이고 독창적인 아이디어를 제시하는 데 능숙하다.
- 다재다능하며 유연성이 있어, 다양한 분야에서 잘 활약할 수 있다.
- 사교성이 있어, 다양한 사람들과의 관계를 유지하는 데 능력이 있다.

④ 단점

- 변덕스럽고 일관성이 없을 수 있어 다른 사람들에게 혼란을 줄 수 있다.
- 너무 많은 선택지에 얽매여 결정을 내리기 어려울 수 있다.
- 감정 표현이 변덕스러울 수 있어 타인과의 관계에서 혼란을 일으킬 수 있다.

## 과제

(1) 나의 혈액형은?

[　　　] 형

(2) '2) 혈액형으로 보는 자기이해'를 참고하여 나의 혈액형의 특징을 작성하세요.

제 7 장

# 가스라이팅으로 보는 자기이해

"다른 사람의 인정을 받기 위해 자신의 진정한 모습을 희생하지 마라."

– 어니 젤린스키(Ernie Zelinski)

"자신을 이해하는 것은 자신을 자유롭게 만드는 것이다."

– 버지니아 울프(Virginia Woolf)

# 1. 가스라이팅의 배경

가스라이팅은 상대방의 현실 인식을 왜곡시키고 심리적으로 조작하여 혼란과 의심을 유발하는 심리적 학대의 한 형태다. 이 용어의 기원은 1938년 패트릭 해밀턴(Patrick Hamilton)의 연극 〈가스 라이트(Gas Light)〉와 이를 바탕으로 한 영화 〈가스라이트(Gaslight)〉에서 유래되었다.

영화 〈가스라이트(Gaslight)〉의 줄거리는 다음과 같다. 남편은 아내의 유산을 차지하기 위해 아내를 미치게 만들려는 계획을 세운다. 그는 집 안의 가스등을 은밀히 낮추거나 물건을 숨겨놓고, 아내가 이를 지적하면 아내의 인식이 잘못되었다고 주장한다. 반복적인 가스등의 밝기 조절과 함께 남편은 아내의 기억과 감각을 부정하고, 그녀를 혼란스럽게 만들어 결국 자신의 정신 상태를 의심하게 만든다.

'가스라이팅'이라는 용어는 이 연극과 영화에서 비롯된 것으로, 누군가가 타인의 현실 인식을 의도적으로 왜곡하고 그들의 정신 상태를 조작하는 행위를 의미한다. 즉, 가해자는 피해자가 자신의 현실 감각을 의심하게 만들어, 궁극적으로 가해자에게 의존하게 만드는 심리학적으로 정신적 학대의 한 형태다.

# 2. 가스라이팅의 개념과 특징

## 1) 가스라이팅의 개념

### (1) 현실 왜곡

피해자의 기억, 감정, 인식이 잘못되었다고 주장함으로써 피해자가 자신의 판단을 의심하게 만든다.

### (2) 권력과 통제

가해자는 피해자를 심리적으로 지배하고, 자신의 권력을 유지하기 위해 이러한 조작을 사용한다.

(3) 고립

피해자가 자신의 감각을 의심하게 되면서 외부와의 관계가 단절되고, 더욱 가해자에게 의존하게 된다.

### 2) 가스라이팅의 특징

(1) 대인관계에서의 사용

가스라이팅은 친밀한 관계(예: 연인, 부부, 가족)뿐만 아니라 직장이나 사회적 관계에서도 발생할 수 있다. 권력 불균형이 존재하는 곳에서 흔히 나타나며, 피해자는 자신을 신뢰하지 못하게 되고, 가해자는 더 큰 통제력을 얻게 된다.

(2) 대중문화와 미디어

최근 가스라이팅이라는 개념은 대중문화와 미디어에서도 많이 다루고 있으며, 사람들에게 심리적 학대의 형태를 대처할 수 있는 인식을 높이는 데 기여하고 있다.

## 3. 인간관계의 가스라이팅

가스라이팅의 실제 사례를 통해 이 심리적 학대의 형태를 더 명확히 이해할 수 있다. 다음은 다양한 상황에서의 가스라이팅 사례이다.

(1) 개인 대 개인 관계

〈개념〉

- 행동
  파트너가 한 말과 행동을 부정하거나, 상대방이 느끼는 감정을 비정상적이라고 주장한다.
- 결과
  피해자는 자신이 잘못된 것이라 믿게 되어 가해자에게 더욱 의존하게 된다.

## (2) 연인관계에서의 가스라이팅

예시)

**행동**

민우와 지영은 연인관계이다. 민우는 지영이 친구들과 시간을 보내는 것을 싫어한다. 어느 날 지영이 친구들과 약속을 잡자, 민우는 지영에게 말한다. "너는 항상 나를 소외시키고 친구들만 생각해. 네가 그렇게 이기적일 줄은 몰랐어." 지영은 자신이 이기적인 사람인지 고민하게 된다.

**결과**

지영은 친구들과의 약속을 줄이고, 민우에게 더 많은 시간을 할애하게 된다. 결국 지영은 자신의 사회적 네트워크를 포기하게 되고, 민우에게 의존하게 된다.

## (3) 부모와 자녀 관계의 가스라이팅

예시)

**행동**

영수는 어렸을 때부터 부모님으로부터 "너는 늘 문제만 일으켜."라는 말을 자주 들었다. 영수가 좋은 성적을 받거나, 긍정적인 일을 해도 부모님은 이를 무시하거나, "이건 네가 잘해서가 아니야, 다 이렇게 해, 더 잘해야지."라고 말했다. 영수는 자신이 정말로 문제아인지 의심하게 된다.

**결과**

영수는 자신감이 떨어지고, 자존감이 낮아지며, 부모님의 기대에 부응하려는 과도한 스트레스를 받게 된다.

## (4) 상사와 부하직원 관계의 가스라이팅

예시)

**행동**

상사인 김 부장은 직원인 수진에게 중요한 프로젝트를 맡긴다. 수진이는 프로젝트를 완료한 후, 김 부장에게 보고를 한다. "이건 네가 제대로 한 게 아니야. 네가 이렇게 일을 못하다니 실망이야."라고 말한다. 그러나 김 부장은 처음에 수진에게 구체적인 지시를 주지 않았다.

결과

수진은 자신의 능력을 의심하게 되고, 계속해서 상사의 칭찬과 인정을 받기 위해 애쓰게 된다. 그녀는 과도한 스트레스와 불안에 시달리게 된다.

상사가 부하 직원의 성과나 기억을 왜곡함으로써 직원이 자신의 능력을 의심하게 되는 것이다. 즉, 상사가 특정한 상황이나 사건에 대해 거짓 정보를 주고, 직원의 기억이 틀렸다고 주장한다. 또한 직원이 불만을 제기할 때 이를 무시하거나 과장된 반응이라고 평가절하한다. 그 결과 직원은 자신감과 동기부여가 감소하고, 상사에게 의존하게 되며, 직장에서의 스트레스와 불안이 증가하게 된다.

## 4. 사회적 관계의 가스라이팅

### (1) 정치가와 국민 관계

예시)

행동

정치가가 국민의 현실 인식을 왜곡하고, 거짓 정보를 통해 국민이 자신의 판단을 의심하게 만든다. 즉, 잘못된 정보를 퍼뜨리고, 사실을 부정하며, 반대 의견을 가진 사람들을 비정상적으로 묘사한다. 한 정치가는 경제 지표가 악화되고 있는 상황에서도 "우리 경제는 매우 강하고, 모든 것이 잘되고 있다."라고 말한다. 그는 언론을 통제하여 부정적인 소식을 차단하고, 반대 의견을 가진 사람들을 비난한다.

결과

국민은 혼란과 불안을 느끼고, 정치가의 통제와 권력 유지에 더욱 의존하게 된다.

(2) 미디어와 대중 관계

행동

미디어가 특정 사건이나 거짓 정보를 제공하여 왜곡하거나 중요한 정보를 숨긴다. 대중이 현실을 왜곡되게 인식하게 만든다. 또한 비판적인 의견을 가진 사람들을 비정상적으로 묘사한다. 특정 미디어는 한 사회적 문제에 대해 왜곡된 정보를 제공하면서, 반대 의견을 가진 사람들을 '음모론자'로 몰아간다. 미디어는 지속적으로 잘못된 정보를 제공하고, 반대 의견을 무시한다.

결과

국민은 점점 혼란스러워지고, 일부는 정치가의 말만 믿게 되어 객관적인 현실을 인식하지 못하게 된다. 그 결과 대중은 현실에 대한 혼란을 느끼고, 미디어의 정보를 무비판적으로 받아들이게 되고 사회적 분열이 심화될 수 있다.

가스라이팅은 개인 관계, 직장, 의료 및 심리 치료, 사회적 및 정치적 맥락 등 다양한 분야에서 발생할 수 있다. 각 분야에서 가스라이팅은 상대방의 현실 인식을 왜곡하고, 심리적으로 조작하여 통제력을 유지하려는 목적을 가지고 있다. 이러한 행동을 인식하고, 이에 대응하는 전략을 마련하는 것이 중요하다.

## 5. 가스라이팅의 사례

(1) 의료 가스라이팅 사례

COVID-19 팬데믹 동안 많은 여성들이 의료 가스라이팅을 경험했다고 한다. 특히 게이지 위트블리트(Gage Witvliet) 교수는 자신이 COVID-19에 감염된 후 병원에서 심각한 증상을 호소했지만, 의사들은 이를 심각하게 받아들이지 않았다고 했다. 그녀는 당뇨병과 같은 새로운 증상을 겪었음에도 불구하고, 의사들은 그녀의 증상을 '불안'으로 치부하며 신체적 원인보다는 정신적 원인으로 돌렸다. 이는 의료 가스라이팅의 전형적인 예로, 환자가 자신의 건강 상태에 대해 의심하게 만드는 행위다.

### (2) 법원에서의 가스라이팅 사례

영국 고등법원에서 가스라이팅이 처음으로 인정된 사례가 있었다. 한 아버지가 어머니를 정신적으로 조종하여 그녀가 양극성 장애를 가지고 있다고 믿게 만든 사건이다. 아버지는 어머니의 가족과 의료진에게도 이 사실을 믿게 만들어 어머니의 정신 건강을 심각하게 손상시켰다는 것이다. 이 사건은 가스라이팅이 법원에서 공식적으로 인정된 첫 사례로, 이는 피해자들이 법적 보호를 받을 수 있는 중요한 선례가 되었다.

이와 같은 사례들은 가스라이팅이 다양한 상황에서 발생할 수 있음을 보여 준다. 이는 개인의 정신 건강을 해치고 자신에 대한 신뢰를 무너뜨리는 심각한 심리적 학대다. 가스라이팅을 당한 피해자는 자신의 경험을 의심하게 되고, 결국 가해자에게 의존하게 되는 악순환에 빠지게 된다. 이러한 문제를 인식하고 피해자를 보호하는 것이 중요하다.

정신건강의학과 전문의 오은영 박사가 가스라이팅을 하는 가해자와 피해자가 보이는 반응에 대해 다음과 같이 이야기했다.

KBS1 〈더 라이브〉에서 오은영 박사가 출연해 가스라이팅 자가진단법을 비롯해 각종 조언을 건넸다.

'가스라이팅'이란 타인의 심리를 교묘하게 조작해 현실감과 판단력을 흐리게 한 뒤 자신이 원하는 방향으로 통제되게 만드는 행위를 의미한다. 학교, 군대, 직장 등 일상생활에서 발생할 수 있고 특히 친밀한 친구 사이, 연인·부부 관계에서 '데이트 폭력'의 형태로 나타나기도 한다. 오 박사는 특정 관계에서 간단한 결정도 내리기 어렵다든지, '내가 예민한 건가?' 하는 의구심이 생긴다든지, 반복적으로 상대방에게 사과를 하는 사람들을 주의해야 한다고 조언했다.

앞의 3가지 경우 가스라이팅을 당하고 있을 확률이 농후하다는 것이다. 이어 오 박사는 충고와 교묘한 가스라이팅에 대한 경계를 명확히 나누기가 굉장히 어렵다고 말했다. 그는 "충고는 정말 사실적인 부분에서 문제가 있는 것만 이야기함으로써 상대의 행동 변화를 이끌어 오는 데 반해, 가스라이팅은 상대의 사고방식 자체를 변화시키기 위해 아주 지속적인 요구를 한다는 차이가 있다."라고 설명했다.

또 오 박사는 가스라이팅 가해자들에게서 발견되는 공통적인 특징인 '자기애적 인격장애'도 언급했다. 오 박사는 "가해자들은 자아, 외모, 능력 등 자기 자신의 특징에 대해 과도할 정도로 가치를 부여하고 언제나 자기 자신이 옳다고 생각한다."라며 "언제나 자기 자신이 옳다고 생각하기 때문에 상대방을 가스라이팅하면서까지도 '네가 잘못됐다.'고 한다."라고 분석했다. 그러면서 그는 "조심스러운 이야기이긴 하지만, '너밖에 없어.' '널 위한 사람은 나뿐이야.' 이런 것들은 좀 의심하고 일반적이고 기본적인 불신은 가지는 게 좋다."라고 덧붙였다.

## 6. 가스라이팅의 개선 방법

가스라이팅을 극복하기 위해서는 다음과 같은 방법들을 고려할 수 있다.

### (1) 가스라이팅을 인식하고 이해하기

가스라이팅을 겪고 있는지를 인식하고, 그것이 심리적 학대의 한 형태임을 이해하는 것이 중요하다. 가스라이팅의 패턴과 특징을 알아보고, 가해자의 행동을 그저 상황의 일부로서 이해하는 것이 도움이 될 수 있다.

(2) 자신의 감정과 경험을 신뢰하기

가스라이팅을 당하는 동안에도 자신의 감정과 경험을 신뢰하는 것이 중요하다. 가스라이팅은 피해자의 자아를 훼손하고 자신감을 떨어뜨리는 것을 목적으로 한다. 하지만 자신의 능력과 판단력을 다시 찾고, 자신의 감정을 중요하게 생각하는 것이 필요하다.

(3) 지지를 받기

신뢰할 수 있는 친구, 가족, 혹은 전문가의 지지를 받는 것이 중요하다. 가스라이팅의 피해자는 종종 고립되고 외로워지는 경향이 있다. 지지를 받으면 피해자는 상황을 이해하고 대처하는 데 도움을 받을 수 있다.

(4) 적절한 대응 전략 사용하기

가스라이팅을 겪고 있는 상황에서는 적절한 대응 전략을 사용하는 것이 중요하다. 이러한 전략에는 가스라이팅을 당하지 않도록 경계하는 것, 가해자의 행동에 대해 직접적으로 이야기하는 것, 자신의 경험을 문서화하여 기록하는 것 등이 포함될 수 있다.

(5) 전문가의 상담 받기

만약 가스라이팅이 지속되고, 자신이 심리적으로 고통받고 있다고 느낀다면, 전문가

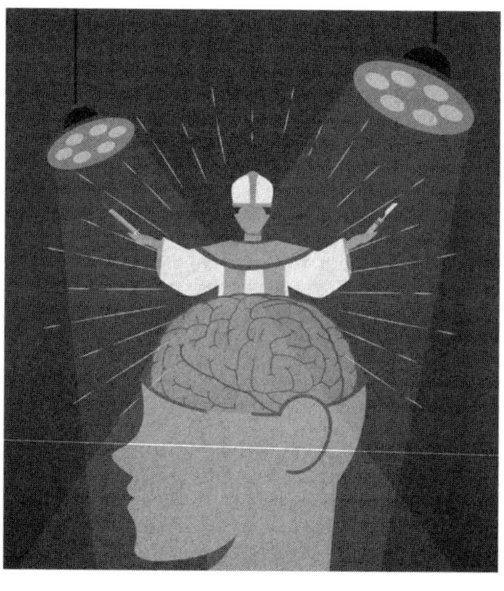

의 상담을 받는 것이 도움이 될 수 있다. 심리상담사나 정신과 의사는 피해자가 자신의 감정을 이해하고, 상황을 극복하는 데 도움을 줄 수 있다.

(6) 자기케어에 집중하기

자기케어에 집중하는 것도 가스라이팅을 극복하는 데 도움이 될 수 있다. 건강한 식습관, 충분한 휴식, 정기적인 운동, 취미나 관심사에 시간을 할애하는 것은 심리적으로 강해지고, 가스라이팅에 대처하는 데 도움이 될 수 있다.

이러한 방법들은 가스라이팅을 극복하고, 자신의 삶을 다시 책임지고 조절할 수 있는 데 도움이 될 수 있다. 하지만 모든 상황에 따라 다르기 때문에 상황에 맞는 적절한 방법을 선택하는 것이 중요하다.

## 7. 가스라이팅의 경험 승화

가스라이팅(gaslighting)은 기본적으로 심리적 학대의 형태로, 다른 사람의 현실 인식을 왜곡하고 자신감을 떨어뜨리며 의존하게 만드는 유해한 행동이다. 이러한 행동은 어떤 상황에서도 정당화될 수 없으며, 이를 장점으로 승화하는 것은 매우 어려운 일이다. 그러나 가스라이팅 경험을 통해 얻을 수 있는 몇 가지 긍정적인 변화를 찾을 수는 있다.

(1) 자기인식과 자기신뢰 강화

가스라이팅을 경험한 사람들은 이후 자신의 감정과 판단을 더욱 신뢰하게 될 수 있게 된다. 그 과정에서 자기인식을 높이고, 자신의 감정과 생각을 더 잘 이해하게 될 수 있다.

(2) 강한 경계 설정

가스라이팅을 겪은 후, 건강한 대인관계를 유지하기 위해 더욱 강력한 경계를 설정하는 법을 배우게 된다. 그러므로 자신의 정신적·감정적 건강을 보호하는 데 도움이 된다.

(3) 공감과 이해

가스라이팅을 겪은 사람들은 타인의 고통과 어려움을 더 잘 이해하고 공감할 수 있게 된다. 그러므로 더 깊고 의미 있는 인간 관계를 형성하는 데 기여할 수 있다.

(4) 자기성장

어려운 경험을 극복하는 과정에서 개인적인 성장이 이루어진다. 그러므로 자기 회복력(resilience)을 강화하고, 어려운 상황에서도 더 잘 대처할 수 있는 능력을 길러 줄 수 있다.

(5) 지원 네트워크의 중요성 인식

가스라이팅을 경험하면서 신뢰할 수 있는 친구나 가족의 지원이 얼마나 중요한지 깨닫게 된다. 이를 통해 강력한 지원 네트워크를 구축할 수 있다.

(6)심리적 지식과 자기관리 능력

가스라이팅의 본질과 영향을 이해하면서 심리적 지식을 쌓게 되고, 이를 통해 자기관리와 정신 건강 관리 능력이 향상될 수 있다.

가스라이팅은 근본적으로 부정적이고 해로운 행동이지만, 이를 겪고 난 후의 경험을 통해 개인이 성장하고 강해질 수 있는 기회로 삼을 수 있다. 이러한 긍정적인 변화는 가스라이팅 자체에서 오는 것이 아니라, 그 경험을 극복하고 자신을 보호하며 성장하는 과정에서 오는 것이다. 중요한 것은 가스라이팅의 피해를 최소화하고, 건강한 대처 방법을 찾는 것이다. 이를 통해 어려운 경험을 이겨 내고 더 강하고 지혜로운 사람이 될 수 있다.

# 과제

## 가스라이팅 체크리스트

가스라이팅을 감지하고 식별하기 위한 일반적인 체크리스트다. 이 체크리스트는 가스라이팅의 특징과 관련된 다양한 상황을 고려하여 구성하였다. 다음 문장을 읽고 ○, ×로 표시하면서 스스로 판단해 보세요.

① 상대방의 감정, 경험, 기억을 부정하는 행동

- 내가 한 말이나 행동에 대해 상대방이 왜곡된 이야기를 한다. (　　)
- 상대방이 나의 감정이나 경험을 무시하거나 부정적으로 평가한다. (　　)
- 상대방이 내 기억이 틀렸다고 주장하거나 잘못된 것이라고 주장한다. (　　)

② 현실을 왜곡하거나 거짓 정보를 제공하는 행동

- 상황을 과장하거나 부풀려 언급한다. (　　)
- 사실과 다른 정보를 제공하여 혼란을 유발한다. (　　)
- 일관성 없는 이야기를 하거나 모순된 정보를 제공한다. (　　)

③ 권력과 통제를 통한 행동

- 상대방의 행동이나 선택에 대해 결정권을 박탈한다. (　　)
- 상대방에게 자신의 의견이나 관점을 강요하거나 위협한다. (　　)
- 상대방을 자신에게 의존하도록 만들고, 자신의 의견이나 요구를 따르도록 강요한다. (　　)

④ 고립을 유도하는 행동

- 상대방의 사회적 네트워크를 제한하거나 단절시킨다. (　　)
- 상대방을 다른 사람들로부터 격리시키거나, 다른 사람들을 통해 비밀스럽게 정보를 통제한다. (　　)

- 상대방이 다른 사람들의 지지를 받지 못하도록 방해하거나, 상대방을 외로운 상태로 만든다. (　　)

⑤ 자신의 책임을 회피하거나 비난하는 행동

- 자신의 잘못된 행동에 대해 책임을 회피하거나 다른 사람을 비난한다. (　　)
- 상대방의 문제나 어려움을 자신의 잘못으로 돌리거나 과도한 책임을 부여한다. (　　)
- 자신의 행동이나 선택에 대한 후회나 변명을 하지 않고, 상대방을 자책하게 만든다. (　　)

⑥ 간헐적인 보상과 협박

- 가스라이팅을 통해 상대방을 혼란스럽게 만든 후, 간헐적으로 칭찬이나 보상을 제공하여 혼란을 더욱 키운다. (　　)
- 상대방에게 자신의 요구에 따라 행동하지 않으면, 부정적인 결과를 초래할 것이라고 협박한다. (　　)
- 가스라이팅을 통해 상대방의 의존성을 높이고, 자신의 행동에 순응하도록 유도한다. (　　)

**체크한 빈도수를 생각해 보고 위의 '5. 가스라이팅(gaslighting)의 개선 방법' 내용을 참고하여 소감을 작성하세요.**

|  |
| --- |
|  |

제2부

# 동양 학문 관점으로 보는 자기이해

제8장

# 동양 학문의 자기이해 의의

자기를 알고, 자기를 다스리는 사람은 강한 사람이다.

– 공자

자신이 원하지 않는 것을 남에게 행하지 말라.

–공자

# 1. 동양 학문의 자기이해 개념

동양 학문의 관점에서 보는 자기이해는 고대로부터 다양한 전통적 사상에서 찾아볼 수 있다.

첫째는 인간관 및 도덕적 사상의 행동을 강조하는 동양 문화권에서 자기이해는 다른 사람과의 관계에서 중요한 역할을 하며, 자기를 이해함으로써 다른 사람들을 이해하고 예절을 바르게 지킬 수 있다. 또한 자기를 성장과 성숙시키는 것에 중요성을 두고 있으며, 자기를 이해하는 것은 성격을 발전시키고, 사회에서 더 나은 인간이 될 수 있도록 돕는 것으로 여겨진다.

둘째는 인간의 고통과 욕망을 근본적으로 이해하려는 노력을 중시하면서 이러한 욕망과 고통의 근본적 원인을 발견하는 데 자기이해는 도움이 된다. 또한 자아를 이해하고 그것을 초월하여 고통과 욕망에서 벗어나는 방법을 제시하며, 자기를 이해함으로써 우리는 세계와 우리 자신에 대한 깊은 이해를 얻게 된다.

셋째는 자연의 흐름에 순응하게 하는 자기이해는 자연의 흐름과의 조화를 이루는 데 중요한 요소다. 개인의 본성과 우주적 질서 간의 관계를 이해하는 것을 강조하며, 이를 통해 우리는 우리 자신과 우주 사이의 깊은 연결성을 발견할 수 있다는 것이다.

따라서 동양 인문학적 관점에서 자기이해는 삶의 목적을 이해하고 채우는 데 있어서 중요한 요소이며, 이를 통해 우리는 성장하고 발전하며, 다른 사람들과 조화롭게 살아갈 수 있다.

# 2. 음양(陰陽) 이론의 사유(思惟) 방식

## 1) 음양의 어원 및 개념

음양은 동양 문화권의 고유한 이론이지만, 스위스의 정신과 의사·심리학자 칼 구스타프 융(C. C. Jung)은 서양학자이면서도 음양을 정신의학과 심리학 분야에 접목시켜 커

다란 업적을 남겼다. 융은 동양사상에 심취하였고 물질보다는 정신을 추구하는 동양학을 통해 정의학과 심리학 분야에 접목시킬 수 있는 치료방법을 찾기 위해 동양을 찾아 많은 노력을 하였다.

'음양'은 본래 하나의 자연현상을 지칭하는 용어다. 음양은 『시경(詩經)』에서 가장 먼저 나온다. 『시경』에서는 소박한 자연현상을 말하였고, 음양개념이 본격적으로 철학적 개념화가 된 것은 전국시대 『역전(易傳)』에서 볼 수 있다. 천지만물은 음양의 '기(氣)'에서 유래한다고 했으며, 음양의 기는 자체의 운동법칙에 따라 그 질서를 잃지 않는데, 질서를 잃으면 지진과 같은 이변이 생긴다. 또한 음양이 철학적으로 논의된 것은 노자(老子)다. 노자는 『도덕경(道德經)』 제42장에서 음양에 대해 다음과 같이 말한다.

> 도는 하나를 낳고, 하나는 둘을 낳고, 둘은 셋을 낳고, 셋은 만물을 낳으니, 만물은 음기를 포함하고 양기를 지녀, 혼연히 하나로 풀려 화합한다.

『묵자(墨子)』에서도 다음과 같이 음양에 대해 언급한다.

> 천지, 사해, 천양 간의 모든 것은 음양의 조화에 의존한다.

또한 전국시대 중후반 제나라 천문학자였던 추연(騶衍)은 음양오행 학파를 만들었으며 음양이 소멸하고 자라나는 이치를 말하였다.

음양의 어원은 음양은 그 글자의 원형이 갑골문자에서부터 나타났는데, 떠오르는 태양이 높이 드러나는 것을 표현하였다고 한다. 또 '勿'자와 결합하여 그 모습은 떠오르는 아침 햇볕의 광채를 나타내어 '昜'으로 정착되었으며, 햇빛이 구름에 가려 그늘진 때와 햇빛이 비친 때를 음양으로 구분하였다.

음(陰)은 '언덕 부(阝)'와 '그늘 음(侌)'이 결합한 글자다. 그늘 '음(侌)'은 '흐릴 음(黔)'의 약자로 '구름이 해를 가리다.'라는 뜻이다. 그러므로 '음(陰)'은 언덕(阝) 뒤편에 그늘(侌)이 생긴 모양을 나타낸 글자로 음지를 가리킨다.

양(陽)은 '언덕 부(阝)'와 '볕 양(昜)'자가 합쳐진 글자다. '양(昜)'은 해(日)가 수면(一)으로 막 떠오를 때 빛살이 펼쳐지는 모양(勿)을 표현한 것으로 '밝다'라는 뜻이 있다. '양(陽)'은 언덕(阝)에 햇볕(昜)이 드는 양지를 가리킨다.

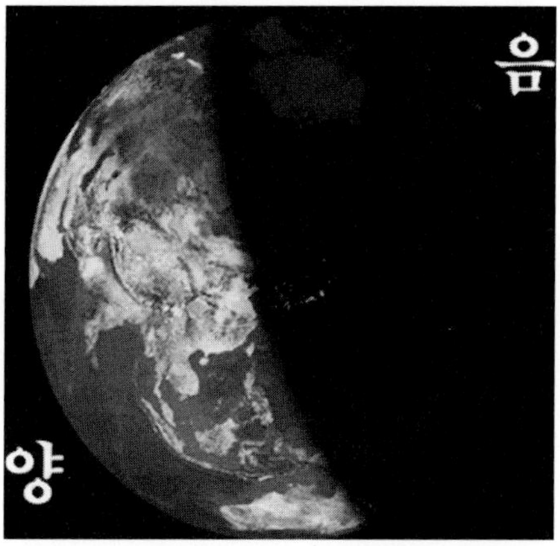


그림 8-1 음양 1

[그림 8-1]은 태양이 지구를 비출 때 태양을 마주하고 밝게 빛나는 곳이 양이 되고, 반대쪽 빛이 비치지 않는 곳이 음이 된다.

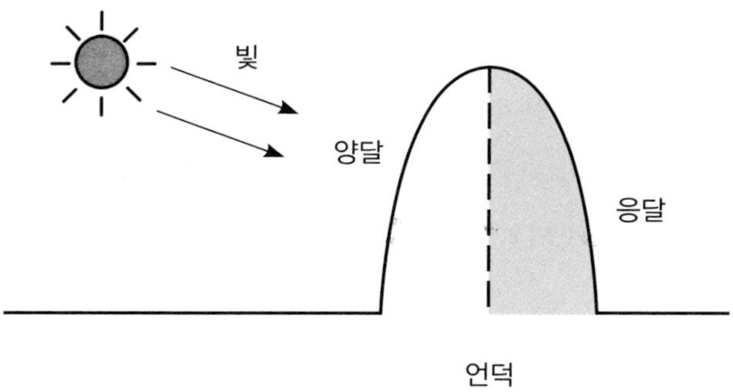


그림 8-2 음양 2

[그림 8-2]는 언덕에서 태양이 비추는 밝은 쪽은 양이 되고, 그 반대쪽 그늘진 곳은 음이 된다. 즉, [그림 8-1]과 [그림 8-2]에서 보는 것처럼 음은 그늘 음(陰)으로 언덕의 응달진 면을 나타내고, 양(陽)은 태양이 비추는 언덕의 밝은 면을 나타낸다. 언덕을 중심으로 볕이 드는 쪽과 그늘진 쪽을 나타냄으로써 시간, 즉 태양의 움직임에 따른 상대적인 상황을 표현하는 것이다.

음양 개념은 아주 소박한 자연현상을 탐구하면서 얻어진 것이다. 고대의 음양은 철학적 의미가 부여되지 않은 일상적인 개념이었다. 원시 인간에게 낮과 밤의 변화, 추움과 더움이 교차하는 계절의 변화, 태양이 비치는 곳과 그늘진 곳, 겉과 속을 구분하면서 서로 대립하는 관계를 말하면서 자연에 대해 생각하는 계기가 되었다.

그러나 음양을 대립하는 관계로만 생각하지는 않는다. 대립하면서 서로 공존하는 공생의 관계라고 할 수 있다. 하늘과 땅이 서로 대립하는 관계이지만, 하늘이 없으면 땅이 있을 수 없고, 땅이 없으면 하늘이 있을 수 없는 것처럼 서로 공존하고 있다. 어느 한쪽이 없으면 다른 한쪽도 있을 수 없으며 존재가치가 무의미해지기 때문이다. 한 가지 물체가 존재하면 그에 꼭 필요한 또 다른 존재가 반드시 있다는 시각이 음양론이다. 따뜻함이라는 존재가 있기에 그것과 상대적인 차가움이라는 존재가 있는 것이지, 따뜻함이 존재하지 않았다면 차가움이라는 것도 존재할 수 없을 뿐더러 생성될 여지조차 없는 것이다.

### 2) 음양의 대립적 사유 방식

태초에 음양이 생기면서 이전에 혼돈이란 부분이 있었다. 태초에 만물이 생겨나기 이전에 아무것도 없던 무극(無極)의 상태에서 우주의 근본인 태극이 발전하여 분화하였고, 이 과정에서 음양이 탄생하였다. 이 혼돈에서 모든 사물이 이루어지고 생겨난다고 이해하면서 혼돈에서 혼합 작용이 일어나게 되었고 음양으로 분리되어 공존하게 되었다. 그러므로 [그림 8-3]에서 보듯이 혼돈에서 음과 양으로 분리되어 공존하게 되면서 자연계의 만물은 하나의 형체로 완성되었다는 것이다.

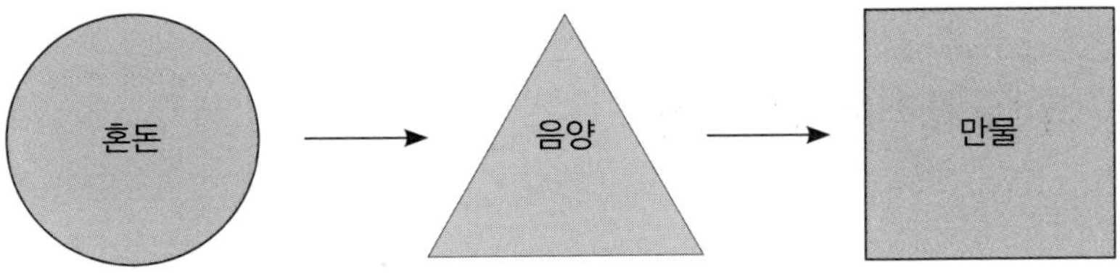


그림 8-3 음양의 근본

음양은 사물의 속성이자 기(氣)이다. 음양 사유 방식에서의 우주 삼라만상은 음과 양의 속성을 지닌 것으로 파악한다. 음양의 단순한 대립적 개념은 하늘과 땅, 밤과 낮, 더위와 추위, 해와 달, 강함과 부드러움, 움직임과 고요함, 남성과 여성들처럼 반대개념으로 여긴다.

이와 같은 언급은『주역(周易)』의 음양 개념에서 잘 드러나 있다.

> 건은 강하고 곤은 부드럽다.

건은 하늘이고 곤은 땅이다. 하늘은 양이 되고, 땅은 음이 된다. 즉, 양은 강하고 음은 부드럽다는 것이다. 음은 소극적이며 양은 적극적이고, 활동이 부진하면 열량 소모가 적어 체온이 낮아지고, 활동이 왕성하면 열량 소모가 많아 체온이 높아지듯이 추운 것은 음이고 더운 것은 양이 된다. 또한 정신은 음이 되고 육체는 양이 된다는 것이다.

음양을 대립적 관점으로 살펴보면 땅과 하늘, 밤과 낮, 수축과 팽창, 계획과 실천, 생산과 유통, 정신과 육체, 달과 태양, 부드러움과 강함, 순종과 주도, 아내와 남편, 신하와 임금, 거짓과 진실, 고요함과 움직임, 속과 겉, 닫힘과 열림, 모자람과 넉넉함, 수렴과 발산, 잃음과 얻음, 죽음(死)과 생(生), 시골(한적한 외곽)과 도심(번화한 곳)으로 나뉠 수 있다.

음양은 기본적으로 상대의 견해를 밝히는데, 무한하게 이어지는 시간 속에서 음양은 상대성으로 낳고 또 낳는 운동을 끊임없이 반복하는 것이다. 이는 서로 균형을 맞추려는 성질을 갖기 때문이다.

## 3. 음양의 대립적 심리 특성

### 1) 음(陰)의 심리 특성

음은 어둠, 정적인 상태, 내적인 측면 등을 상징한다. 이러한 음양의 대립관계에서 몇 가지 특성을 살펴본다.

첫째, 어둠과 정적인 면의 음은 어둠과 정적인 상태를 의미한다. 이는 쉴 때의 상태, 휴식, 안정성 등을 상징하며, 자연의 일부인 밤이나 달이 음의 특성을 잘 대표한다.

둘째, 내적인 면의 음은 내적인 측면을 강조한다. 이는 내면적인 생각, 감정, 집중력 등을 의미하며, 음은 특히 내면의 성장과 변화에 관련된 과정을 상징한다.

셋째, 여과와 깊은 생각의 음은 생각과 감정을 깊게 고찰하고 여과하는 과정을 나타낸다. 이는 내재적인 학습, 깨달음, 자기발견 등과 관련이 있다.

넷째, 부정적인 측면의 음은 때때로 부정적인 면도 상징한다. 이는 암울한 생각, 슬픔, 우울감 등을 의미할 수 있다. 그러나 이러한 부정적인 면은 균형과 조화의 중요성을 강조하기 위해 존재한다.

### 2) 양(陽)의 심리 특성

음양의 대립관계에서의 양은 밝음, 활동성, 외부적인 측면 등을 상징한다. 이에는 몇 가지 주요한 특성이 포함된다.

첫째, 양은 밝고 활동적인 상태를 의미한다. 이는 태양이나 낮과 같은 양의 특성을 대표하며, 양은 에너지와 활기찬 힘을 상징하고 삶의 에너지와 활동성을 나타낸다.

둘째, 양은 외부적인 측면을 강조한다. 이는 외부 활동, 사회적 상호작용, 세계와의 관계 등을 나타내며, 양은 사회적 활동, 외부적인 성취, 인간과 자연의 상호작용에 관련된 특성을 강조한다.

셋째, 양은 성장과 발전을 상징한다. 이는 씨앗이 자라고 싹이 트는 과정과 같이 삶의 변화와 성장을 의미한다. 양은 긍정적인 변화와 발전, 창의성과 혁신을 촉진하는 힘을 상징한다.

넷째, 긍정적인 측면의 양은 때때로 긍정적인 면을 강조한다. 이는 희망, 기쁨, 즐거움 등을 의미할 수 있으며, 양은 삶의 긍정적인 측면을 강조하며, 행복과 만족을 추구하는 힘을 나타낸다.

### 3) 음양의 심리 비교

음의 심리는 내성적이고 소극적이며 수동적인 성격이다. 심사숙고하며 부드럽다. 또한 안정적이면서 현실 지향적이고 1:1 만남을 좋아한다. 양의 심리는 음의 심리와 반대다. 외향적이고 능동적이며 적극적인 성격이다. 행동 지향적이고, 모험을 두려워하지 않으며 활기가 있다. 또한 미래지향적이고 대인관계가 넓다. 다음 〈표 8-1〉을 통해 자세히 알아본다.

**표 8-1**

| 음(陰) 성향의 심리 | 양(陽) 성향의 심리 |
|---|---|
| 배려 심리 | 돌파하는 심리 |
| 포용적 심리 | 통설적 심리 |
| 의지적 심리 | 통계적 심리 |
| 피동적 | 능동적 |
| 수축감 | 자신감 |
| 소극적 | 적극적 |
| 보수 | 진보 |
| 약자 | 강자 |

| | |
|---|---|
| 증오 | 사랑 |
| 인내적 | 도급적 |
| 느림 | 빠름 |
| 방어적 | 공격적 |
| 배타성 | 수용성 |
| 침묵 | 표현 |
| 냉소적 | 희망적 |
| 우울 | 명랑 |
| 현실 지향적 | 미래 지향적 |
| 안정 | 모험 |
| 내향 | 외향 |
| 생각 | 행동 |
| 수축 | 팽창 |
| 참모적 | 대상적 |
| 준비형 | 실전형 |

〈표 8-1〉에서 보듯이 음과 양은 서로 반대의 의미다. 음양은 상호보완성을 통해 양의 특성이 음의 특성과 조화를 이루어야만 완전한 균형이 유지될 수 있다. 음과 양의 대립은 전체적인 균형을 이루는 중요한 구성요소다.

## 4. 음양의 대대(對待)의 자기사유 방식

### 1) 음양의 대대 사유

'대대(對待)'의 사전적 의미를 살펴보면 '대(對)'는 성질이 다른 사물이 서로 마주하여 응대하고 있다는 뜻이고, '대(待)'는 서로를 기다린다는 의미다. 즉, 성질이 서로 다르지만 서로 의지하고 보완하기 위하여 기다린다는 뜻이다. 그러므로 음과 양은 서로 다른 성질이므로 서로 맞서 있는 것을 의미하는데, '대대(對待)' 이론은 둘이 상호 의존하고 보완하기 위하여 상대를 기다린다는 의미다.

첫째, 음양의 대대관계는 음과 양이 같은 공간에서 상호 교통하는 것이므로, 교역(交易)이라고도 한다. 음양의 운동 선상에서 시간의 개념으로 음이 지나면 양이 오는 것과 같다. 예를 들면, 낮이 지나면 밤이 오는 주야(晝夜), 추위가 지나면 더위가 오는 한서(寒暑)와 같은 것으로 유행(流行)이라고도 한다. 이 둘은 이렇게 유행하면서 서로 내재하는 상호 포함관계다. 이런 관점에서 보면 자연과 인간은 대대하면서 사귀고 유행하면서 변화한다는 것이다. 그러므로 대대관계는 서로 반대의 위치에 있지만 서로 기다리며 의존하는 상호 관계다.

둘째, 음양의 대대관계는 서로 교류하는 모습을 볼 수 있다. 물과 불이 서로 반대의 성격이지만 서로 돕고, 우레와 바람도 서로 부딪히는 성질이지만 서로를 거스르지 않고, 산과 연못은 서로 다른 역할을 하는 관계이지만 서로 기운을 통한 다음에 비로소 변화가 일어나고 만물이 완전하여진다는 것이다.

셋째, 음양의 대대관계는 서로에게 반대되는 상대가 있어서 오히려 자신이 성취를 이룬다는 '상반상성(相反相成)'의 논리와 같다. 상반(相反)은 모순이나 대립을 의미하기도 한다. 모순(矛盾)의 의미는 창과 방패처럼 서로 양립하지 못하고 용납할 수 없는 관계를 의미한다. 또 대립(對立)은 서로 맞서 버티고 서 있는 관계다. 그에 비해 대대(對待)는 서로 상반적 개념이지만 상대를 기다린다는 의미다. 여자가 있으면 남자가 있어야 출산의 조화가 있고, 왕이 있으면 신하가 있어야 나라의 정사를 볼 수 있고, 스승이 있으면 제자가 있어야 학문적 계승과 발전이 있다는 것이다.

이러한 음양의 대대관계에서 가장 중요하다고 생각되는 개념은 상대가 존재함으로써 자기가 존재한다는 관계의 존재성이다. 이미 고정된 의미를 지닌 존재가 있는 것이 아니라, 서로 상관적인 틀 속에서만 발현된다는 것이다. 즉, 서로 다르지만 기다려서 의지하고 부족한 점을 채우는 관계인 것이다. 서로 반대이며 적대적인 관계가 오히려 서로를 성취시키는 관계라는 인식의 전환이다. 서로가 반대의 성질을 가졌음에도 불구하고 조화를 이룬다는 것이다. 또 이와 같은 논리는 닐스 보어(Niels Bohr, 1885~1962)의 상보성원리(相補性原理)인 '반대되는 것은 서로 보완적이다.'라는 이론과 서로 상통한다.

### 2) 음양 대대의 자기사유

음양은 자연적인 균형과 조화를 강조하는 개념다. 다음과 같은 개념을 포함한다.

첫째는 상호보완성이다. 음과 양은 서로 보완적인 존재다. 하나가 부족하면 다른 하나가 그 부족한 부분을 보충하고 균형을 이룬다.

둘째는 동적인 변화다. 음양은 고정되어 있지 않고 상황에 따라 변한다. 하나의 상태가 다른 상태로 전환될 수 있으며, 이는 주기적이고 순환적인 과정을 따른다.

셋째는 상생의 원리다. 음과 양은 상생의 원리를 따른다. 한 가지 존재가 다른 존재 없이 존재할 수 없으며, 이러한 상생의 관계에서 균형과 조화가 유지된다는 것이다.

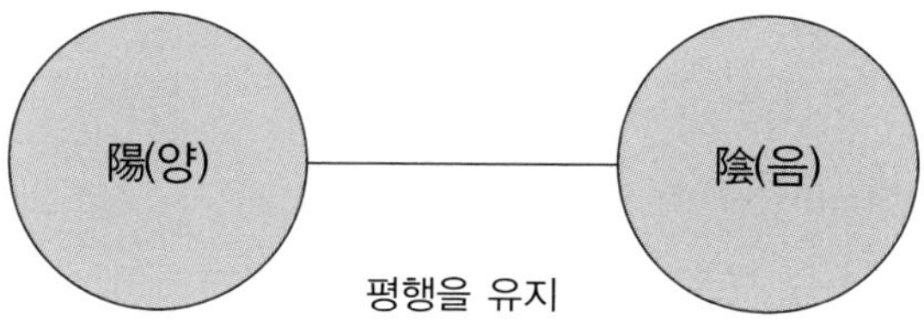


음양의 목적은 만물의 균형을 이루며 평온하게 유지하려는 것이다. 물이 평형을 이루면 아무 일이 일어나지 않는다. 조금만 각도가 기울어지면 흐른다. 음양이 치우치거나 어느 한쪽으로 기울어지면 일이 발생한다. 즉, 정신이 되는 음과, 육체가 되는 양이 균형과 조화를 이룰 때 편안한 몸과 편안한 마음이 되는 것이다.

우리가 살아가면서 매일 느끼고 경험하는 감정은 의사소통에 중요한 대화의 수단이다. 축하하며 행복한 순간은 기쁜 감정이 일어날 것이며, 스트레스를 받아 화를 내면 분노의 감정이 일어날 것이다. 사람은 자신의 감정을 말이나 행동으로 표현하고 다른 사람의 표정이나 행동이나 태도로 나타나는 정서를 읽음으로써 자기의 기대와 욕구를 전달하고 타인의 기대와 욕구를 알아차린다. 긍정적 감정이든 부정적 감정이든 어떠한 감정이 일어나면 그 감정으로 인해 상대방은 그 느낌을 받고 웃든지, 화를 내든지 소통을 한다.

**예: 영철이의 감정**

학생: 영철이는 학교에서 성적이 안 좋아 집에 와서 엄마를 보고 작은 일에도 투덜거리고 냉랭하게 행동했다. 엄마는 그 모습을 보고 공손하지 못하다고 혼을 냈다. 영철이는 성적도 안 좋게 나왔는데 엄마에게 혼이 나니 더 화가 나서 엄마에게 서운함을 표출했다.

학생: 엄마는 감기가 심하게 들어 컨디션이 안 좋아 있었다. 이때 영철이가 집에 들어오면서 '엄마 밥 줘!'라고 했는데, '네가 좀 챙겨 먹어라.' 하고 부드럽지 않게 짜증 나는 감정으로 말씀하셨다. 짜증 감정을 느낀 영철이는 무시당하는 감정을 느끼고 서운한 생각이 들었다.

**자식의 드러난 감정**

자식의 냉랭한 감정(양)
부족한 성적의 속 감정(음)

부모는 공손하지 못함에 화가 남

**부모의 드러난 감정**

부모의 짜증스러운 감정(양)
감기로 인해 컨디션 저하(음)

자식은 무시당하는 감정에 서운한 생각

앞의 두 가지 경우에서 자식이 성적이 안 좋아 냉랭했던 감정과 부모가 몸이 불편하여 짜증스러운 감정이 드러나는 것은 음양으로 볼 때 양이 드러나서 보이는 것이다. 그 감정 밑에 욕구는 음이라고 할 수 있다.

우리는 인간의 욕구를 있는 그대로 쉽게 드러내기 어렵다. 양이 되는 드러난 감정과 음이 되는 드러나지 않는 감정이 존재한다. 이렇게 음양이 같이 존재하는 것이다. 양의 감정만을 받아들이고 음의 감정을 살피지 못한다면 서로의 갈등이 따른다. 항상 음양이 존재하고 상호작용하는 이치를 알면 양이 되는 감정 밑에 음이 되는 욕구를 알아차림으로써 불필요한 갈등을 줄이고 원활한 소통을 할 수 있는 것이다.

# 제9장

# 사상체질로 보는 자기이해

우리가 가치 있는 것을 보려면, 우리는 깊이 내려다봐야 한다.

– 이제마

자기 본연의 모습을 찾는 것은 자연과의 일치를 추구하는 과정이다.

– 장자

## 1. 사상체질의 개념

사상체질(四象體質)은 사상의학이라고도 한다. 사상의학은 기초 이론을 역리(易理)에 두고 있다. 역리에는 태극은 음양을 낳고 음양은 사상을 낳는다고 하였으며, 사상은 태양·소양·태음·소음의 넷으로 분화되었다. 그러므로 사상이란 곧 음양이요, 사상철학이란 곧 음양철학인 것이다. 인체생리·병리, 인간의 윤리적 심성에 이르기까지 설명하고 있다.

사상체질이란 19세기 말 이제마(李濟馬, 1837-1900)에 의해 창안된 의학이론이다. 이제마는 심한 병을 앓은 경험이 있어서 많은 의서를 탐독하였고, 고전에 의거한 여러 가지 약을 써 봤지만 병이 낫지 않는 것을 보고 사람은 각기 체질이 다르다는 것을 깨달았다고 한다.

그림 9-1 이제마

사람의 체질을 4가지로 구분하고 그 체질적 특성에 따른 삶의 방식과 방향을 제시하는 사상의학은 『동의수세보원(東醫壽世保元)』에 기록되어 있다. 한의학적으로 사람의 체질을 태양인(太陽人), 태음인(太陰人), 소양인(少陽人), 소음인(少陰人) 4가지로 특성에 따라 분류되는데 사람의 체질은 본래 타고나는 것이므로 각기 체질에 따라 성격, 심리상태, 내장기의 기능과 이에 따른 병리·생리·약리·양생법과 음식의 성분에 이르기까지 분류하는데, 이를 사상의학 또는 사상체질의학이라고 한다.

사상의학 창시자 이제마는 "인간은 천부적으로 물려받은 장부허실(臟腑虛實)이 있고 사람마다 각기 체질이 다른 만큼 그 체질에 맞는 약을 써야 한다. 나는 이것을 옛사람들이 전해 온 저술과 나의 오랜 경험 및 연구를 통해 발견했으며, 내가 죽고 난 백 년 후에는 반드시 사상의학(四象醫學)이 사람들에게 널리 쓰이는 시대가 올 것이다."라고 했다.

한의학계는 90년대부터 사상의학을 과학적 방법에 의거하여 검증하고자 다양한 시도를 하였으며, 2006년에는 사상의학의 과학화를 위하여 정부가 10년간 매년 100억 원씩, 총 1,000억 원을 지원하는 이제마 프로젝트를 출범시키기도 하였다. 2015년 기준으로 이제마 프로젝트는 사상체질의 진단을 위한 진단기계 개발, 진단의 정확도 개선 등의 성과를 내었다고 발표했다. 이 책에서는 외모에 의해 감별하는 방법을 제시한다. 또한 사단으로 보는 관점(오행), 성향, 특성, 장점, 단점, 직업관, 병증, 체질에 맞는 음식, 어드바이스 순으로 자기이해가 가능하다.

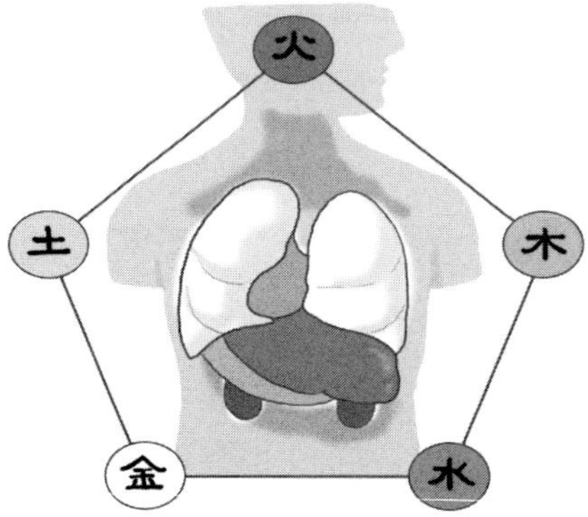


그림 9-2 오행

## 2. 사상체질의 감별

감별요령은 퍼센트가 높은 쪽으로 선택한다. 사상인 중 2개가 겹치는 사람도 있다. 더 세분하면 8체질로 나뉘는데 여기서는 4체질을 소개한다.

### 1) 외모에 의한 감별[1)]

#### (1) 태양인

- 태양인은 외적으로 상체가 발달하고 하체가 빈약한 것이 특징이다. 목덜미가 굵고 건실하며 머리가 크다. 몸 크기에 비해 얼굴이 비교적 큰 편이고, 보름달처럼 둥글다.
- 눈빛이 날카롭고 빛난다. 하체가 약하여 오래 걷지 못하는 경우가 많다.
- 허리 아랫부분이 약한 편으로 엉덩이가 작고 다리가 허약한 느낌을 주어 서 있는 모습이 불안해 보이는 경향이 있다.
- 근육량도 적은 편이다.

1) 출처: 사상체질 감별법 안내(tistory.com).

- 폐와 대장이 기능이 좋지만, 간 기능이 약해 술을 마시면 해독하기 힘들다.
- 얼굴은 이목구비가 뚜렷하고 살이 찌지 않는 경향이 있다.
- 다른 사상인에 비해 숫자가 가장 적어 흔히 볼 수 없는 체질이다.

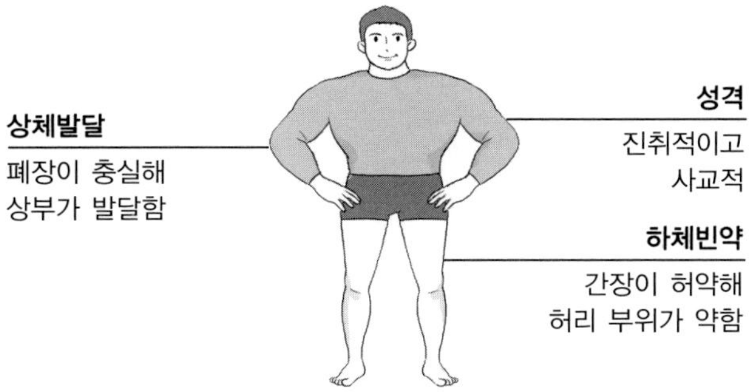


그림 9-3 태양인

(2) **태음인**

- 태음인은 키가 크며 대부분 살이 많이 쪘다.
- 허리 부위가 발달하여 서 있는 자세가 굳건하고 안정감 있어 보이나, 반면에 목덜미의 기세가 약하고 골격이 굵고 비대한 사람이 많이 있다.
- 손발이 크고 겨울에는 피부가 잘 트는 경향이 있고 몸을 조금만 움직여도 땀을 많이 흘리고 힘든 일을 할 때는 더욱 심한 경향이 있다.
- 이목구비 윤곽이 뚜렷하고 걸음걸이는 무게가 있어 안정감 있게 보이나 상체를 다소 수그리고 걷는 경향이 있으며 허리가 굵고 배가 나와 있다.

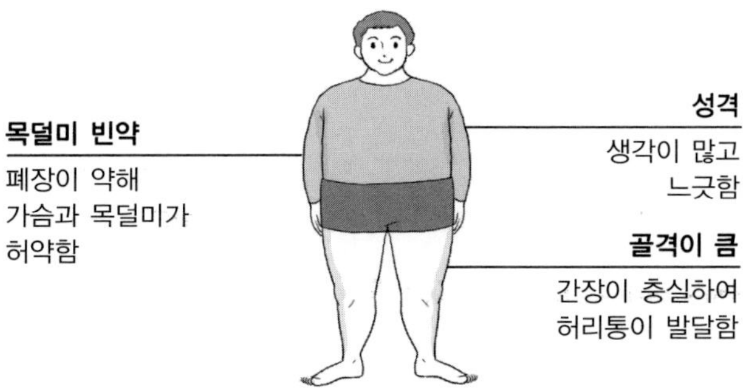


그림 9-4 태음인

(3) 소양인

- 소양인은 4가지 체질 중 진단이 가장 쉬운 체질이다. 어깨와 가슴이 발달하고 엉덩이가 왜소해 역삼각형 체형을 이루는 경우가 많다.
- 소양인은 비(脾) 부위인 가슴 부위가 잘 발달하여, 어깨가 딱 벌어져서 마치 독수리가 날개를 편 것과 같은 느낌을 주는 반면, 신(腎) 부위인 엉덩이 부위가 빈약하기 때문에 앉아 있는 모습이 불안해 보인다.
- 대체로 머리가 작고 둥근 편이고 앞뒤가 나온 사람(흔히 '짱구'라 말한다.)도 있다.
- 눈매가 날카로워 보이고 입은 크지 않고 입술이 얇으며 턱이 뾰족하고, 살결은 희고 윤기가 적고 땀은 그다지 흘리지 않으며, 목소리는 낭랑하고 말을 함부로 하는 경향이 많다.

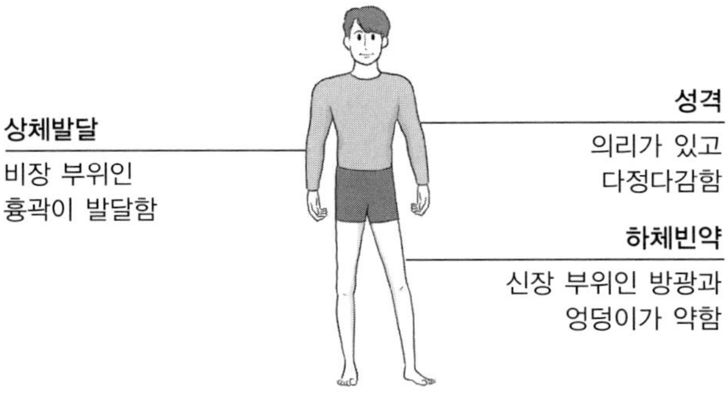


그림 9-5 소양인

(4) 소음인

- 엉덩이가 잘 발달하여 앉아 있는 모습이 안정감 있다.
- 가슴 부위가 비약하여 움츠리고 있는 느낌을 준다.
- 상체보다는 하체가 균형 있게 발달하였다.
- 걸음을 걸을 때 몸을 앞으로 수그리고 맥없이 걷는 경향이 있다.
- 상체에 비해 하체가 견실한 편으로 체격이 작고 마르고 약해 보이는 체형이다.
- 용모가 오밀조밀하게 잘 생겼고 이목구비가 크지 않고 다소곳한 인상을 준다.
- 피부가 부드럽고 땀이 적으며 말을 할 때 눈웃음을 짓는 경향이 있다.

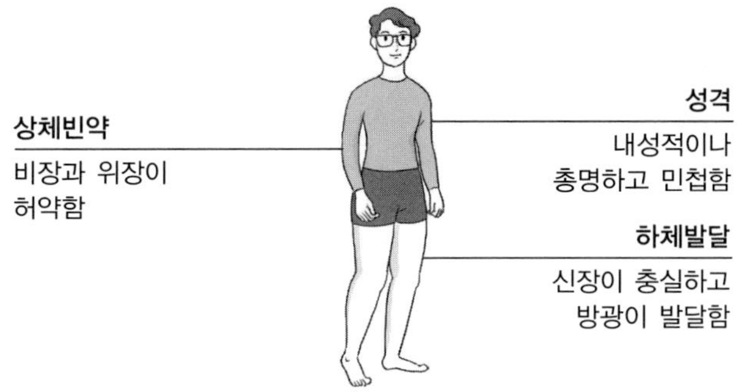


그림 9-6 소음인

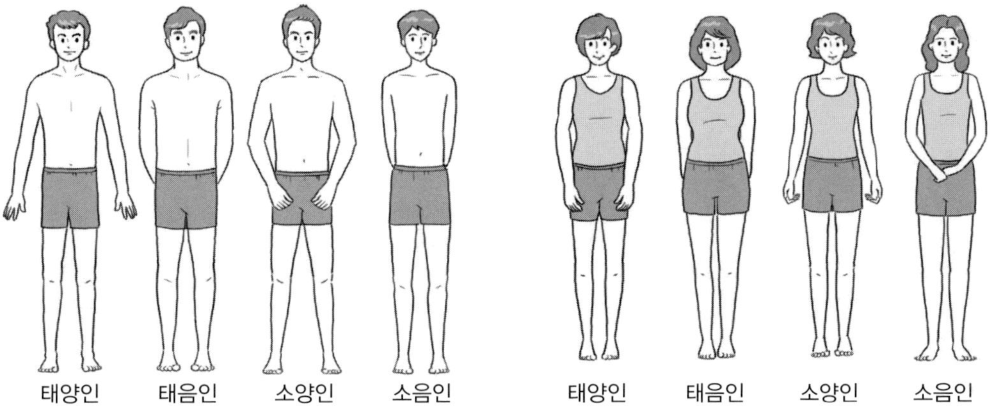


그림 9-7 사상체질별 유형

## 2) 사상체질별 분석[2)]

(1) 태양인

① **심성**

- 태양인은 다른 사람에 비해 사교하는 재능과 과단성이 있어 사회생활을 잘하는데 이는 사람을 사귀는 데 있어 상대방을 어려워하거나 꺼려 하지 않고 쉽게 친분을 쌓아 간다.
- 성격은 항상 앞으로 전진만 하려고 하지 후퇴가 없다. 주위를 쳐다보지도 않고 매사에 마냥 전진만 하려고 하므로 급박지심(急迫之心)에 빠지기 쉽고, 또한 저돌적이다.

2) 출처: 『동의수세보원(東醫壽世保元)』, 경희샬롬한의원 류모세 박사, 데일리라이프.

- 남성적인 심성이 지나치게 된다면 방종한 마음(放縱之心)이 생겨 독선적이거나 영웅주의에 빠지기 쉬운 체질이기도 하다.

**② 사단으로 보는 관점, 오행 중 木**

- 태양인은 '인의예지(仁義禮智)'라는 사단 중에 '인'을 우월기능으로, '예'를 열등기능으로 타고 난 체질이다. 우월 기능인 '인'의 속성으로 자연의 흐름을 파악하는 직관력에 탁월한 재주가 있다. 모든 사람에게 두루 도움이 되는 어진 마음을 중시한다.
- 처음 만난 사람도 공정하게 대하며 혈연, 지연 등으로 편을 나누는 것을 싫어하는 강직한 품성이다. 욱하는 성격, 공격적 성격이 있다. 지위나 신분에 관계없이 두루 사귀며 권력이나 재력이 없어도 특별히 차별하지 않고 공평하게 대하는 것을 좋아한다.
- 창의력이 뛰어난 사람이 많다.

**③ 성향**

- 미래를 내다보는 태양인의 직관력은 현실감각과 균형을 잃을 경우 비현실적인 망상으로 전락할 위험이 있다.
- 현실에 발을 못 붙이는 똑똑한 천재들이다.
- 박사 학위의 고학력 실업자, 속세를 등지고 산으로 들어간 자, 알쏭달쏭한 이상주의 시인, 추상화 화가들, 종래의 기법을 극복하겠다는 전위예술가 중에 태양인이 많다.
- 태양인이 품은 이상은 종종 현실과 큰 격차를 보인다. 그래서 자칫 과대망상적 사이코로 취급되어 사회로부터 극심한 괴리감과 소외감을 느끼고 낙오자가 되기도 한다.
- 하늘에 충만한 바람 기운을 타고난 태양인은 하늘의 법도를 좇아 살고자 하는 고결함이 있다. 세상이 모두 썩고 혼탁할지라도 홀로 빛과 소금이 되겠다는 고결한 양심을 지니고 있는 것이다. 하늘을 우러러 한 점 부끄럼 없기를 잎새 이는 바람에도 괴로워했던 어느 시인의 마음처럼 말이다.
- 조직 속에서 불의와 타협하지 않는 똑똑한 비주류들, 깨끗한 정치를 결의하며 호감을 사는 소장파 국회의원들, 까마귀 우는 곳에 백로야 가지 말라며 지조를 지킨 죽

림파 선비들이 여기에 속한다.

- 불쌍한 이웃을 향한 동정심이 가득한 최고의 휴머니스트가 많다. 아프리카의 성자 슈바이처, 인도의 성녀 마더 테레사가 이런 유형의 태양인이다.
- 태양인 여성들은 깍쟁이, 불여우, 얌체, 새침데기 이미지를 풍기며 뭇 남성들의 애간장을 녹인다. '남편 퇴근 시간은요, 여자하기 나름이에요!'라는 말을 유행시킨 고(故) 최진실도 태양인이다.

④ **특성**

- 확실히 태양인은 사귀기에 부담이 없는 친구다.
- 보수적이거나 꽉 막히지 않은, 진취적이고도 개방적인 성격의 소유자가 많다. 생각과 뜻이 같다면 2, 30년 정도 나이 차이는 문제가 안 된다. 그래서 태양인은 끼리끼리 모이는 유유상종식 만남을 별로 좋아하지 않는다. 같은 학교, 같은 고향, 같은 동아리를 중심으로 이루어지는 소아적(小我的) 만남보다는, 뜻과 비전을 중심으로 의기투합하는 대아적(大我的) 만남을 좋아한다.
- 바람 기운이 가득한 태양인은 대아적 만남의 장 속에서 카리스마적인 지도력을 발휘하기도 한다. 드높은 이상과 비전을 제시하는 태양인의 연설은 청중을 순식간에 사로잡아 흥분의 도가니로 몰아넣는다. 그러나 태양인의 사교성과 카리스마는 태음 기운에서 오는 온화함과 침착성이 부족할 경우 남을 괴롭히는 독재의 수단으로 작용할 수도 있다. 어린아이로 치자면, 쉽게 친해지고 장난도 잘 치지만 가끔 상대방을 곤경에 빠뜨리고 약점을 건드리는 개구쟁이 기질로 발휘되는 것이다.
- 이들이 지도자가 되면 풍부한 친화력과 인간미로 사람을 잘 다루지만, 모든 것이 자기의 뜻대로만 착착 진행되기를 바라는 독재성을 드러내기 쉽다. 남을 괴롭히며 가학적 행동을 일삼는 사디스트적 정신병자도 태양인에게 많다.
- 곤충이나 작은 생물을 잡아 토막 살인을 즐기는 아이에게도 태양인적 기질을 엿볼 수 있다.
- 끼 있는 매력이 있다. '바람을 피운다.' '허파에 바람이 들어갔다.'는 표현이 있는데, 우주에 퍼져 있는 바람 기운은 태양인에게 말 그대로 타고난 '바람기'를 제공한다. 바람은 맛도 냄새도 형체도 없지만 느낌으로 그 존재를 알 수 있다. 바람이 불면 뭔가 동(動)하는 현상이 일어나게 마련이다. 멀쩡한 청년이 상사병에 걸려 허파에 바

람이 들면 치료할 약도 없다. 그 청년은 이미 간드러진 교성, 야들야들한 피부, 간들간들한 맛을 풍기는 태양인의 끼(氣)에 사로잡히고 만 것이다.

- 연예계를 주름잡으며 뭇 남성의 애간장을 녹이는 탤런트, 영화배우들 중에 이런 유형의 태양인이 많다.
- 끼가 넘치는 태양인의 매력은 본인에게는 삶의 활력소가 되지만, 자칫 태음 기운과 조화를 잃을 경우 천방지축 바람기로 나타날 위험이 있다. 미인 아내를 간수하기 힘들기도 하다.
- 태양인 남성 역시 타고난 바람기 때문에 한 여자로 만족하지 못하고 곳곳에 둥지를 튼다. 미끈한 얼굴, 세련된 매너로 '카사노바 표'임을 자랑하는 것이다.

### ⑤ 장점

- 고결한 양심을 좇는 지조를 갖고 있다.
- 태양인 기질의 장점은 소통하는 데 있고, 그 재주는 교우하는 데 있다(太陽人 怯質長於疏通而 材幹 能於交遇).
- 바람 기운은 하늘에 충만한 기운으로서 예로부터 신령한 에너지로 알려져 왔다. 이런 바람 기운을 많이 갖고 태어난 체질이 바로 태양인이다.
- 태양인은 미래를 내다보는 통찰력, 사물의 본질을 꿰뚫는 직관력이 발달했다. 이제마는 태양인의 이런 특성을 '태양인의 귀는 천시를 잘 분별한다(太陽之耳 察於天時).'고 표현했다. 태양인에게는 천시를 듣는 귀, 즉 직관력, 통찰력, 투시력, 영성(spiritual power)이 선천적으로 발달했음을 가리키는 말이다.
- 태양인은 가까운 장래에 유행하게 될 패션이나 상품, 유망한 주식이나 부동산, 사업 종목 등을 내다보는 직관력이 뛰어나다. 개개의 나무보다는 전체의 숲을 볼 줄 아는 안목이 있다.
- 고정관념의 틀에 얽매이지 않고 늘 참신한 아이디어가 샘물처럼 솟아나는 사람 중에 태양인이 많다.
- 태양인들 중에는 아이큐가 150이 넘는 천재도 많다.
- 광고기획자나 카피라이터로 이름을 날리기도 하고 첨단기술의 연구자, 발명가들이 많다.
- 머리 회전이 빠르기 때문에 일 처리 속도가 신속하고 비약적이다. 그래서인지 벼락

치기 공부도 태양인에게는 효과 백배다.

- 평소에는 같이 놀다가도 시험 때 반짝 공부해 늘 수석을 차지하는 것을 보면 주위 친구들은 배가 아파 못 견딜 지경이다.

⑥ **단점**

- 비현실적 몽상가다.
- 태양인의 고결한 양심은 태음 기운에서 오는 진중함이 부족할 경우 독불장군이 될 수 있다.
- 이들은 세상이 다 썩었다며 극단적인 냉소를 보이기도 하고, 사회의 모든 권위와 질서를 무시한 채 제 잘난 맛에 살아간다.
- 자신이 무슨 특별한 존재라도 되는 양 자만에 빠지고, 또 자신을 알아주지 않는 세상을 저주하며 술독에 빠져 살아가기도 한다.
- 뭔가 새로운 것을 시도하다가도 진득하게 끝까지 해내지 못하고 용두사미가 되기 일쑤다.
- 한 가지를 마무리짓기도 전에 뭔가 새롭고 흥미 있는 일을 만나면 또다시 그 일에 손을 대어 결국은 의욕 과잉으로 뒷감당을 못한 채 일을 그르치기도 한다.

⑦ **직업관**

- 태양인은 눈에 보이는 현상 세계보다 그 이면에 보이지 않는 질서의 세계에 관심이 많다.
- 떨어지는 사과를 보며 만유인력의 법칙을 도출해 내는 것처럼 어느 날 갑자기 하늘의 신령한 목소리를 들었다며 무당이나 도사로 전업하는 경우도 종종 있다.
- 정신세계, 영혼의 세계와 같은 신비적 영역과 잘 교감하기 때문에 초능력, 최면술, 단전호흡, 기공, 심령과학, 종교에 심취하는 경향이 있다.
- 발명가, 과학자, 연구원, 학자, 성악가, 작곡가

⑧ **병증**

- 태양인이 소변량이 맑고 잘 나오면 건강한 상태이나, 입에서 침이나 거품이 자주 나오는 상태라면 대병의 상태로 섭생을 잘 하지 못한다면 질병으로 전환될 수도 있

는 상태이다.

- 음식물을 넘기기가 어렵고 넘어가도 위까지 도달하지 못하고 이내 토하고 마는 증상을 보이거나[이를 열격증(일膈證)이라고 한다.], 온몸에 권태감을 심하게 느끼고 노곤하여 움직이기 싫어하며 다리가 풀리고 몸이 여위며, 말하기도 싫어하는 증상[이를 해역증(解역證)이라고 한다.]을 보이면 중병의 상태로 이와 같이 기운이 위로 역상(逆上)되어 하허상실(下虛上實)의 병증이 태양인 병증의 특징이라 할 수 있다. 태양인은 병세가 중하기 전에는 잘 나타나지 않으므로 보통은 무병 건강한 사람처럼 보이나, 열격증·해역증이 나타나면 병세의 변화가 심하게 나타나는 경향이 있다.
- 잘 오는 질병
  - 간장질환, 소화불량(신트림)
  - 원인 모를 근육질환
  - 식도경련, 식도협착
  - 상기감(上氣感), 불임증
  - 각약(脚弱, 하지무력증)
  - 눈병, 만성설사
  - 중증근무력증, 근위축증
  - 치질, 폐결핵

⑨ **체질에 맞는 음식**

- 태양인은 주로 시원한 음식을 섭취하고 육류는 피하는 것이 좋다.
- 바다에서 나는 생선, 문어, 조개류 등을 섭취하는 것이 좋다. 차가운 성질을 가진 메밀도 몸에 잘 맞는다.
- 육류, 밀가루 음식을 많이 먹으면 부족한 간의 기운을 빼앗기기 때문에 피하는 것이 좋다.
- 채소는 고구마, 감자, 무처럼 뿌리채소는 피하고 상추나 깻잎처럼 푸른 잎채소를 먹는 것이 좋다.
- 과일은 찬 성질을 가진 포도, 수박, 키위가 좋다.

### ⑩ 태양인에게 주는 어드바이스

- 태양인은 어디로 튈지 모르는 다양한 얼굴을 지닌 기질이다. 돈키호테식 충동성에다 대쪽 같은 성품, 약간은 허파에 바람이 든 것 같은 허장성세, 그리고 의외로 섬세하고 여린 마음 등 실로 복합적인 성품의 소유자라 할 수 있다. 하지만 태양인의 이런 전형적인 특징들이 현실에서 그대로 표출되기는 그리 쉽지 않다. 특히 보수적이고 예의를 중시하는 태음인이 주도하는 사회에서는 더욱 그렇다.
- 서구 선진국은 개방적이고 진취적인 태양인 기운이 우세한 반면, 우리나라는 아직도 유교적이고 보수적인 분위기가 대세다. 이런 사회적 분위기 속에서 수많은 태양인들은 자기도 모르게 소시민적인 현실안주형 인간으로 길들여지곤 한다. 그래서 어찌 보면 소음인 같고 또 어찌 보면 소양인처럼 보이기도 한다. 여기에는 태양인이 숫자가 희귀하다는 오해 아닌 오해도 한몫 한 듯하다.
- 태양인이 본래 타고난 기질을 발휘하려면 현실에 안주하지 말고 꿈과 비전을 끝까지 붙들어야 한다. 꿈과 비전은 태양인의 장점을 가장 잘 드러내는 특성이다. 그 꿈이 실현될 세상을 만나든지, 아니면 실현시켜 줄 사람을 만난다면 태양인이 품은 꿈은 반드시 이루어질 것이다.
- 우리는 역사에 이름을 남긴 걸출한 태양인들을 기억한다. 나폴레옹, 알렉산더, 히틀러, 윤동주, 이상, 뉴턴, 아인슈타인, 박정희 등……. 그러나 이들 몇몇의 소수만이 태양인은 아니다. 중세 가톨릭의 보수적 사회에서 남다른 용기로 진리를 설파한 갈릴레이, 코페르니쿠스도 있었지만, 조용히 숨죽이며 살다 간 이름 모를 수많은 태양인들도 많았던 것이다. 밖으로 떠들건 혹은 안으로 삭이건 태양인은 타고난 기질 때문에 부패한 세상을 향한 비판 세력이 되기를 자처한다. '이 놈의 썩어 빠진 세상!' '빛과 소금이 되어야 할 교회까지 썩었다니!' 하면서 말이다.

## (2) 태음인

### ① 심성

- 태음인은 꾸준하고 침착하여 무슨 일이든 시작한 일, 맡은 일을 이루어 성취하는 장점이 있다. 그러나 지나치게 가만히 고요하게 있으려고만 하지 움직이려고 하지 않으니까 자기 안의 내면세계와 집안일은 잘 아는 데 비해 자기 외부의 바깥 세계는 잘 모르므로 이에 대한 불안한 마음이 생기게 된다. 이것이 겁심(怯心)으로 태음

인의 항심이 된다.

- 내부를 지키려는 마음이 많아지면 물욕에 얽매이기 쉽다(物慾之心). 자기 일을 잘 이루고 자기 것을 잘 지키는 것은 좋으나, 자기 것에 대한 애착이 지나쳐서 집착이 되면 탐욕으로 변하게 되기도 한다.

**② 사단으로 보는 관점, 오행 중 金**

- 태음인은 '인의예지(仁義禮智)' 사단 중에서 '의'의 속성을 우월기능으로, '지'의 속성을 열등기능으로 타고 난 체질이다. 다른 사람의 기분을 파악하는 감정 기능은 발달하나, 혼자 궁리하고 몰입하여 보는 사고 기능은 좀 약하다.

**③ 성향**

- 흙은 땅을 이루는 제1의 재료다. 태음인이 타고난 흙 기운은 두 발로 딛고 있는 땅, 곧 '현실'을 의미한다. 그래서인지 태음인은 드넓은 호연지기를 품고서 타고난 현실 감각을 발판 삼아 험난한 세상을 평정하며 출세가도를 달리는 사람이 많다.
- 이제마는 '태음인의 코는 인륜을 잘 살핀다(太陰之鼻 察於人倫).'는 재미있는 표현을 했다. 세상살이를 하다 보면 조그만 동아리보다는 큰 동아리에 있는 것이 유리하다. 개인은 약하지만 이들이 모이면 무시할 수 없는 힘을 발휘한다. 태음인은 이런 원리에 밝아서 타고난 현실 감각으로 사람들의 관계를 잘 엮어 낸다. 그래서 태음인이 인륜(人倫)에 밝다고 표현한 것이다.
- 태음인은 학교생활에서는 머리가 명석한 태양인에게 밀려서 두각을 나타내지 못하지만, 사회생활을 하면서 이들의 잠재능력은 유감없이 발휘된다. 학교 때 일등을 달리던 태양인 친구를 비서실장 내지는 운전기사로 부리면서 '회장님' 소리를 듣는 사람들 중에 태음인이 많다. 이들의 마인드는 지극히 현실적이고 물질적이다.
- 태음인은 태양인에게서 얻은 참신한 아이디어를 현실에서 구체적으로 이루어 내고야 만다. 재주는 태양인이 부리고 돈은 태음인이 버는 격이다.
- 태음인의 현실 감각은 미래를 보는 태양 기운과 균형을 잃을 경우 자칫 한 치 앞을 못 보는 우둔함으로 빠지기 쉽다. 변화에 민감하지 못하고 쉽게 굳어 버리는 성품 때문에 지극히 보수적이고 권위적이 되기 쉽다. 이들은 현실에서 출세가도를 달리다가도 급격한 변화의 흐름에 적응하지 못해 의외의 실패를 맛보기도 한다. 전체의

숲을 보지 못하고 나무만을 보다가 큰 낭패를 당하는 것이다.

④ **특성**

- 흙은 그 속이 들여다보이지 않는다. 또한 중탁한 기운으로서 바닥에 가라앉는 특성이 있다.
- 흙 기운이 많은 태음인도 이런 특징을 닮아 점잖고 무게 있고 의젓하다. 말수도 적어 과묵하고 상대방에게 믿음직스런 인상을 준다. 그래서 태음인에게는 비밀을 이야기해도 그것이 밖으로 새어 나갈 염려를 하지 않아도 좋다.
- 사람을 잘 다루고 맡겨진 일은 묵묵히 끝까지 해내는 타입이라서 후계자로 삼을 만하다. 그러나 정도가 지나치면 태음인의 속마음은 알 수가 없다. 또한 앞뒤 재고 또 재면서 신중한 성격은 우유부단함으로 비치기도 한다.
- 태음인에게 태양 기운이 지나치게 부족하면 목석 같은 벽창호가 되어 버리기도 한다. 무뚝뚝하고 잔재미라고는 하나도 없는 남편, 패션의 'ㅍ' 자도 찾아보기 힘든 곰단지 같은 아내, 섹시함이라고는 눈을 씻어도 찾아볼 수 없는 여자, 흐리멍덩한 눈동자만 크게 뜨고 껌벅껌벅거리는 바보온달 족속 중에 이런 유형의 태음인이 많다.
- 새롭고 참신한 시도보다는 관례를 따르는 경향이 있어서 일관성과 보편성의 성향이 있다.
- 태음인 중에는 엄청나게 먹어 대는 대식가도 많다.
- 번뜩이는 아이디어와 신선한 변화를 추구하는 태양 기운이 부족할 경우 태음인은 구르는 재주밖에 없는 굼벵이처럼 미련한 인상을 주기 쉽다. 한 가지를 가르쳐 주면 오로지 한 가지밖에 모르고 얼마 되지 않아 그것마저도 잊어버리기도 한다.
- 고지식하고 임기응변을 통 몰라서 '형광등'이라는 별명이 딱 어울린다. 수학처럼 머리 쓰는 과목을 질색으로 여기는 데다가 천하태평 베짱이로 '만만디'가 인생철학이다.
- 조금만 움직여도 땀을 비 오듯 흘려 더욱 답답한 인상을 준다. 태음인은 불합리하고 비이성적인 것을 끝까지 밀어붙이며 황소고집을 부리기도 한다.

⑤ **장점**

- 세상을 살아가는 현실감각이 있다.

- '흙에서 와서 흙으로 돌아간다.'는 말이 있다. 한줌 흙으로 돌아가는 것이 우리 인생인 것이다. 이처럼 흙이란 '소박함'의 상징이기도 하다. 수더분하고 착한 시골 촌뜨기 같은 매력, 굳이 매력이라고 할 수도 없는 이것이 흙 기운을 타고난 태음인의 매력이다. 태양인처럼 야들야들한 애교나 감칠맛은 없지만, 건강한 맏며느리 감인 것이다.
- 남자라면 평소에는 목석 같아도 아내의 웬만한 바가지는 막내둥이 응석받듯 받아줄 줄 아는 넓은 내면의 소유자가 태음인이다.
- 흙 기운은 사람의 몸에서 골격과 허우대를 이루는 요소다. 흙 기운을 타고난 태음인은 타고난 근육질로 씨름선수와 같은 육중한 체구를 자랑한다. 비만형의 80% 이상이 태음인이다. 이들은 타고난 체력과 뚝심, 집념과 끈기, 투지, 승부근성을 발휘해 마침내 승리를 쟁취하고야 만다.
- 토끼를 제친 거북이 타입이라고 할까! 이제마는 '태음인 기질의 장점은 성취에 있고 재주는 거처에 있다(太陰人 怯質 長於成就而 材幹 能於居處).'고 했다. 여기서 '성취(成就)'란 한 번 시작한 일은 끝까지 해내는 불굴의 집념과 투지를 뜻하고, '거처(居處)'란 어떠한 모임이나 위치에서건 자기 자리를 듬직하게 지킬 줄 아는 태음인의 진중한 성품을 뜻한다. 이들은 이런 장점을 밑천 삼아 신통한 재주도 없이 자수성가를 이루어 낸다.
- 일 처리에 있어서도 이들은 비록 속도는 늦을지언정 정확하고 철저해 실수가 적고 믿을 만하다.

### ⑥ 단점

- 적자생존, 약육강식이 지배하는 땅의 현실에서 살아남으려면 '비둘기의 순결함'만으로는 어림도 없다. '뱀의 지혜'가 필요하다. 카멜레온처럼 외부 환경에 자신을 맞출 줄 알아야 하며 변화무쌍한 처세술을 익혀야 한다. 흙 기운을 타고난 태음인은 처세술, 예의범절, 보스 기질을 가지고 현실에 잘 적응하며 살아간다. "세상살이에 원칙이 뭐 있남? 먼저 먹는 놈이 임자고 꿩 잡는 놈이 매지! 그저 뱃속 꼴리는 대로 사는 거야!" 그러나 자칫하면 지조도 원리원칙도 없어지기 쉽다.

### ⑦ 직업관

- 태음인은 외모나 행동이 듬직한 데다가 활동적이고 호탕하면서도 지휘능력이 있고

보스 기질이 있어 많은 사람을 거느리는 직업에서 크게 능력을 발휘한다.

- 정치가, 사업가, 현장감독이나 작업반장, 군대의 지휘관, 교관, 저술가, 번역가
- 태음인의 뚝심은 바둑기사나 낚시광, 도박사, 스포츠 감독 등에서 활동할 때 유감없이 발휘된다.

### ⑧ 병증

- 태음인은 전신에 땀이 촉촉하게 나면 건강한 상태로, 만약 피부가 조밀(稠密)하여 땀이 안 나오면 대병의 상태로 다른 증상을 동반하여 병으로 진행될 수도 있다.
- 설사병이 생겨 아랫배가 꽉 막혀서 마치 안개가 낀 것같이 묵직한 느낌을 느낀다면 중한 병의 상태로 생각할 수 있는데, 이와 같이 땀과 소변 그리고 대변의 불통으로 생기는 조열병증(燥熱病證)이 태음인 병증의 특징이다.
- 잘 오는 질병
  - 급성폐렴, 기관지염
  - 각종 알레르기 질환
  - 천식, 고혈압, 중풍
  - 대장염, 변비, 노이로제
  - 각종 성인병, 습진
  - 맹장염, 황달
  - 종기, 두드러기
  - 악성무좀, 지방간

### ⑨ 체질에 맞는 음식

- 태음인 체질상 땀과 열이 많은 편이라 찬 성질을 가진 음식이 잘 맞는다.
- 살이 잘 찌는 체질로 식욕이 좋다. 그래서 과식하는 경향이 있는데, 스스로 소식하는 습관을 지닐 필요가 있다.
- 기관지와 폐가 약한 태음인에게는 도라지, 배, 오미자가 좋은데, 특히 오미자는 땀을 줄여 주는 데 도움을 준다.
- 육류는 돼지고기, 닭고기보다 소고기를 섭취하는 것이 좋다.
- 생선은 지방질이 적고 담백한 조기, 오징어 등이 좋다.

- 채소는 고구마가 가장 좋으며, 껍질째 쪄서 먹는 것이 좋다.
- 과일은 복숭아, 사과, 오렌지가 좋다.

⑩ **태음인에게 주는 어드바이스**

- 태음인은 참으로 변수가 많은 체질이다. 타고난 현실감각을 발휘해 승승장구하는 태음인이 있는가 하면 두려움과 소심함, 과도한 긴장과 스트레스로 인해 현실에 적응하지 못하는 우울증, 노이로제 환자에 이르기까지 다양한 태음인들이 현실에 공존한다. 하지만 태음인을 만나다 보면 느끼는 공통점이 있다. 그것은 한마디로 '그 사람, 참 알다가도 모를 사람이네!' 하는 느낌이다.
- 태음인은 언뜻 무디고 수더분한 듯 보이지만 실상은 가장 예민하고 신경이 약한 체질이며, 듬직하고 용감해 보이지만 내심 두려움과 겁이 가장 많은 체질이다.
- 별로 신통한 재주도 없을 것처럼 둔해 보이지만 무궁한 지혜와 능력이 가득한 체질이다. 한마디로 말해 겉으로 드러난 모습과 그 사람의 진짜 모습이 정반대인 경우가 많다는 것이다.
- 태음인은 지극히 현실적이고 감각지향적인 체질이다. 이들은 눈에 보이지 않는 세계나 천당, 지옥은 없다고 생각하며, 눈에 보이는 현상세계, 오감으로 느껴지는 감각의 세계만이 실재요 전부라고 여긴다. 이처럼 현실지향적, 감각지향적, 물질지향적인 태음인들은 삶의 목적과 의미에 대한 태양인적 성찰이 절대적으로 필요하다. 그렇지 못하다면 그런 현세적인 성공을 거둔 태음인의 외양에 대한 사회의 부러움 섞인 시선은 있을지언정 그 인격에 대한 존경을 얻기는 힘들다.
- '배고픈 소크라테스가 되느냐, 아니면 배부른 돼지가 되느냐?' 이것은 태음인이 늘 고민하며 스스로를 채찍질해야 할 삶의 명제라 할 수 있다.

### (3) 소양인

① **심성**

- 소양인은 행동거지가 활발하고 몸가짐이 날랜 것이 민첩하여 답답해 보이지 않고 시원시원하여 일을 꾸미거나 추진을 잘하는 장기가 있으나, 일을 벌여 놓기만 하지 모으려고 하지를 않는 심욕에 빠지기 쉬운 체질이다.
- 집안일보다는 밖의 일에 치중하게 되어 외부에 관심이 쏠려 있고 내면은 상대적으

로 등한시하므로 내면에서 불안한 마음이 나오는데 이로 인하여 구심(懼心)이 생긴다. 이는 소양인의 항심이 되고 있다.

- 만약 밖에서만 일을 성취하려 하고 안을 다스리지 않는 것이 지나치게 되면, 기분에 따라 일을 하게 되어 편사한 마음(偏私之心)이 생기게 된다.

**② 사단으로 보는 관점, 오행 중 火**

- 소양인은 '인의예지(仁義禮智)' 사단 중에서 '예'를 우월기능으로, '인'을 열등기능으로 타고 난 체질이다. 우월 기능인 '예'의 속성은 과거의 경험을 세세하게 잘 기억하며 당연한 도리나 예의를 중시하는 것이다.
- 꾸준히 반복하는 일을 잘 하는 반면, 새로운 것을 판단하는 직관 기능은 취약하다.

**③ 성향**

- 불은 '밝다'는 것 말고도 '뜨겁다'는 속성이 있다. 세상을 밝게 비추지만 그것은 뜨겁고도 흥분된 에너지이기 때문이다. 쉽게 흥분하는 사람, 피가 끓는 열정의 소유자를 '불 같은 사람'이라고 하는 것도 같은 의미에서다.
- 성향은 한마디로 진취적이고 투쟁적이고 파격적이다.
- 이제마는 '소양인 기질의 장점은 강무에 있고 재주는 사무에 있다(少陽人 怯質 長於剛武而 材幹 能於事務).'고 했다. 소양인은 피 끓는 열정의 소유자로서 불의를 보면 참지 못하고 칼을 빼 들고 싸우는 투사다. 용맹스럽고 의리를 중시하며 강직한 성품을 지녔다.
- 소양인은 호기심이 많고 눈썰미가 발달했다. 데이트를 하면서도 다른 여자의 늘씬한 다리를 힐끔힐끔 쳐다보고, 길을 가다가도 재미난 일을 보면 아예 돗자리를 깔고 앉아 버린다. 이리저리 기웃거리다가 학교나 회사에 밥낮 지각하는 사람이 있다면 소양인으로 봐도 좋다. '강무(剛武)'란 소양인의 이런 성품을 이르는 말이다.
- 소양인은 '사무(事務)'에 능한데, 이는 다부지고 정확한 일 처리를 의미한다.
- 탱크주의식 추진력과 돌파력의 소유자이면서 자타가 공인하는 정의파에다가 의리의 사나이인 것이다. 또한 봉사정신도 많아 남의 일을 자기 일처럼 돌본다. 소양인은 신체적으로도 열이 많아 손발이 항상 뜨겁고 겨울에도 찬물을 벌컥벌컥 들이킨다.

- 열이 많은 음식을 먹으면 온몸에 두드러기가 나고 두통을 유발하기 쉽다.
- 소양인의 불 같은 성품은 소음인의 평화스런 기운과 조화되지 않으면 즉흥적인 행동과 감정표현으로 남에게 상처를 주기 쉽다. 소양인들은 싫고 좋은 것, 맺고 끊는 것이 분명하며 싫은 것은 곧 얼굴 표정에 나타나거나 욕지거리를 퍼붓는 식으로 표현되기 마련이다. '시어미 역정에 개 배때기 차듯' 화를 담아 두지 못하고 즉시 분풀이하는 타입이다.
- 소양인은 무엇보다 미숙한 감정 처리가 문제다. 밖에서는 의리의 사나이요 뛰어난 봉사정신으로 인기가 많을지 몰라도 집에서는 아내와 자녀들에게 따스한 감정 표현을 못하기 때문에 점수를 얻지 못한다.

④ **특성**

- 타오르는 불! 불은 로고스, 즉 인간의 정신을 진리로 인도하는 이성의 빛을 상징한다. '밝음'으로 상징되는 불의 속성은 인간에게 이성적인 사고력, 분석적인 추리력을 제공한다. 이런 불기운을 타고난 체질이 소양인이다.
- 이제마는 '소양인의 눈은 세회를 잘 살핀다(少陽之目 察於世會).'고 말했다. 여기서 '세회(世會)'란 우리 세상살이의 본질을 가리킨다.
- 외향적이고 낙천적인 기질을 가진 소양인은 이 험난한 삶의 현장에 기꺼이 뛰어들어 맨주먹 하나로 자기성취를 이루어 낸다. 소양인들은 모호한 추상적인 사유보다는 구체적이고 경험적인 현실에 관심이 많다.
- 논리적으로 따지고 드는 소양인의 청산유수 같은 달변 앞에서 사람들은 그저 혀만 내두를 뿐이다. 공직을 맡을 경우 소양인들은 냉철한 이성으로 공사(公私)를 확실히 구분하며 공명정대하게 일 처리를 한다.
- '좋은 게 좋은 것 아니냐'는 두리뭉실한 사고는 소양인에게 통하지 않는다. 때로는 불의와 타협하지 않고 강직하게 소신만을 앞세우다가 조직에서 불협화음을 일으킨 후 자진사퇴를 하기도 한다.
- 소양인의 냉철한 이성은 소음 기운에서 오는 풍부한 감수성과 균형을 잃을 경우 피도 눈물도 없는 원칙주의자가 되기 쉽다. 말은 논리적으로 하나도 틀린 게 없지만 때로는 차디찬 냉혈인간으로 비치기도 한다.
- 공(公)과 사(私)가 분명하기 때문에, 괜히 '사돈의 팔촌입네!' 하며 뒷배만 믿고 소양

인 사장을 찾아가 비비적거리다가는 냉수만 들이켜고 나오기 십상이다. '말이야 맞는 말이지만 어디 사람 사는 정이 그렇습니까?' 하고 매달려 봐야 소용없으니 순순히 돌아가는 게 좋다.

### ⑤ 장점

- 피 끓는 열정의 소유자다.
- 명랑한 낙천주의자다. '명약관화(明若觀火)'라는 말처럼 불에는 '투명하다.'는 속성이 있다. 소양인은 타고난 낙천주의자다.
- 사물을 볼 때 늘 긍정적인 면을 보고 적극적인 행동을 취한다.
- 소양인에게는 태음인의 '음흉함'이나 소음인의 '눈치' 또는 '이기적인 계산' 같은 게 별로 없다. 겉과 속이 다르지 않고 투명한 성격의 소유자들이다.
- 시원시원하고 소탈하며 명랑하다. 그래서 아무리 썰렁한 모임도 소양인의 밝음 앞에서는 견디지 못하고 이내 까르르 하며 웃음보를 터뜨린다.
- 타고난 재치와 위트, 유머감각이 소양인에게는 큰 재산이다.
- 첨단을 걷는 패션감각이 있다.
- 불에 대한 깊은 통찰력을 보인 사람은 고대 그리스의 헤라클레이토스다. 그는 우주의 근본을 '불'에서 찾았고, 불의 속성을 '끊임없는 변화와 운동성'이라고 했다. 우주는 불과 같이 끊임없는 생성과 변화를 반복한다는 것이다. 소양인은 이런 불기운을 타고나서 민첩한 순발력과 순간적인 재치, 위트가 있다. 운동신경이 발달한 데다가 머리 회전도 빨라 '똘똘이'나 '꾀돌이' 소리를 듣는다. 일을 맡기면 어느새 뚝딱 해치워 버리고, 남이 하나를 하느라 끙끙대고 있을 때 소양인은 거뜬히 두세 가지 일을 해낸다. 위기에 처했을 때 어느새 상황 판단을 끝내고 임기응변을 발휘하는 행동가가 바로 소양인들이다.

### ⑥ 단점

- 소양인은 아무 근거도 없이 '잘 될 거야! 뭐 잘 되겠지! 걱정도 팔자다. 뭘 그리 걱정이니?' 하는 식이다. 이런 태도에다가 단순하고 불같은 성격까지 덧붙여져서 사람이 왠지 가볍고 경박하다는 인상을 줄 수도 있다.
- 즉흥적인 감정 표현을 한다.

- 남의 시선은 아랑곳없이 초미니 스커트와 배꼽티로 거리의 유행을 창조하기도 한다. 멋 내기를 좋아하고 화려하고 섹시한 옷차림으로 자신의 깜찍하고 대담하고 개성 있는 감각을 유감없이 발휘한다. 하지만 이들에게 알뜰살뜰 절약하는 소음 기운이 부족할 경우 허영심으로 직결되기도 한다.
- 소양인은 자기과시의 경향이 크고 충동적인 성격인지라 백화점에 쇼핑 가서 이것저것 충동구매를 하다가 가계부를 들어먹기도 한다. 한마디로 밑 빠진 독에 물 붓기식이다. 변화를 좋아하고 쉽게 싫증을 내는 성격 때문이다.
- 소양인의 민첩한 순발력은 소음 기운에서 오는 신중함과 사려가 부족할 경우 좌충우돌 실수연발로 그치기 쉽다. 이들은 계획성이 부족한 데다 자신의 순발력과 재치만 믿고 일에 무턱 대고 덤벼들기 때문에 실수가 많다.
- 호기심이 많아 이 일 저 일 마구 벌여 놓지만 뒷심과 마무리 능력이 부족해 패배의 쓴 잔을 자주 맛본다. 그래도 의지력이 강해 실패에 연연해하지 않고 금방 훌훌 털고 다시 일어난다. 마치 오뚝이와도 같다.

### ⑦ 직업관

- 뜬구름 잡는 얘기보다는 명백하고도 논리적인 사실들의 상관관계를 밝히기를 좋아한다.
- 말로 한몫 하는 정당 대변인, 유능한 변호사, 군인, 경찰, 과학자들 가운데 이런 유형의 소양인이 많다.
- 눈썰미와 패션 감각이 발달해 인테리어와 의상 디자인, 그림 등에서 타고난 소질을 발휘한다.
- 소양인은 사무직보다는 영업, 취재와 발로 뛰고 몸으로 때우는 직업이나 신나고 스릴 있는 직업이 좋다.
- 봉사나 희생 정신을 필요로 하는 직업도 좋다.

### ⑧ 병증

- 소양인은 대변이 잘 통하면 건강한 상태로, 평소 대변보는 것이 순조롭다가도 몸이 불편하면 변비부터 나타난다면 소양인으로 판단할 수 있다. 그러므로 대변이 잘 통하지 않게 되면 질병이 나타날 가능성이 있는 대병의 상태이다. 만약 대변이 이삼

일만 소통하지 않아도 가슴속에서 답답함을 느끼고 고통스러워하면 중병의 상태로 이와 같이 화(火)와 열(熱)로 오는 화열병증(火熱病證)의 특징이 소양인 병증인 것이다.

- 소양인 잘 오는 질병
  - 불임증, 상습요통, 협심증
  - 관절염, 신장염
  - 주하증(注夏症: 여름 타는 병)
  - 방광염, 요도염
  - 디스크, 변비

**⑨ 체질에 맞는 음식**

- 소양인은 대체로 위장이 튼튼해 어떤 음식이든 소화는 잘 되지만, 배설이 잘 되지 않아 변비가 생겨 몸에 열이 상체로 올라가는 경우가 많다.
- 열이 많은 체질이기 때문에 찬 성질을 지닌 음식을 섭취하는 것이 좋다. 해열작용이 있는 보리가 몸에 잘 맞아 소양인에게 보리밥은 보약과 다를 바 없다.
- 육류는 돼지고기와 오리고기를 섭취하는 것이 좋다.
- 채소는 오이와 가지가 좋다.
- 과일은 딸기, 수박, 바나나, 파인애플이 좋다.

**⑩ 소양인에게 주는 어드바이스**

- 소양인은 4가지 체질 중 진단이 가장 쉬운 체질이다.
- 어깨와 가슴이 발달하고 엉덩이가 왜소해 역삼각형 체형을 이루는 경우가 많다. 기질적으로도 솔직담백하고 단순하며 투명한 성격이라 속이 훤히 들여다보인다.
- 대장부 기질을 타고났다. 남자뿐 아니라 여자도 체질이 소양인이라면 여장부로서 뭇 사내들을 휘어잡는 억센 성격의 소유자가 많다.
- 매사에 맺고 끊는 것이 분명하고 시원시원하며 골목대장의 기질이 있어 따르는 사람도 많다.
- 요즘 같은 세상에서는 소양인 기질이 출세하기 가장 무난한 것 같다. 특히 폭넓은 대인관계를 요구하는 분야, 즉 영업사원, 사업가, 정치인 등의 직업에서 두각을 나

타낸다.

- 사회의 각 분야를 이끌며 동분서주하는 사람들 가운데 소양인 체질이 꽤 많다. 하지만 이런 소양인 기질의 위대한 장점들이 간혹 치명적인 약점으로 나타나는 경우도 있다. 싫으면 싫고 좋으면 좋고, 맺고 끊는 것이 분명한 이들의 감정표현은 경우에 따라서는 애교로 봐줄 수 있지만, 불 같은 성격과 합쳐지면 잔인무도함이나 타협을 모르는 자기주장만을 낳기도 한다.
- 조직의 리더가 될 경우 이들의 즉흥적이고 자기중심적인 감정표현은 마음이 여린 사람들에게 상처를 안겨 주기도 한다.
- '왜 하는 짓이 늘 그 모양이야?' '맘에 안 들면 언제든지 나가라구! 언제나 뒷문은 활짝 열려 있으니까 말이야.' 정서적으로 메마르고 무감각한 기질의 소양인은 감정표현이 투박하고 서툴러서 언뜻 보면 친구도 많고 정도 많아 보이지만 실상은 깊은 정을 나눌 만한 친구 하나 없이 홀로 고독을 씹는 경우가 있다.
- 소양인의 문제는 박력 있는 자신의 모습에 스스로 도취해 사는 것이며 그러다 보니 남들이 자신을 쉽게 수용하지 못하는 면이 있음을 인정하지 못한다.

(4) 소음인

① **심성**

- 소음인은 유순하고 침착하여 마음 씀씀이가 세심하고 부드러우므로 어떤 일을 하더라도 미리 작은 구석까지 살펴 계획을 잘 하기 때문에 사람을 잘 모으는 재주가 있다.
- 집 안으로 돌아와 있으려고만 하고 밖으로 나서려고 하지 않는다. 즉, 외향적이지 않고 내성적 경향이 있다. 이런 내성적이고 소심한 성격 때문에 별일이 아닌데도 조바심을 내고 불안해한다. 항시 불안해하는 경향이 소음인에게는 있다.
- 소음인의 성격은 지나치면 안일함에 빠지기 쉬운데, 밀고 나가면 계획의 치밀함 때문에 크게 성취할 수도 있는 경우도 소극적인 성격으로 인해 적게 거두고 만다.
- 주위환경이나 조건이 열악해져서 어려운 경우, 이를 헤치고 나가기보다는 한없이 물러나 앉아 안일함에 빠져드는 경향이 소음인의 결함이라 할 수 있다(偸逸之心).

② **사단으로 보는 관점, 오행 중 水**

- 소음인은 '인의예지(仁義禮智)'라는 사단 중에 '지'를 우월기능으로, '의'를 열등기능으로 타고 난 체질이다. 이로 인해 소음인은 우월기능인 '지'의 속성으로 직접 경험해 보지 않은 것도 논리적으로 추론하여 결론을 얻는 사고능력이 뛰어나다.

③ **성향**

- 물은 수소 원자가 전기적 대칭을 이루는 양극성으로 인해 많은 물질을 용해시킨다. 물질에 스며들어 에센스를 녹여 내는 물의 힘은 인간에게 깊은 정서와 섬세한 감수성을 제공한다.
- 소음인은 이런 물 기운을 타고난 체질이다. 이제마는 '소음인의 입은 지방을 잘 살핀다(少陰之口 察於地方).'고 했다. 소음인의 성품은 가정적이고 사랑과 감정이 풍부해 거친 사회보다는 집안이나 친구 모임과 같은 개별적이고 사적인 공간에서 장점을 발휘한다. 이것을 '지방(地方)'이라 표현한 것이다.
- 소음인의 풍부한 감수성이 문학으로 표출되면 사람의 심금을 울리는 시와 소설이 된다.
- 소음인은 상대방의 마음을 깊이 헤아리고 분위기를 잘 맞추며 남을 배려할 줄 아는 사려 깊은 내면의 소유자다.
- 소음인의 풍부한 감수성은 소양 기운에서 오는 냉철한 이성이 모자랄 경우 나약한 감상으로 떨어지기 쉽다. 저 잎이 떨어지면 자신의 생명도 다할 것이라는 오-헨리 단편 「마지막 잎새」의 여주인공, 그리고 그 소설을 읽고 한없이 눈물 흘리는 감상주의자가 이런 유형의 소음인이다.
- 소음인이 이야기할 때는 '도둑놈 개 꾸짖듯' 간지럽게 속삭이며 말하곤 해서 귀를 쫑긋 세우고 듣지 않으면 알아듣기가 어렵다. 때론 뭔가 말을 해야 할 경우에도 말없이 빙긋 웃기만 해서 '꿈에 사위 본 듯' 몽롱하기만 하다. 소음인은 무엇보다 나르시시스트적인 자기애를 조심해야 한다.
- 물 기운을 타고난 소음인의 무의식 속에는 불안한 마음이 늘 깔려 있다. 모든 것이 걱정거리고 걱정할 것이 없으면 만들어서라도 하는 타입이다. 그래서 늘 무언가에 몰두한다. 한 푼 두 푼 돈을 모으는 것도 그 가운데 하나다. 그렇다고 큰돈을 한꺼번에 버는 사업가 체질은 아니다. '개미 메 나르듯' 조금씩 번 돈을 절약해서 개미탑

을 쌓는다.

- 소음인 여자는 알뜰살뜰하게 가계부 정리도 잘하고 씀씀이도 헤프지 않은 살림꾼이다.
- 콩나물 값도 잘 깎고 음식 솜씨도 좋은 현모양처 타입이다.
- '너 한 번 계산하면 나 한 번 계산하는' 식이다.
- 화가 나면 쉽게 화를 풀지도 못하고 끙끙거리며 오래도록 속앓이를 한다.

④ **특성**

- 물은 '바람'을 만나면 물보라가 치고, '불'을 만나면 수증기가 되어 사라지고, '흙'을 만나면 흐름이 막힌다. 이처럼 세상은 온통 물의 존재를 위협하는 요소로 가득 차 있다. 물 기운이 많은 소음인은 불안하고 의심이 가득 찬 눈으로 세상을 바라본다.
- 생존을 위해서인지 소음인은 눈치코치와 육감이 유난히 발달했다. 독심술을 따로 배우지 않아도 소음인은 사람의 속마음을 잘 헤아리고 분위기 파악을 잘한다.
- 앞뒤를 잘 더듬어 보고 정밀한 판단력으로 상황을 잘 분석한다. 하지만 눈치가 발달해 상황 파악에는 빠를지 몰라도 소양 기운에서 오는 낙천성이 부족할 경우 소음인들은 비관주의에 빠지기가 쉽다. 상황과 현실을 철저히 계산하면 할수록 결론은 부정적이고 비관적으로 내려지게 마련이다. 원래 밝은 성향인 데다가 단순하게 생각하는 소양인의 낙천성에 비해, 소음인은 별의별 계산과 생각을 다하고 온갖 경우의 수를 다 염두에 두기 때문에 철저한 비관론자가 되는 것이다.
- 타고난 눈치와 육감으로 세상을 살아가는 소음인의 처세는 자칫 기회주의자의 면모로 나타나기도 한다.
- 사람의 마음을 잘 헤아리고 남을 비행기 태우기도 하고 아부도 잘 한다.

⑤ **장점**

- 물은 일정한 형체가 없이 담기는 그릇에 따라 모양이 변한다. 네모난 그릇에 담기면 네모가 되고 동그란 그릇에 담기면 동그랗게 변하듯 물 기운을 타고난 소음인은 자기 색깔, 자기주장이 강하지 않고 '산에 가면 산새, 들에 가면 들새'처럼 운명과 처한 환경에 자신을 잘 맞춘다.
- 이제마는 '소음인 기질의 장점은 단중에 있고 재주는 당여에 있다(少陰人 怯質 長於

端重而 材幹 能於黨與).'고 했다. 소음인은 누구보다 단정하고 침착한 성격의 소유자인데, 이를 '단중(端重)'이라 한 것이다. 또한 소음인은 세상을 향한 두려움과 불안한 마음이 있는데, 이것을 극복하고자 무리를 지어 그 속에서 위로를 얻는다. 이를 '당여(黨與)'라 표현한 것이다. 하지만 소음인이 추구하는 '당여'는 태양인이 추구하는 '교우'와 달리 혈연, 지연, 학연을 위주로 하는 소아적(小我的)인 만남을 벗어나지 못하는 경우가 많다.

- 소음인은 다툼보다는 양보의 미덕을 발휘하는 천사표 사람들이며 수동적이고 겸손하고 착한 인상을 준다. 그래서 작은 교통 법규도 잘 지킨다.
- 『장자』에 '명경지수(明鏡止水)'라는 말이 나온다. 고요하고 맑은 마음의 경지를 비유한 말인데, 이것은 물 기운을 타고난 소음인에게 딱 맞는 말이다. 소음인은 평소에는 눈에 띄지 않다가도 위기를 만나면 빛을 발한다.
- 나서기를 좋아하다가도 정작 위기가 닥치면 우왕좌왕하는 소양인과 대조적이다.
- 소음인은 속이 깊고 푸근하여 어려운 지경에 처한 사람에게 좋은 상담자가 되곤 한다.
- 소음인은 안전한 길만을 좇으며 모험을 싫어한다. 주식투자 형보다는 은행저축 형이다.
- 실패할 경우를 대비해 이중 삼중으로 빠져나갈 구멍을 만들어 놓고 일을 시작한다.
- 무리수를 띄우기보다는 순리를 좇는다.

### ⑥ 단점

- 소음인의 착한 성품은 피 끓는 열정을 주는 소양 기운과 조화를 잃을 경우 생기 부족의 무기력한 사람이 되기 쉽다.
- 소음인은 소양인의 불기운이 부족해 몸이 냉하고 설사도 잘한다. 한여름에도 찬물 샤워는 꿈도 못 꾸고 발이 차서 실내에서조차 양말을 신고 다닌다. 비위가 약해 음식투정도 한다.
- 화끈한 박력이 부족해 쌈질도 못하고 좁쌀영감처럼 뒤에서만 구시렁구시렁한다.
- 소심하고 내성적이라 어쩌다 실패라도 하면 금방 의욕을 잃고 자포자기해 버린다. 이런 기질이 심해지면 말년에 신경쇠약, 강박신경증, 결벽증, 당뇨병으로 고생하기도 한다.

- 사려 깊은 소음인의 성품은 소양 기운에서 오는 민첩한 순발력이 부족할 경우 우유부단함으로 빠지곤 한다. 사려 깊음이 지나쳐 호기(好機)를 놓치기 쉽고 전진이 더디다.
- 사업을 해도 큰 사업은 못하고 조그만 구멍가게나 차릴 타입이다. 약삭빠른 소양인에게 늘 선수를 빼앗기고 자주 손해를 보기 때문에 소음인에게는 무의식중에 소양인을 경계하는 마음이 있다.

⑦ **직업관**

- 소음인은 머리가 총명하고 판단력이 빠르며 맡은 일은 빈틈없이 잘 처리하기 때문에 사무적인 일에 아주 적합하다. 또 정밀함과 계산능력이 요구되는 일을 잘 하고 변화가 별로 없는 환경이나 단조로운 일에도 싫증을 잘 내지 않는다.
- 사무원, 은행원, 통계원, 기술자, 학자, 교육가, 종교인, 의료인

⑧ **병증**

- 소음인은 음식 소화가 잘되면 건강한 상태로, 만일 소화가 잘 안 되거나 땀을 많이 흘리면 다른 질환으로 발전될 가능성이 있는 대병의 상태로 생각할 수 있다.
- 설사가 멎지 않아 아랫배가 마치 얼음장같이 차갑다면 소음인에게 있어서는 중한 병의 상태로 생각할 수 있다.
- 소음인 병증은 속이 냉한 위한병증(胃寒病證)이거나 땀이 너무 많아서 오는 하함병증(下陷病證)이 특징이다.
- 잘 오는 질병
  - 소화불량성 위염
  - 수족냉증, 차멀미
  - 위하수, 위산과다증
  - 더위 타는 병
  - 상습복통 등 급만성위장염
  - 추위 타는 병
  - 우울증, 각종 신경성 질환
  - 설사, 류머티즘, 저혈압

### ⑨ 체질에 맞은 음식

- 찬 음식을 먹으면 배가 아프거나 설사를 하는 것이 소음인의 특징으로 차가운 성질을 가진 음식을 피하는 것이 좋다. 따라서 따뜻한 음식으로 몸을 보양해야 한다.
- 육류 중에서는 닭고기가 잘 맞으며, 돼지고기는 맞지 않는다.
- 채소는 부추, 마늘, 고추, 양파 등 따뜻한 성질을 가진 것이 좋다.
- 과일은 사과, 토마토, 귤, 오렌지 등이 좋으며, 찬 성질인 수박과 포도는 피하는 것이 좋다.

### ⑩ 소음인에게 주는 어드바이스

- 소음인은 법 없이도 살 정도로 순박한 천성을 타고났으며 자기 일을 묵묵히 감당하는 성품을 지녔다.
- 기질이 내향적이어서 남의 앞에 나서거나 밖에 나다니는 것을 그리 좋아하지 않으며 가정과 학교, 혹은 직장 사이만을 시계추처럼 왔다 갔다 한다.
- 평범한 생활인, 알뜰한 가정주부 중에 이런 소음인이 많다.
- 요즘 같은 자기선전의 시대, 국제화·세계화의 시대에 사는 소음인들은 자칫 자신의 체질을 열등하게 여기며 자학하는 경우가 종종 있다. '나는 왜 이렇게 소심하고 내성적일까!' 하며 잘 나가는 소양인이나 태양인 친구들을 부러워하는 것이다.
- 체질 개선에 관심을 쏟으며 자신의 체질개조에 노력하는 것이 좋다.
- 소음인은 이처럼 자기 기질의 장점을 보지 못하고 남과 비교하며 자신을 한없이 왜소하게 여기는 경향이 있다. 삶의 열매에는 눈에 보이는 외적인 열매와 내면에 맺히는 열매, 두 가지가 있다. 소음인이 비록 남들의 눈에 띄는 빛나는 성과는 거두지 못하더라도 내적인 열매에서만큼은 다른 기질이 감히 넘볼 수 없다. 사랑이니 온유

니, 절제, 양보, 겸손과 같은 내면의 열매와 성숙한 인격을 갖추고 있다.

- 소음인은 자기 체질의 긍정적인 면을 인정하고 자신감을 갖고 적극적으로 험난한 삶을 대처해 나가는 것이 좋다.

# 과제

## 나의 사상체질 찾기

1. 나의 사상체질에 ✓ 체크 하세요.

- 태양인 ☐
- 태음인 ☐
- 소양인 ☐
- 소음인 ☐

2. 분야별 내용을 2~5줄로 자유롭게 작성하세요.

① 심성

② 성향

③ 특성

④ 장점

⑤ 단점

⑥ 병증

⑦ 음식

⑧ 어드바이스

## 제10장

# 자기 안에, 또 다른 나

남을 알려면 자기를 알라. 남을 사랑하려면 자기를 사랑하라.

– 노자

자기이해는 자신의 몸과 마음을 닦는 것에서 시작된다.

– 노자

동양고전에서 말하는 '자기 마음 안에는 무엇이 있는지' 살펴본다.

동양의 대표적인 성리학(性理學)은 우주만물의 질서와 인간의 심성을 철학적으로 탐구하는 학문이다. 우리나라에서는 이황(李滉)과 기대승(奇大升) 간의 논쟁 이후로 성혼(成渾)과 이이(李珥)의 논쟁을 거쳐 한 말에 이르기까지 조선의 주자학자로서 사단칠정에 대해 한마디 하지 않은 자가 거의 없을 정도로 한국 성리학 논쟁의 중요 쟁점이 되었다. 뿐만 아니라 사단칠정론에 존재론적 범주로 사용되던 이(理)와 기(氣)의 개념이 도입되고, 또 인심(人心)과 도심(道心)이라는 개념이 함께 논의됨으로써 그 논쟁이 한층 복잡하게 되었다.

이러한 훌륭하신 학자들의 많은 이론들이 나와 있으며 끊임없는 논쟁을 통해 발전되어 왔다. 본 책에서는 학파이론 분석의 중점보다는 이론을 종합하여 '마음 안의 자기이해와 자기마음의 발현'에 중점을 두었다. 성리학의 우주론, 이기론, 사단칠정론을 통해 자기 '마음 안에 무엇이 있는지' 그 마음이 '어떻게 표현되는 것인지'를 살펴보며 자기이해를 한다.

# 1. 우주론

## 1) 인간은 소우주

'인간은 소우주'라고 한다. 영국 천체물리학자 스티븐 호킹 박사의 빅뱅이론에 따르면 우주는 약 137억 년 전에 출현했다. 수많은 별들이 생기고 사라졌으며 우주 속 물질들이 모여 지구가 탄생했다. 영겁의 세월 동안 지구상에는 수많은 생명체가 나타났는데, 이에 비하면 인간의 생은 찰나에 불과하다. 광대한 우주의 시공간 속에서 인간은 실로 미미하고 하찮은 존재처럼 느껴질 수 있다. 하지만 인간의 DNA에 우주의 탄생과 역사가 담겨져 있다.

세계적인 생물학자인 미국 시카코대학교 교수 닐 슈빈(Neil Shubin)은 『DNA에서 우주를 만나다』에서 인간 DNA와 우주의 관계를 이론적으로 설명한다. 슈빈 교수는 2004년 인간 진화의 흔적인 물고기 화석 '틱타알릭(데본기 후기의 물고기류)'을 발견하여 전 세계 과학계의 주목을 받았던 탐험가이기도 하다. 그는 인간 세포 속에 담긴 우주의 기원을 추적하며 인간이 어떻게 형성됐는지 해답을 찾아 나간다. 슈빈 교수는 물리학자의 도움을 받아 원자를 쪼개고 방대한 은하계를 조사했다. 캐나다 북쪽, 그린란드와 북극, 아프리카 등의 장대한 산맥과 심해저 암석을 탐사하며 생물체의 DNA를 분석한다. 이를 통해 우주와 인간의 DNA의 구조가 흡사하다는 사실을 밝혀냈다. 그는 인간 세포는 우주와 끊임없이 상호작용하지만 인간의 뇌가 이를 의식하지 못할 뿐이라고 주장한다.

그림 10-1 우주와 인간

슈빈 교수는 천문학자 칼 세이건(Carl Sagan, 1934~1996)이 남긴 "우리가 보는 별빛은 오래전 화학반응으로 형성된 것"이라고 했다. 그는 "우주의 광대함을 생각할 때 우리 눈에 들어오는 별빛은 결코 인공 불빛이 아니다. 그것은 진정한 별빛이다. 우리 종이 태어나기 전에 때로는 우리 행성이 존재하기 이전의 시대에서 오는 먼 손님이다. 그 '시간 여행자'들은 매일 밤 별빛과 복사선을 새로운 방식으로 보고자 하는 이에게 과거를 재구성하는 요령을 알려 준다."고 했다. 우주 탄생에서부터 수십 억 년 전에 일어난 우주적 사건들이 어떻게 작은 인간 몸속에 담기게 됐는지 그 연관성을 학술적으로 규명한다.

슈빈 교수는 "우리의 몸은 우주의 변화와 지구의 격변 등 엄청난 대사건들의 흔적을 간직한 일종의 '타임캡슐'"이라고 강조한다. 특히 달의 공전 각도와 인간의 체내 시스템의 관계, 인간 신체 내부를 비롯한 지구상에 존재하는 물이 우주의 어느 공간에서 왔는지, 지구의 대기 변화와 인간 세포의 관계 등을 설명한다. 나선형 모양을 띤 DNA의 얼개가 태초 생성된 우주의 모양과 비슷하다는 주장은 인간이 소우주라는 명제에 보다 힘을 실어 준다.

1985년 하버드 스미소니언 센터의 존 후크라(John Huchra)와 마거릿 겔러(Margaret Geller)가 그동안 밝혀진 우주의 모든 별자리 데이터를 슈퍼컴퓨터에 입력시키면 사람 모양을 하고 있다고 발표했다. 즉, 사람의 모습을 그대로 확대하면 우주의 모습이 되는 것이다. 수마이크로미터 크기에 불과한 뇌 속의 신경과 수십 억 광년 우주는 그 모양이 꼭 닮았다. 그래서 '인간은 소우주'라고 한다.

동양에서는『동의보감』내경편 신형문 첫머리는 당대의 저명한 의학가인 손진인이 그려 놓은 신형장부도가 있다. 손진인이 말하기를 "사람은 하늘과 땅 사이에서 가장 고귀한 존재다. 머리가 둥근 것은 하늘을 본받았고 발이 모난 것은 땅을 본받은 것이다. 하늘에 사시(四時)가 있듯이 사람은 사지(四肢)가 있다. 하늘에 오행이 있듯이 사람에게는 오장이 있고 땅에 육기가 있듯이 인간은 육부가 있다.

하늘에 팔풍이 있듯이 사람에게는 여덟 관절이 있다. 하늘에 십이시가 있듯이 사람에게는 십이경맥이 있다. 하늘에는 일월이 있으며 사람에게는 두 눈이 있고 하늘에는 주야가 있으며 사람에게는 수면과 활동이 있다. 하늘에는 우뢰와 번개가 있듯이 사람에게는 기쁨과 분노의 감정이 있다."고 하였다. 지구에 산맥이 있듯이 인체에는 뼈가 있고, 들이 있듯이 살(피부)이 있고, 초목이 있듯이 털이 있다.

그리고 강물이 있듯이 핏줄이 있으며, 지표의 3분의 2가 바다이듯이 인체의 70%가 수분이고, 지구가 오대양 육대주로 구성되어 있듯이 인체도 오장육부로 구성되어 있다. 심지어 혈액의 무기질 성분은 바닷물 성분과 거의 같은 것으로 파악되고 있다. 때문에 나의 몸속에 부모의 유전정보가 있듯이 인간의 몸속에는 우주의 모든 비밀이 다 들어 있다는 것이다. 우리는 조상 대대로 그 집안의 핏줄이 어떠니, 뼈대가 있는 가문이니 하는 말들을 많이 써 왔다.

그리고 가끔 TV를 보다 보면 머리카락 한 올, 손톱 세포 하나로도 친자 확인을 하거나 미궁에 빠진 살인사건을 해결하기도 한다. 왜냐하면 나의 신경세포나 생식세포 하나하나가 나의 분신이기 때문에 나의 유전정보를 가지고 있듯이 인간은 대우주의 작은 분신이자 자식인 소우주이다. 이와 같이『동의보감』에서는 인간을 대자연에서 파생된 하나의 작은 우주(小宇宙)로 보았다. 인간이 대자연에서 홀로 떨어진 독립적 존재가 아니라 대자연 속의 일부라고 생각하였다.

그러나 우주 공간에 수억 조의 이름 모를 생명이 있지만 오직 인간만이 우주의 유전

인자(木·火·土·金·水의 5행 기운)를 골고루 균형 있게 받았다. 부모와 그 유전인자를 받은 자식이 서로 붕어빵이며 인간은 우주의 복사판이다. 이 때문에 동양에서는 인간을 소우주라 한다. 인간이 소우주이기 때문에 인간 몸을 연구하는 의술과 우주변화의 원리를 연구하는 역철학은 그 뿌리가 음양오행으로서 같다는 뜻이다.

인체를 하나의 소우주(小宇宙)라고 할 때 소우주는 대우주의 일부로서 대우주의 흐름과 밀접하게 연관되어 있다. 따라서 인간은 항상 대자연의 지배와 영향을 받는 것으로 인식했다. 동양에서는 자연(우주)과 사람은 하나라는 사고를 하였다. 이른바 천인합일(天人合一)이 그것의 표현이다. 하늘과 땅, 해와 달, 만물이 서로 조화를 이루며 음양오행(陰陽五行)의 법칙에 따라 순환하는 것으로 인식했다. 거기에 어떤 법칙이 있다고 믿었다.

그것이 바로 도(道)로 불리는 것이다. 그런 법칙을 어겨서 조화가 깨어질 때 혼란과 무질서를 일으키며 인간에 있어서 그것은 곧 병(病)으로 나타나게 된다. 하늘은 양(陽)이고 땅은 음(陰)이며, 빛은 양(陽)이고 어두움은 음(陰)이다. 남자는 양(陽)이고 여자는 음(陰)이다. 음양이 조화롭지 못할 때 인체에 병이 오는 것이다.

## 2) 우주의 이기론

우주는 무엇으로 만들어졌을까? 어떻게 생겼으며 어떻게 운동하는 것일까? 등등 현대과학에서는 어느 정도 밝혀져 있다. 동양에서의 우주론은 성리학의 기(氣)의 개념을 도입하여 우주론을 설명하였다. 처음으로 기의 개념을 도입하여 우주론을 설명하려 한 사람은 송나라의 장재다. 장재의 우주론에 의하면 우주는 기로 가득 차 있다. 우주는 기의 운동에 의해 만물이 생성과 소멸을 반복한다. 하늘은 기의 끊임없는 회전으로 고정된 실체가 아니라고 했다. 장재의 우주론을 계승하여 더욱 발전시킨 인물은 남송에 주자다. 주자는 장재의 기의 회전에 의한 우주론을 발전시켜, 우주의 구조뿐만 아니라 우주의 생성까지 설명할 수 있는 우주론을 만들었다.

주자의 설명에 따르면 우주는 처음에는 단순한 기의 회전에 지나지 않았다. "회전이 빨라지면서 여러 찌꺼기를 내놓았는데 이것이 가운데로 모여 땅이 만들어졌다. 가벼운 것들은 위로 올라가서 하늘이 되어 계속 회전하였고, 땅은 가운데에서 움직이지 않고 있다."라고 하였다. 또한 "일곱 별의 운행도 기의 운동을 통해서 설명하였다. 땅과의 거리에 따라서 기의 회전 속도에는 차이가 난다. 일곱 별은 각각 땅의 기운에 가까이 위치한다. 이들은 각각의 위치에서 다른 속도의 기에 따라서 움직이기 때문에 각각의 규칙적인 운동을 한다."라고 하여 주자의 우주론은 성리학적으로는 완성을 했지만 천문학자들에게는 별로 지지를 받지는 못하였다. 우리는 여기서 동양에서는 우주론을 기로 풀어간다는 것을 알 수 있다. 성리학의 우주론은 이기론이며, 우주만물은 리(理)와 기의 형태로 생겼다.

(1) 리(理)

리(理)는 이 세상 우주만물을 이루는 근본적인 원리다. 원리이기 때문에 형태도 없고 움직임도 없다. 그리하여 무형무위라고 한다. 형이상의 관점이다. 이기론 리의 어원적 의미는 조리, 법칙, 원리, 원칙, 본질, 생명의 원리 등을 의미할 뿐만 아니라 나아가서 제도, 규범, 형식 등 광범위한 의미를 지닌 개념이다. 무형무위의 원리상 나타나는 근본적인 특성이다. 또한 관념적이고, 리는 하나이고 모든 사물에 나뉘어져 있다.

리의 보편성은 그것이 모든 곳과 모든 사물에 있음을 가리키는 것이다. 보편성을 갖게 되는 이유는 리는 비록 하나이지만 기를 타게 되면 그 나뉨이 만 가지로 다르다. 그러므로 천지에서는 천지의 리가 되고, 만물에서는 만물의 리가 되며, 사람에게서는 사람의 리가 된다. 천하의 만사만물(萬事萬物)은 모두 리를 갖게 된다. 모든 사물과 사람에게는 하나의 리가 있으며, 리가 없는 사물이나 사람은 없다.

그렇지 않으면 사물이나 사람은 곧 그 근거할 바를 잃게 되며, 그 사물이나 사람이 되지 못한다. 리의 초월성은 리가 사물이나 사람에 의해 한정되지 않으며, 또한 어떤 하나의 구체적 형상에 구속되지 않음을 가리키는 것이다. 리의 본체는 사물에 있으면서 또 사물을 초월한다. 즉 리는 하나이고 서로 나뉘어서 통하고 있으며, 통하고 있다는 원리는 같지만 그 나타나는 모습은 다르다.

(2) 기(氣)

기는 원리를 담고 현상에 나타나는 조건이다. 조건은 형태를 갖고 있고 움직임이 있다. 이것을 유형유의라고 한다. 형이하의 관점이다. 기는 공기 등의 기체, 숨, 우주만물의 물질·정신적 구성요소나 현상, 생명현상, 힘, 에너지, 욕구, 욕망 등을 의미하는 폭넓은 개념의식이다. 기는 사물이지만 어떤 구체적인 사물은 아니다. 그래서 율곡은 "형이

하의 것은 자연의 기(氣)다."라고 하였다. 자연히 그러한 기는 아울러 외재적 요소나 목적의 지배를 받지 않는다.

기는 만물을 구성하는 것이며, 사물을 낳는 도구의 기능을 갖추고 있다. 이 질료가 모여서 생(生)하고 흩어져 사(死)하는, 즉 기의 취산(聚散)이 없다면 천지만물의 생멸(生滅)도 없게 된다. 취산과 생멸은 드러난 것이고, 기의 근거로서의 이는 감추어진 것이다.

바람과 구름이 일어나고, 우뢰와 번개가 일어나는 것은 리와 기가 아닌 것이 없다. 우뢰와 번개가 해와 달이 하늘에 걸려 있고, 비와 눈이 땅에 내리고, 바람과 구름이 일어나는 천차만별의 현상이 기다. 그 하늘에 걸리고, 땅에 내리고, 일어나게 되는 근거와 원인이 리다.

다시 말해 기는 유형유위(有形有爲)이고 형이하이며 실질적인 조건을 갖고 형상을 이루고 있는 물질이다. 현실에서 나타나 줄 수 있게 하는 조건의 모습이다. 통하는 원리는 하나이고 그것이 나누어지는 모습은 다르다. 리는 같지만 나타나는 모습은 다 다르다.

즉, '리와 기는 서로 섞이지 않는다(理氣不相雜).'고 했으며 '리와 기는 서로 분리되지 않는 것이다(理氣不相離).' 리와 기는 떨어지지도 않고 섞이지도 않으므로 하나이면서 둘이고 둘이면서 하나다. 따라서 이와 기는 붙어 있어야 작용을 할 수 있지만 개념상으로는 섞이는 것은 아니다.

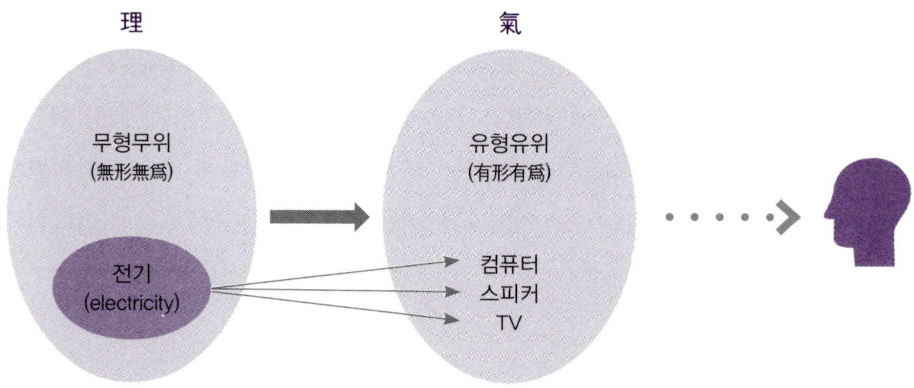


그림 10-2 리와 기의 불상잡(不相雜)과 불상리(不相離)

# 2. 심성론

## 1) 성(性)과 정(情)

마음은 어떻게 생겼을까? 마음속에는 무엇이 있을까? 인간 내면의 마음속을 탐구하는 학문이 심성론(心性論)이다. 인간의 마음은 성(性)과 정(情)으로 통하고 있다. 성이 발해서 정이된다. 성은 아직 발동하여 표현되지 않는 마음이 미발심(未發心)이고, 정은 이미 발동하여 표현되는 마음이 기발심(已發心)이다. 구체적 상황을 만나면 정이 드러난다.

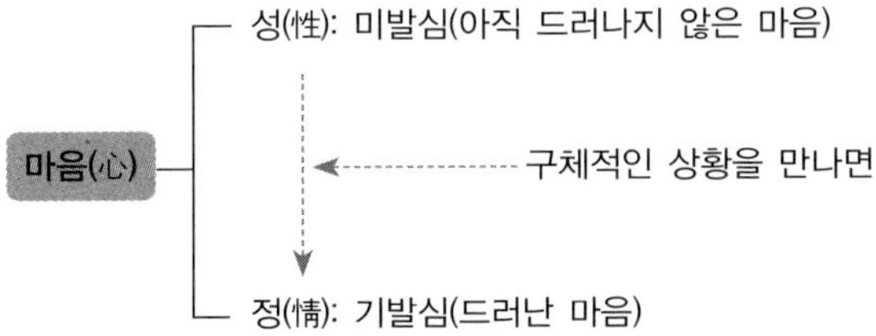


그림 10-3 미발심(未發心)과 기발심(已發心)

예를 들면, 길 가다가 돌에 걸려 넘어져서 다치는 상황을 보면 불쌍한 마음이 드러난다. 또한 할머니가 짐을 무겁게 들고 가시면 도와주고 싶은 마음이 드러난다.

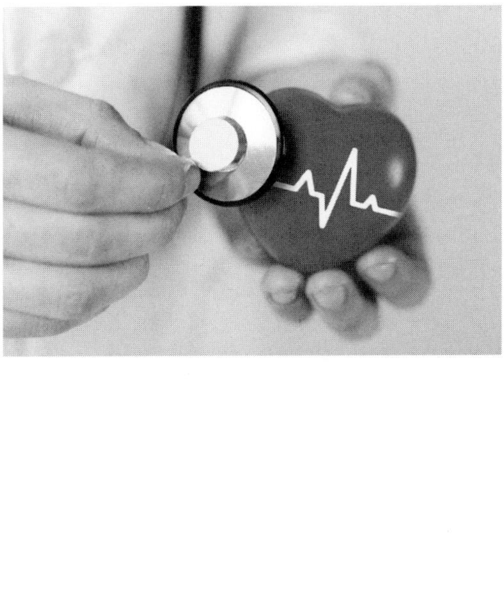

## 2) 본연지성(本然之性)과 기질지성(氣質之性)

### (1) 본연지성

성은 본연지성(本然之性)과 기질지성(氣質之性)으로 나누어진다. 본연지성의 '성(性)' 개념은 일차적으로 '자연적 경향성'을 의미한다. 거기에 도덕적 행위를 가능하게 하는 내재적 근거, 선, 당위 등의 개념을 결합시킴으로써 여러 가지 부수적 개념 장치들을 필요로 하게 된다. 인의예지(仁義禮智)는 인간의 본성이며 그것은 단지 이념에 그치는 것이 아니라 당위의 실현을 가능하게 하는 자연적 기초가 된다.

인간의 가장 본래적인 자연적 본성(本然之性)은 가치로 충만한 당위 그 자체다. 하지만 현실적으로 인간의 자연적 본성이 도덕적 선을 있는 그대로 실현해 내는 경우는 드물다. 바로 이 점에서 수양의 가능성과 필연성이 도출된다. 인간은 누구나 기질의 한계를 가지고 태어났지만 수양을 통해 그 한계성을 극복함으로써 자연적 본성과 당위가 아무런 모순 없이 완전히 통합된 성인의 경지에 이를 수 있고 또 이르러야만 한다는 것이다.

### (2) 기질지성(氣質之性)

기질지성은 순선(純善)의 본성과 그 불완전한 실현이라는 현실 사이를 매개하는 개념이다. 성에 따라서 다르게 나타나는 기질은 치우쳐서 나타나면 사물이 되고 치우치지 않고 통하여 나타나는 기는 인간이 된다. 그 인간이 맑은 기질을 갖고 있으면 성인이 되고 탁한 기질을 갖고 있으면 보통 사람이 되는 것이다. 따라서 탁한 기질을 맑은 기질로 바꾸는 수련을 수양이라고 한다.

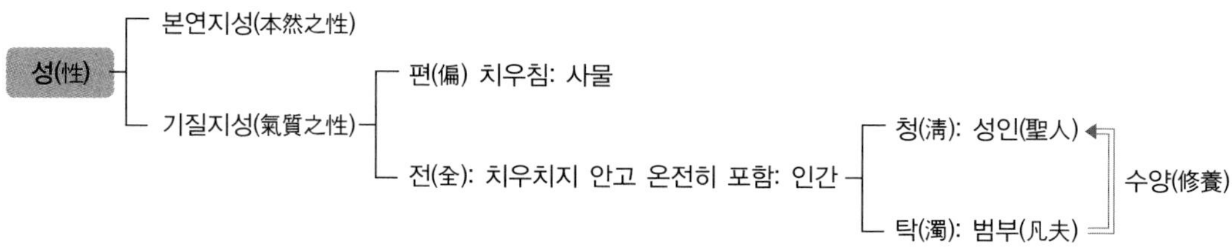


그림 10-4 본연지성(本然之性)과 기질지성(氣質之性)

### (3) 사단(四端)과 칠정(七情)

사단은 인간의 네 가지 본성에서 우러나오는 마음이며, 칠정은 일곱 가지 감정이다. 사단은 리가 발한 것이고, 칠정은 기가 발한 것이다. 사단은 순선(純善)한 것이며 칠정은 선(善)과 악(惡)이 내재되어 있다. 사단은 도심(道心)을 말하며 칠정은 인심(人心)을 말한다.

사단은 측은지심(惻隱之心)·수오지심(羞惡之心)·사양지심(辭讓之心)·시비지심(是非之心)의 네 가지 마음으로서 각각 인(仁)·의(義)·예(禮)·지(智)의 착한 본성에서 발로되어 나오는 감정이다. 그러므로 단서라고 이름 붙였는데, 단(端)이라 함은 선(善)이 발생할 가능성을 가진 시초를 말하는 것이다. 이것은 맹자의 용어로서 『맹자』의 공손추편(公孫丑篇)에 나온다.

**표 10-1 사단의 발현**

| |
|---|
| **측은지심** - 타인의 불행을 아파 하는 마음 |
| **수오지심** - 부끄럽게 여기고 수치스럽게 여기는 마음 |
| **사양지심** - 타인에게 양보하는 마음 |
| **시비지심** - 선악과 시비를 판별하는 마음 |

⬇ --- 사단이 없이 발현되면

| |
|---|
| **측은지심** (없으면) → 타인의 불행을 나의 행복이라 생각하는 마음 |
| **수오지심** (없으면) → 부끄러운 일을 해도 수치심은 느끼지 못하는 마음 |
| **사양지심** (없으면) → 타인의 배려보다는 나의 이익을 우선하는 마음 |
| **시비지심** (없으면) → 옳고 그름을 판단하지 못하는 마음 |

사단은 모든 사람이 다 가지고 있는 것으로 일종의 선천적인 도덕적 능력이다. 그러므로 맹자는 이것을 확충함으로써 인·의·예·지의 덕을 실현할 수 있다고 하였다. 예를 들면, 측은지심의 경우 어린아이가 우물에 빠지려고 할 때 누구나 아무 조건 없이 그 아이를 끌어안고 구하려는 마음이 순수하게 발로되는 것을 볼 수 있다. 이와 같이 인간의 소박한 자발적인 행위를 보면 인간의 본성이 착하다는 것을 알 수 있다는 것이다. 이 사단설은 맹자 성선설(性善說)의 근본으로서 인간의 도덕적 주체 내지 도덕적 규범의 근거를 이루고 있다.

칠정은 『예기』 예운편(禮運篇)에 잘 나와 있다. 칠정은 중국 고대에서 오래전부터 있던 사상으로서 인간이 외부 사물에 접하면 여러 가지 정으로 표현되는 심리 현상을 말한다. 칠정은 희(喜)·노(怒)·애(哀)·락(樂)·애(愛)·오(惡)·욕(欲)의 일곱 가지 감정이다.

칠정은 배우지 않아도 아는 것이라 한다.

**표 10-2 칠정이 악으로 발현**

| 칠정 |
|---|
| 희(喜) - 기쁨 |
| 노(怒) - 노여움, 분노 |
| 애(哀) - 슬픔 |
| 락(樂) - 즐거움 |
| 애(愛) - 사랑 |
| 오(惡) - 미움 |
| 욕(欲) - 욕망 |

⬇ --- 칠정이 악(惡)으로 발현될 때

| 칠정이 악(惡)으로 발현될 때 |
|---|
| 희(喜) - 기쁨 → 평소에 미워하던 학생이 불합격되면 은근히 기쁘다. |
| 노(怒) - 노여움, 분노 → 내 말이 상대에게 안 받아들여질 때 화가 난다. |
| 애(哀) - 슬픔 → 남이 잘 되면 배가 아프다. |
| 락(樂) - 즐거움 → 싫어하는 친구의 고통을 보면 즐겁다. |
| 애(愛) - 사랑 → 집착을 사랑으로 착각한다. |
| 오(惡) - 미움 → 미운 마음을 행동으로 옮긴다. |
| 욕(欲) - 욕망 → 절제하는 자제력을 잃어버린다. |

**표 10-3 칠정이 선으로 발현**

| 칠정 |
|---|
| 희(喜) - 기쁨 |
| 노(怒) - 노여움, 분노 |
| 애(哀) - 슬픔 |
| 락(樂) - 즐거움 |
| 애(愛) - 사랑 |
| 오(惡) - 미움 |
| 욕(欲) - 욕망 |

⬇ --- 칠정이 선(善)으로 발현될 때

| 칠정이 선(善)으로 발현될 때 |
|---|
| 희(喜) - 기쁨 → 배려와 희생을 통한 기쁜 마음 |
| 노(怒) - 노여움, 분노 → 불의를 보고 분노하는 마음 |
| 애(哀) - 슬픔 → 타인의 불행을 보고 애석해하는 마음 |
| 락(樂) - 즐거움 → 타인의 행복을 보고 즐거워하는 마음 |
| 애(愛) - 사랑 → 조건 없는 희생 |
| 오(惡) - 미움 → 나의 잘못을 용납하지 못하는 마음 |
| 욕(欲) - 욕망 → 나누기 위한 성취욕 |

### (4) 인심(人心)과 도심(道心)

인심은 본능적 욕구이며, 도심은 도덕적인 순수의욕이라고 말할 수 있다. 인심은 악한 것은 아니지만 자칫하면 악을 범할 위험성이 농후하며, 이에 비하여 도심은 매우 은미하며 도덕적 수양으로서 올바른 기준이 정립된다.

자기의 어버이에게 효도하고 싶어 하는 것과 자기의 임금에게 충성하고 싶어 하는 것과, 어린아이가 우물에 빠지는 것을 보면 측은한 마음이 들고, 옳지 않은 것을 보면 미워하고 부끄러워하며, 종묘를 지나면 공경하는 마음을 갖는 것과 같은 것들이 여기에 해당하며, 이것을 곧 도심(道心)이라 이른다.

또 이목구비와 몸을 위해서 발현되는 것이 있으니, 배고프면 먹으려고 하고, 추우면 입으려고 하고, 수고로우면 쉬고 싶어 하고, 정력이 성하면 남녀 관계를 생각하는 것과 같은 것들이 여기에 해당하며, 이것을 곧 인심(人心)이라고 이른다.

도심은 순수한 하늘의 이치이기 때문에 착함은 있지만 악함은 없고, 인심은 천리가 있고 사람의 욕심이 있기 때문에 착함도 있고 악함도 있다. 예를 들면, 마땅히 먹어야 할 때 먹는 것과, 옷을 마땅히 입어야 할 때 입는 것은 성현도 면치 못하는 것이니, 이것이 하늘의 이치다. 그렇지 않고 식욕과 여색의 탐욕으로 인해 악행을 하는 것은 사람의 욕심이다. 그러므로 도심은 단지 지키면 되는 것이지만, 인심은 사람의 욕심으로 흐르기 쉽기 때문에, 비록 착하다 하더라도 또한 위태한 것이다.

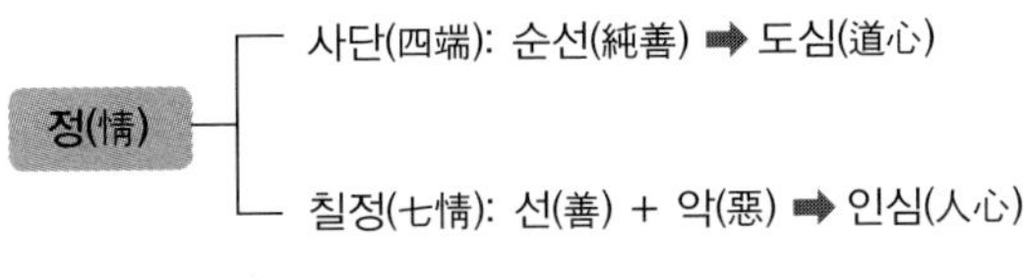


**그림 10-5 사단(四端)과 칠정(七情), 인심(人心)과 도심(道心)**

칠정(七情)이 선(善)으로 가면 칠성(七情)이 된다. 순선(純善)한
사단(四端)은 도심(道心)이 되고 선(善)과 악(惡)이 내재된 칠정(七情)은 인심(人心)이 된다.

## 3. 수양론

"인심은 오직 위태롭기만 하고 도심은 오직 미약하기만 하니, 정성을 다하여 하나로 하여야 진실로 그 중심을 잡을 수 있다네."라는 말은 『서경』에서 순임금이 제위를 이어받을 우임금에게 전한 조언이다.

사단(四端)은 바로 도심이요, 칠정(七情)은 인심과 도심을 합하여 말한 것이다. 즉, 인심과 도심은 마음을 통칭하며 상대적으로 이름을 지었기 때문에 인심과 도심처럼 양변으로 나눌 수 있는 것이지만 칠정은 사단을 포함하고 있기 때문에 인심과 도심처럼 나눌 수 없다는 것이다.

인심과 도심을 그 근원에 있어서는 하나로 파악하고 있다. 도심이 나타나는 모습은 마치 불이 처음 타는 것과 같고, 샘이 처음 솟아 나오는 것과 같아서 순간적으로 식별하기가 어렵기 때문에 미묘하다고 한 것이다. 그리고 인심이 나타나는 모습은 마치 매가 끈을 풀어 버린 것과 같고, 말이 굴레를 벗어난 것과 같아서 매가 세차게 날고 말이 거칠게 뛰는 것을 통제하기가 어렵기 때문에 위태롭다고 한 것이다.

앞에서 언급한 것과 같이 율곡이 밝히는 도심의 의미는 정(情)이 도의(道義)를 위하여 외부로 나타나는데 그것은 부모에게 효도하려 하고 국가에 충성하려 하고, 어린아이가 우물에 빠지는 것을 보고 측은한 마음이 저절로 우러나오며, 옳지 않은 것을 보았을 때에 미워하는 마음이 우러나오고, 종묘(宗廟)를 지나갈 때에 공경하는 마음이 우러나오는 것과 같은 경우들이다. 바로 이러한 마음을 도심(道心)이라고 한 것이다.

율곡이 말한 인심의 의미는 배가 고플 때에 먹고 싶어 하고, 추울 때에 옷을 입고 싶어 하는 것이다. 인심과 도심은 모두 기의 발현인 것이다. 기가 본연의 리에 순응하면, 기 또한 본연의 기인 것이다. 그러므로 리가 그 본연의 기를 타서 도심이 되는 것이다. 기가 본연의 리에 순응하지 않고 변하면, 본연의 기도 순응하지 않고 변하는 것이다. 그러므로 리도 역시 그 변한 기를 타서 인심이 되어 지나치기도 하고 미치지 못하기도 하는 것이다.

도심은 순수해서 천리(天理)인 까닭에 선은 있어도 악은 없는 것이다. 인심에는 천리도 있고 인욕도 있으므로 선도 있고 악도 있는 것이다. 예를 들면, 마땅히 음식을 먹어야 할 경우에 먹고, 마땅히 옷을 입어야 할 경우에 옷을 입는 것은 성현(聖賢)이라 하더라도

하지 않을 수 없는 것이니, 이러한 것은 천리(天理)인 것이다. 식(食)과 색(色)의 생각에만 젖게 되면 악을 범하게 되는 것이니, 이러한 것은 곧 인욕인 것이다.

인간은 모두 본성과 각자의 특성을 지니고 있다. 마음의 지각이 인간 각자의 주변에서 일어나는 추위, 더위, 배고픔, 괴로움, 편함, 좋아함, 미워함 등과 관련하여 나타나는 것이 인심이다. 이러한 인심이 처음에는 불선(不善)이 아니지만 인욕에 빠지기 쉬우므로 위태롭다고 한 것이다. 마음의 지각이 인의예지(仁義禮智)인 본성을 근원으로 하여 바로 나타나는 것을 도심이라고 한다. 그런데 이 도심은 불선이 없는 것이므로 확대하기에 힘써야 할 것이나 미묘(精微)하다고 한 것은 보기가 어려워서 미묘하다고 한 것이다.

따라서 자신을 포함하여 세계의 참모습에 대해 밝게 알아야 하는 것을 '격물치지(格物致知)'라고 하고, 양심을 보존하고 본성을 함양하여 나쁜 마음이 스며들지 않도록 잘 살펴서 단호하게 물리쳐야 하는 것을 '존양성찰(存養省察)'이라고 하고 천리의 순선한 본성을 보존하고 인욕을 극복하는 것을 '존천리거인욕(存天理去人欲)'이라 한다.

그림 10-6 칠정(七情)과 칠성(七性)

[그림 10-6]에서 보듯이 악에 물들어서 발현하는 칠정과 선에 물들어서 발현하는 칠성을 표현하였다. 무엇을 생각하고 무엇을 하든지 우리는 마음을 발현하고 살고 있다. 그러므로 마음을 다스리는 사람이 하나의 생각이 발현될 때 그것이 도심임을 알면 그것을 확충시키고, 그것이 인심임을 알면 정밀하게 살펴서, 반드시 도심으로 변화하여, 인심이 항상 도심의 명령을 듣도록 하면, 인심이 도심이 될 것이며 칠성으로 발현되어 아름다워질 것이다.

결론은 "인심이 늘 도심의 명령을 듣게 하라."라는 주자의 말과 같다. 이처럼 자기 마음 안에서 일어나는 칠정의 소리를 잘 듣고 선으로 도심에 입각하여 칠성으로 발현했는지, 아니면 악으로 인심에 입각하여 칠정으로 발현했는지를 생각하여 자기이해를 하고 언행을 하면 칠정을 잘 관리하는 것이다.

제11장

# 음양오행설 사유의 자기이해

내면을 알아야 자연을 알 수 있고, 자연을 알아야 우주를 알 수 있다.

– 주자

자아 발견은 일상과 사소한 것 속에서도 찾을 수 있다.

– 장자

# 1. 음양오행설의 관점

## 1) 사주명리학의 개념

자기를 이해하는 데 가장 훌륭한 도구가 성격과 심리다. 『손자병법』에 '적을 알고 나를 알면 백 번 싸워도 위태롭지 않다.'는 말이 있다. 삶과 죽음이 찰나의 순간에 엇갈리는 전쟁에서조차 상대를 알고 자신을 알면 매번 유리하다고 하는데, 하물며 매일매일 반복되는 대인관계에서 자기 자신과 타인의 성격과 심리를 그리고 성격상 장점과 단점을 확실하게 인식하고 있다면 어떠하겠는가? 그렇다면 스스로의 인생을 설계하는 데 도움이 될 뿐만 아니라 다른 사람을 이해하는 데 시행착오를 줄일 수 있고, 성공적인 대인관계를 이끌어 나갈 수 있다.

동양고전에서 자기의 성격과 심리를 가장 잘 이해할 수 있는 분야는 명리학이다. 명리학의 여러 분야 중에서 음양오행이론을 가장 잘 활용할 수 있는 분야는 사주명리학이다. 이에 사주명리학의 개념과 역사를 살펴본 뒤 사주명리학으로 본인 각자의 심리를 검사한다.

사주명리학은 한국과 중국 등 동아시아에서 전통적인 동양의 철학적 학문 중의 하나다. 태어난 날짜와 시간, 그리고 태어난 장소의 천문 현상을 기준으로 개인의 운명과 인생을 예측하는 학문으로 사람의 성격, 능력, 운명, 결혼, 건강, 사업 등의 길흉화복(吉凶禰福)을 예측하여, 좋은 것은 취하고, 좋지 않는 것은 피한다는 삶의 길을 알려 주는 방법론이다.

그림 11-1 비존재 세계와 존재 세계

[그림 11-1]에서 가운데 잉태를 기준으로 왼쪽을 보면 인간이 태어나지 않아 존재하지 않은 시기를 비존재 세계라고 하고, 아직 나타나지 않은 혼돈의 영역이 된다. 이러한 비존재 세계는 인간이 인식하기 이전의 세계다. 또한 가운데 잉태를 기준으로 우리가 출생하여 보이는 시기를 존재 세계라고 하며, 출생 후 행위하며 살아가는 영역이 된다. 이러한 존재 세계를 인간이 인식 하는 세계다.

엄마 배 속에서 태아가 10달 뒤에 출생하게 되는데, 동양 학문의 관점으로는 엄마 배 속의 태아를 생명체로 보기 때문에 10달 후에 출생을 한 살이라고 한다. 이러한 인간이 출생한 시각, 즉 출생연도, 출생월, 출생일, 출생시를 자연의 순환의 이치로 그 사람의 인생이 흘러가는 성향을 분석하는 학문이 명리학이다. 명리학은 자연의 순환을 연구하여 인격화한 학문이라 할 수 있다. 우리는 태어나면 이름을 짓고, 그 이름으로 불린다. 다음은 노자의『도덕경(道德經)』제1장에 나오는 글이다.

> 도라고 말하는 것은 도가 아니며, 이름이 지어진 것은 영원한 이름이 아니다.

여기서 말하는 도는 만물을 인간과 포함하여 만물의 이치라고 이해하면, 생겨나기 전에는 이름이 없고, 만물이 생겨나니 이름이 있게 된다는 것이다. 원래는 이름이 없었는데 태어나니 이름이 생겨나서 영원하지 않다는 것이다. 만물은 그 이치를 통하여 나오고, 존재하여 쓰임으로서 이름을 지어 불리게 된다.

아기가 탄생하면 부모님이 이름을 지어 준다. 이름의 의미를 부여하여 그렇게 살아라 하며 이름을 준다. 그 이름이 영원한 것이 아니라 태어나서 그 이름으로 불리며 이름을 작성하여 불리는 순간부터 그 이름의 뜻으로 살아가라고 의미를 부여하게 된다. 즉, 존재만으로 보다는 쓰임으로 이름이 지어지고 불리게 되는 것이다. 마찬가지로 아기가 태

어나는 순간 그 공간과 그 시간의 에너지 작용으로 행위하며 살아가는 것이다. 다음은 『장자(莊子)』의 말이다.

> 사람이 태어나는 것은 '기(氣)'가 모이기 때문이다.

장자는 사람이 태어나는 것은 기가 모이기 때문이라고 했는데, 여기서 기는 여러 가지 의미가 있지만, 여기서는 보이지 않는 에너지라고 보면, 에너지가 뭉쳐서 사람이 되는 것이고, 그 에너지는 동양 학문에서 두 가지 기운이라고 본다. 그 두 가지 기운은 음기와 양기다. 즉, 음양이 두 가지 기운이 뭉쳐서 사람이 되었다는 것이다. 다음은 『회남자(淮南子)』의 「천문훈(天文訓)」에 나온 글이다.

> 천지의 정기(精氣)가 쌓여서 나온 것이 음양이고, 음양의 정기에서 나온 것이 사계절이다. 이러한 사계절의 정기에서 나온 것이 만물이다.

> 음양이 조화를 이루면 만물을 낳는다.

이러한 만물은 인간을 포함한다. 자기를 이해하는 여러 방법 중 만물이 자연적으로 흐르는 순환의 이치를 이해하면 된다. 이러한 자연의 이치를 담아 인간을 이해하려는 학문이 음양오행설로 이루어진 사주명리학이다.

## 2) 사주명리학의 기원

사주명리학의 기원은 청대(淸代)의 『자평팔자사언집액(子平八字四言集腋)』에 '명리학(命理學)의 기원(起源)은 주(周)나라의 낙녹자(珞祿子)와 귀곡자(鬼谷子)다.'라고 명시되어 있다. 일반적으로는 춘추전국시대(春秋戰國時代)에 『낙녹자삼명소식부』를 쓴 낙녹자와 『귀곡자(鬼谷子』를 쓴 귀곡자로 알려져 있다. 주나라(周, BC 1046~BC 256)는 호경(鎬京, 지금의 서안)을 수도로 한 서주(西周)와 낙읍(洛邑, 지금의 낙양)을 수도로 한 동주(東周)로 나누는데, 춘추전국시대는 동주와 시대를 같이했다고 보면 된다.

이렇게 비록 이름은 달리하지만 동시대를 말하고 있으므로, 명리학의 기원은 지금으로부터 약 2,300여 년 전의 인물인 낙녹자와 귀곡자라고 할 수 있다. 우리나라의 사주명리학에 관한 최초의 기록은 『조선왕조실록(朝鮮王朝實錄)』에 실려 있는 태종의 탄생과 관련된 대목으로 태종 원년 1401년에 기록된 내용으로 보아 고려 말에 들어온 것으로 추정된다.

『조선왕조실록』에 따르면 명리학과 직접 관련이 있는 과거 제도는 태조 원년인 1392년 잡과(雜科)에 음양과(陰陽科)가 편성되면서부터다. 정9품의 명과학 훈도(命課學 訓導) 2명을 두어 명리학에 관한 학문을 가르쳐 합격자를 관상감의 관리로 배속했다는 기록이 남아 있다. 음양과(陰陽科)는 1474년(성종 5년) 일시적으로 빠졌다가 1865년(고종 2년) 폐지될 때까지 조선왕조 300여 년 동안 그 명맥을 유지했었다고 한다.

## 2. 음양오행으로 보는 자기이해

### 1) 음양으로 보는 자기이해

다음 표는 1장에서 다루었던 음양의 성향 심리표다. 여러분들이 음의 성향이 많은지 또는 양의 성향이 많은지 체크해 보기 바란다.

먼저 사주에서 음양을 찾아 특성을 학습하며 자기이해를 하고자 한다.

#### 자기의 사주를 찾는 방법

① 핸드폰에 '만세력' 애플리케이션을 다운받는다(만세력 앱이면 다 가능하다).

② 만세력 검색창에 나의 생년월일시를 입력한다(태어난 시(時)를 모르면 '아기수첩'을 참고하고, 아기수첩 기록이 없으면 임의로 선택한다).

③ 남, 여 / 양, 음을 체크한다.

④ 사주보기를 클릭한다.

⑤ 양력, 음력 생일과 나이 다시 확인한다.

**예시 (1)** 김하늘, 여자, 양력, 2005년 5월 1일 오전 12시 30분 탄생

| 생일 | 시 | 일 | 월 | 년 |
|---|---|---|---|---|
| 천간 | 壬 | 乙 | 庚 | 乙 |
| 지지 | 午 | 酉 | 辰 | 酉 |

**예시 (2)** 이민우, 남자, 양력, 2003년 12월 24일 오후 11시 25분 탄생

오후 11시는 +12 하여 23시로 계산한다. 23시 25분 탄생

| 생일 | 시 | 일 | 월 | 년 |
|---|---|---|---|---|
| 천간 | 己 | 辛 | 甲 | 癸 |
| 지지 | 亥 | 未 | 子 | 未 |

**사주가 나왔으면 음양을 기입한다. 음양은 아래 표를 참고하여 기입한다.**

| 천간 | 甲 | 乙 | 丙 | 丁 | 戊 | 己 | 庚 | 辛 | 壬 | 癸 |
|---|---|---|---|---|---|---|---|---|---|---|
| 발음 | 갑 | 을 | 병 | 정 | 무 | 기 | 경 | 신 | 임 | 계 |
| 음양 | 양 | 음 | 양 | 음 | 양 | 음 | 양 | 음 | 양 | 음 |

아래에 색칠한 부분의 사(巳), 오(午), 해(亥), 자(子)는 음양을 잘 보고 기입한다.

**음, 양으로 보는 자기이해 찾기 방법**

| 지지 | 寅 | 卯 | 辰 | 巳 | 午 | 未 | 申 | 酉 | 戌 | 亥 | 子 | 丑 |
|---|---|---|---|---|---|---|---|---|---|---|---|---|
| 발음 | 인 | 묘 | 진 | 사 | 오 | 미 | 신 | 유 | 술 | 해 | 자 | 축 |
| 음양 | 양 | 음 | 양 | 양 | 음 | 음 | 양 | 음 | 양 | 양 | 음 | 음 |

① 만세력에서 사주 뽑기

② 음양을 기입

③ 음양의 총 개수를 기입

④ 개수가 많은 쪽으로 음양을 선택

⑤ 표를 참조하여 임의로 5개를 뽑아 문장을 완성

**표 11-1** 음, 양 성향의 심리

| 음 성향의 심리 | 양 성향의 심리 |
|---|---|
| 배려 심리 | 돌파하는 심리 |
| 포용적 심리 | 통설적 심리 |
| 의지적 심리 | 통계적 심리 |
| 피동적 | 능동적 |
| 수축감 | 자신감 |
| 소극적 | 적극적 |
| 보수 | 진보 |
| 약자 | 강자 |
| 증오 | 사랑 |
| 인내적 | 도급적 |
| 느림 | 빠름 |
| 방어적 | 공격적 |
| 배타성 | 수용성 |
| 침묵 | 표현 |
| 냉소적 | 희망적 |
| 우울 | 명랑 |
| 현실 지향적 | 미래 지향적 |
| 안정 | 모험 |
| 내향 | 외향 |
| 생각 | 행동 |
| 수축 | 팽창 |
| 참모적 | 대상적 |
| 준비형 | 실전형 |

**예시)** 김하늘

① 만세력에서 사주 뽑기

| 생일 | 시 | 일 | 월 | 년 |
|---|---|---|---|---|
| **천간** | 壬 | 乙 | 庚 | 乙 |
| **지지** | 午 | 酉 | 辰 | 酉 |

② 음양을 기입

| 생일 | 시 | 일 | 월 | 년 |
|---|---|---|---|---|
| 천간 | 壬 | 乙 | 庚 | 乙 |
| 음양 | 양 | 음 | 양 | 음 |
| 지지 | 午 | 酉 | 辰 | 酉 |
| 음양 | 음 | 음 | 양 | 음 |

③ 음양의 총 개수를 기입

음: 5개, 양: 3개

④ 개수가 많은 쪽으로 음양을 선택

음의 성향

⑤ 표를 참조하여 문장을 완성

결론: 김하늘 씨는 소극적이나 인내심이 있고 생각이 많고 내향적이며 현실 지향적인 경향이다. 음의 성향도 있으면서 양의 성향으로 기운다.

**예시)** 이민우

① 만세력에서 사주 뽑기

| 생일 | 시 | 일 | 월 | 년 |
|---|---|---|---|---|
| 천간 | 己 | 辛 | 甲 | 癸 |
| 지지 | 亥 | 未 | 子 | 未 |

② 음양을 기입

| 생일 | 시 | 일 | 월 | 년 |
|---|---|---|---|---|
| 천간 | 己 | 辛 | 甲 | 癸 |
| 음양 | 음 | 음 | 양 | 음 |
| 지지 | 亥 | 未 | 子 | 未 |
| 음양 | 양 | 음 | 음 | 음 |

③ 음양의 총 개수를 기입

음: 6개,  양: 2개

④ 개수가 많은 쪽으로 음양을 선택

음의 성향

⑤ 표를 참조하여 문장을 완성

이민우 씨는 음이 압도적으로 많으므로 침묵을 좋아하고 방어적이며 때로 우울하기도 하고 생각이 많은 준비형이다.

# 과제

## 나의 음양 성향 이해하기

(1) 성명:
(2) 생년월일시:
(3) 성별:
(4) 음양:

① 만세력에서 사주 뽑기

| 생일 | 시 | 일 | 월 | 년 |
|---|---|---|---|---|
| 천간 | | | | |
| 지지 | | | | |

② 음양을 기입(217쪽을 보고 자신의 음양을 기입)

| 생일 | 시 | 일 | 월 | 년 |
|---|---|---|---|---|
| 천간 | | | | |
| 음양 | | | | |
| 지지 | | | | |
| 음양 | | | | |

③ 음양의 총 개수를 기입

음: (　　)개, 양: (　　)개

④ 개수가 많은 음양을 선택

(　　　　)의 성향

⑤ 음양성향표를 참조하여 문장을 완성한다.

제12장

# 오행 및 띠로 보는 자기이해

자기를 알면 남을 이해할 수 있다. 남을 이해하면 자기를 알 수 있다.

– 노자

자아 발견은 자신의 신념을 찾고 그것을 지키는 용기를 의미한다.

– 맹자

# 1. 오행으로 보는 자기이해

## 1) 오행의 개념

오행이란 '다섯 오(五)'에 '다닐 행(行)'으로 五는 하늘의 작용을 나타내는데, 여기서 '다닐 행'은 걸음걸이라는 뜻이다. 역학(易學)에서 하늘의 다섯 가지 걸음걸이라는 뜻이다. 그것이 바로 오행의 의미이며, 여기에서 걸음걸이라는 말은 만물이 지나가는 방향, 만물의 상태가 변화하는 양상을 가리키는 것이다.

우주 만물은 하늘의 작용으로 인해 어떠한 변화의 길을 걷게 되는데 그 변화의 길에서 원칙을 찾아냈고, 그것을 오행이라고 이름을 붙인 것이다. 五는 우주 만물이 다섯 가지 법칙에 의해 존재한다는 것이고, 행은 만물이 순환하면서 변화한다는 의미다. 즉, 오행은 음양의 일진일퇴운동과 맞물려 끝없이 순환운동을 하는 것이다. 삶 속에서 존재하는 모든 만물의 기운은 오행 운동에서 비롯되는 것이므로 오행의 기운이 서로 배합되어 조화를 이룰 때 삶은 윤택해지고, 반대로 조화를 이루지 못하면 삶의 균형이 깨진다는 것이다.

우주는 약 100억 년 전의 대폭발로 탄생, 팽창과 함께 여러 형태의 물질이 생겨났다는 설이 있다. 수성, 금성, 지구, 화성, 목성, 토성, 천왕성, 해왕성의 8개 행성은 항성인 태양을 중심으로 서쪽에서 동쪽으로 타원을 그리며 공전한다. 이러한 8개 중 지구와 가까이 있는 수성, 금성, 화성, 목성, 토성의 운동에너지를 추리함으로써 오행의 성향을 설명할 수 있다.

오행에는 木, 火, 土, 金, 水가 있다. 오행에 대한 최초의 기록은『서경』의「홍범」[1]에 있다.

**표 12-1 오행의 특징**

| 구분 | 木(목) | 火(화) | 土(토) | 金(금) | 水(수) |
|---|---|---|---|---|---|
| 특징 | 曲直(곡직) | 炎上(염상) | 稼穡(가색) | 從革(종혁) | 潤下(윤하) |
| 수 | 3 | 2 | 5 | 4 | 1 |
| 맛 | 酸(산) | 苦(고) | 甘(감) | 辛(신) | 鹹(함) |

1)『書經』,「洪範」, "一五行, 一曰水, 二曰火, 三曰木, 四曰金, 五曰土. 水曰潤下, 火曰炎上, 木曰曲直, 金曰從革, 土爰稼穡. 潤下 作鹹, 炎上作苦, 曲直 作酸, 從革 作辛, 稼穡 作甘."

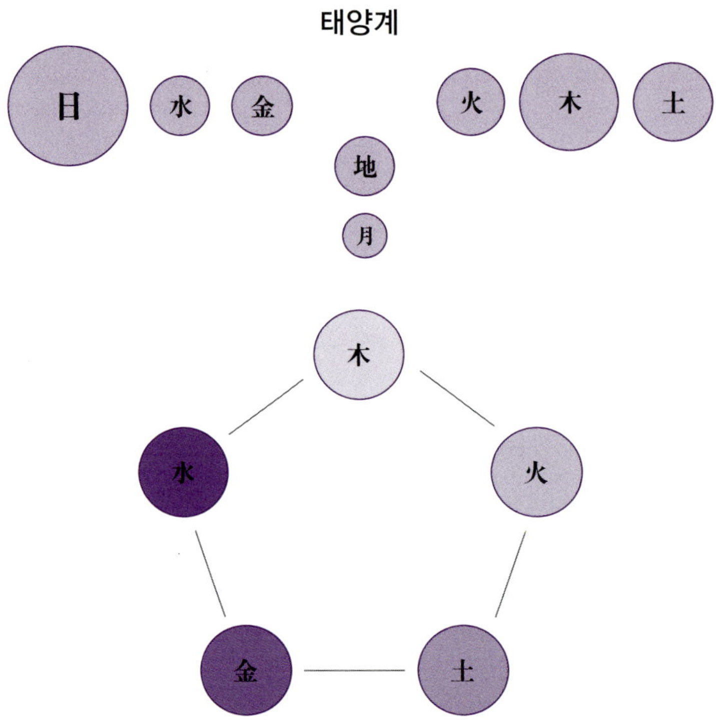


그림 12-1 태양계와 오행

## 2) 오행의 의의

각 오행마다 의의를 학습하며 사유한다.

### (1) 목(木)의 의의

**① 목기의 행성의 관점**

목기(木氣)는 목성의 영향을 받은 기운으로 본다. 목성은 가장 큰 행성으로 다른 행성에 미치는 작용력이 강하다. 16개의 위성을 거느리며 대기가 수직운동을 하므로, 마치 나무가 수직으로 가지를 뻗는 모양과 비슷하며 더디게 운동한다. 그러므로 목성의 영향을 받아 목은 수직운동을 한다. 또한 나무는 수직으로 올라가다가 가지가 옆으로 뻗어나가는 모양을 볼 수 있다. 그러므로 곧게 올라가기도 하고 굽어 올라가기도 한다.

### ② 목기의 물상(物象)

木의 물상적 의미는 봄의 초목(草木)이 된다. 봄이면 새싹이 굳은 땅을 뚫고 나오는 것처럼 강인한 생명력을 지니고 있다. 이처럼 견고한 땅에 뿌리를 내리고 살아가는 나무는 물이나 모래와 같이 부드러운 조건에서는 나무 본연의 모습을 잃고 만다. 즉, 木은 어려운 환경을 극복하며 자라는 성질을 갖고 있다.

이러한 청년과 같은 성향이 있지만, 굽은 뿌리처럼 강자 앞에 무릎을 꿇는 나약함도 있다. 왜냐하면 나무는 태양을 향해 거침없이 뻗어 나가지만 바위와 같은 장애물을 만나면 그대로 굴복하여 방향을 바꾸어 버리기 때문이다. 버팀목이 필요한 화초나 작물은 의존하려는 성향이 강하며, 성공과 실패가 뒷배에 달려 있다고 생각한다.

### ③ 목기의 개념

봄의 기운(春氣)이며, 생기(生氣)가 되고, 발생(發生)과 생장(生長)의 에너지로 시작의 기운이며 만물을 대표한다.

### ④ 목기의 특징

- 목의 특징은 위로 뚫고 올라가며 넓게 퍼지는 특징이 있다. 나무는 뿌리가 상하지 않는 이상 꺾이거나 잘려도 다시 자라나는 모습이 있다. 굳은 땅을 뚫고 나오는 강인한 생명력과 어려운 환경을 극복하며 자라는 특징이 있다.
- 모든 만물의 주체적이며 두령 격이다.
- 일정한 법칙이 없이 자기 마음대로 하는 경향이 있다.
- 새로운 일에 대한 기획, 창의적인 일, 새로운 분야의 개척, 장기적인 계획, 진취적, 미래 지향적이다.
  - 새로운 지식에 대한 욕구가 왕성하다.
  - 기르고 키우는 성향으로 교육적인 기질이 있다.

### ⑤ 목기의 성향

- 나타내려는 성향이 강하다.
- 생기가 일어나는 아침이나 봄의 기운과 같이 강인한 생명력으로 장애물을 극복할 줄 안다.

- 용두사미, 자존심, 고집이 있다.

### ⑥ 목기의 성격: 본능계(本能系)

- 인간의 욕구와 욕망을 지배하는 성격으로 주로 재물과 인정욕구, 남에게 드러내 보이고 싶은 욕망, 이성에 관한 욕망, 인간관계를 잘하여 인기를 얻고자 하는 욕심이 있다.
- 남에게 베풀기보다는 자신의 욕구를 채우려는 경향이 있으며, 자신의 욕구를 채우기 위해서 나름대로 특별한 전략과 전술을 구사하기 위해 노력을 한다. 봄의 계절처럼 온화하고 부드러운 성격이다.

### ⑦ 목기의 본성

- 목은 근본을 지킬 줄 알고 예절과 도덕을 상징하므로 목의 본성은 인(仁)이라고 하며 자애심(慈愛心)이 있다. 생장할 때는 온화하게 해야 하므로 사랑과 따뜻한 성품이 있으며, 모든 만물을 길러 주는 마음이 있다(生物之心).
- 결과가 돌아올 때까지 한참 기다리는 인내심이 있다.

### ⑧ 목기의 태과불급

| 태과 |

- 목기가 태과하면 일만 많이 추진하고 결실이 없다. 자비심이 없고 고집이 강하며 자존심만 내세운다.
- 꿈은 크나 추진력이 부족하여 매사 용두사미(龍頭蛇尾)처럼 시작은 있고 결과는 약하다.

| 불급 |

- 목기가 불급하면 진취성이 부족하다.
- 강자 앞에서 꼼짝 못 하고 약자 앞에서 큰 소리 친다.
- 특이한 언어로 남의 이목을 끌며 목에 힘을 주고 자기과시를 한다.
- 사람을 만나면 상대방이 먼저 인사하기를 기다렸다가 인사한다.
- 무슨 일이든 잘할 수 있다고 호언장담을 하지만 장애에 부딪히면 정면 돌파하지 못하고 돌아가는 특성이 있다.

⑨ **목기의 유의점**

- 일을 대함에 시작은 잘하나 결단력이 무르며 결과 맺음이 약하다.
- 고집과 자존심이 강하다.
- 온순하고 자비심이 있는 반면에 완고하고 절도가 있으며 너무 강직하여 건방지거나 교만하다는 소리를 듣기도 한다.

(2) 화기의 의의

① **화기의 행성의 관점**

화기(火氣)는 화성의 영향을 받은 기운으로 본다. 화성은 붉은빛 대기를 형성하기에 계절이 존재한다고 한다. 평균온도가 23℃이며 붉은빛으로 따스해 보이지만 안에는 냉기를 감추고 있다. 그러므로 빛을 발산하는 양화의 기운이 아닌 차가운 성질에서 열을 발생시키는 음화의 기운이라 할 수 있다.

② **화기의 물상(物象)**

- 火의 물상적 의미는 여름의 태양이다. 온기, 빛, 혀(舌), 말솜씨, 등촉불, 꽃이 되며, 더운 기운이 작용하여 모든 물건을 변화시킨다.
- 만물을 키우는 태양을 상징하는 火는 인간에게는 규범과 같다.
- 火는 겨울의 언 땅을 녹여 만물을 탄생시키지만, 수분을 고갈시켜 만물을 죽이기도 한다.

### ③ 화기의 개념

- 화는 여름의 기운이므로 발산의 기(發散의 氣)이며, 확산 및 확대의 개념을 갖고 있다.
- 火는 쇠를 녹여 인간에게 필요한 도구를 만들기도 하지만, 인간을 해치는 무기를 만들기도 한다.

### ④ 화기의 특징

- 火의 특징은 분산, 흩트린다. '무조건 알았어.' 해 놓고 나중에 '못 들었는데?'라고 한다. 마음에 안 남긴다. '잘하고 있으니까 기다려.'라고 한다.
- 일을 할 때 설치며 정신없이 한다.
- 추진력, 판단력, 적극적인 기질이 강하다.
- 현실지향적, 명랑, 쾌활, 밝음, 질서가 있다.

### ⑤ 화기의 성향

- 물건을 태우고 위로 올라가는 기운이므로 발전하는 성향이 있다.
- 표출하려는 성향이 강하고 내용보다는 화려한 외형을 중시한다.
  : 여름의 뜨거운 기운으로 정열적이며 과격하기도 하다.

### ⑥ 화기의 성격

- 인간의 감성영역이다. 자신의 사상과 생각을 잘 드러낸다.
- 표현력이 뛰어나고 매사에 부지런하며 끊임없이 자신의 재능과 능력을 외부로 실현시키고자 하는 적극성을 지니고 있다.
- 인간미가 있고 봉사정신이 강하며 타인을 위해 베풀려는 심성을 지니고 있다.
- 타오르는 열정으로 치열한 직업 활동, 진취적인, 용감한, 적극적인 성격과 행동을 한다.

### ⑦ 화기의 본성

- 예(禮)의 본성으로 예의 바르고 준법정신이 뛰어나 타의 모범이 된다.
- 상대가 누구든 항상 자신을 낮추며, 언변이 좋고 외교적 자질도 있어 대인(大人)의

면모가 돋보인다.

- 적극적이고 진취적인 성격에 결단성도 있고 정열적이다.

**⑧ 화기의 태과불급**

**| 태과 |**

- 화기가 많으면 외형만 화려할 뿐 내실이 부족하다.
- 불같이 급한 성격으로 큰일을 그르칠 수 있다.
- 과격하여 타인과 다툼이 많고 화를 잘 낸다.
- 원칙을 너무 강조하여 융통성 없는 인물로 평가받기도 한다.

**| 불급 |**

- 화기가 적으면 현실성 및 추진력이 부족하다.
- 나태하고 힘든 일을 싫어하고 잔꾀로 살아가려 한다.
- 결단성도 부족하고 절도도 없다.
- 자신을 칭찬해 주면 기고만장하여 위아래를 구분하지 못할 때도 있다.

**⑨ 화기의 유의점**

- 성격이 과격한 면이 있으며, 상대가 예의를 어기면 화를 잘 내고 다투며 가혹한 처벌을 하는 성향이 있다.
- 예의 형식보다는 표현하고 드러냄을 중요하게 여긴다.

(3) 토기의 의의

**① 토기의 행성의 관점**

- 토기(土氣)는 토성의 영향을 받은 기운으로 본다. 태양에서 여섯 번째 위치한 행성이며 목성 다음으로 크다. 태양에서 받는 에너지보다 더 많은 복사에너지를 방출한다. 이러한 에너지는 태양에너지 다음으로 지구 생명체의 생성과 유지에 중요한 요소로 작용한다. 토성을 오행 가운데 土에 배정한 이유는 태양에너지를 복사하여 만물을 키우는 기반이 되는 땅과 같은 역할을 하기 때문이다.
- 중력운동을 하며 심고 거두는 역할을 한다.

**② 토기의 물상(物象)**

- 土는 산과 들처럼 만물 생장의 기반이 되는 땅으로 논, 밭과 같이 인간이 직접 개간하여 경작하는 땅의 모습이다.
- 중립적인 기이며 조절과 완충작용을 한다.
- 대지와 같이 하늘과 만물을 연결하는 가교작용을 한다.

**③ 토기의 개념**

- 토는 흙으로 땅이 되므로 만물을 심고 거두는 생장의 기반이 된다.
- 만물이 시작되고 다시 돌아오는 곳으로 땅은 만물을 받아들이는 후덕함이다.

**④ 토기의 특징**

- 자기관리를 잘하고, 정거장처럼 교역역할을 한다.
- 모든 것을 수용하고 융화하여 변화시키며 자기 것으로 만든다.

**⑤ 토기의 성향**

- 땅에 식물을 심으면 성장시키고 열매를 맺게 하는 성향으로 만물의 중계전환을 맡는다.
- 모든 만물을 받아들이는 후덕함이 있다.
- 땅은 혼자 움직이지 않으므로 변하지 않는 믿음(信)과 신의가 있고 성실하고 관대하다.
- 주어진 일에 대하여 유지를 잘한다.
- 보존적 성향과 보수적 기질이 있다.

**⑥ 토기의 성격**

- 수동적이며 진취성이 약하다.
- 중재를 잘하며 지배하려는 기질이 있다.
- 신비주의자다.

### ⑦ 토기의 본성

- 신(信)의 본성으로 신의를 존중하고 충성심과 효심이 깊다.
- 성실하고 책임감이 강하며 도량이 넓어 타인에게 해로운 일은 절대 하지 않는다.
- 자세가 바위처럼 늠름하고 은혜를 알며 공경하는 마음으로 생활하니 주위의 신망이 두텁다.
- 신용이 있고 참되며 약속을 중히 여긴다. 삼라만상을 다 받아들이는 어머니 품과 같은 토는 모든 것을 중용으로 감싸며 보호해 준다.

### ⑧ 토기의 태과불급

**| 태과 |**

- 토기가 많으면 조급하고 무계획적인 시도로 일을 그르치게 된다.
- 지나치게 보수적이고 옹고집으로 변화를 꺼린다.
- 답답함이 있다. 게으르고 때로는 황소고집이 있다.
- 분별력이 약하고 잘못을 저지르고도 뉘우침이 약하며 은혜를 모르기도 한다.
- 자기가 최고라는 생각에 주변 사람들을 무시하는 경향이 있고, 우월감으로 실패를 자초하기도 한다.

**| 불급 |**

- 토기가 약하면 시작만 있고 결과가 부족한 면이 있다.
- 변화를 주도하는 중재자로서의 역할을 하지 못하니, 모든 일에서 때를 놓칠 수도 있다.
- 인색한 면이 있고, 작은 일에도 노심초사하는 소심한 성격이다. 항상 타인의 의견을 따라가는 소신 없는 사람이기도 하다.

### ⑨ 토기의 유의점

- 마음을 잘 드러내지 않으며, 고집이 강하여 소통이 어렵고 게으른 면이 있다.
- 자기 마음대로 하고 싶어 하는 경향이 있다.
- 잘되면 내 탓이고, 안 되면 남 탓으로 돌리는 면도 있다.

(4) 금기의 의의

① **금기의 행성의 관점**

- 금기(金氣)는 금성의 영향을 받은 기운으로 본다. 금성은 효율적으로 태양을 흡수한다. 계절의 가을처럼 태양열을 가득 품는 기운을 지닌다.
- 금성은 밀도가 높고 단단하여 금기는 단단함의 상징이다.

② **금기의 물상(物象)**

- 金의 물상적 의미는 가을의 단단한 열매가 된다.
- 단단한 바위가 되며, 완성된 제품이나 원자재가 된다.
- 금은 쇠와 같은 칼의 의미로 만물을 죽이고 멸하여 다음을 준비하는 숙살의 기운(肅殺의 氣)이 된다.

③ **금기의 개념**

- 인간 생활에 필요한 도구를 만드는 것이다. 쇠를 녹여 만든 물건이 된다.
- 단단하고 서늘한 쇠로 표현되는 금은 성장을 수렴하여 결실로 이어 주는 내실을 나타낸다.
- 성숙단계로 접어드는 것이다.

④ **금기의 특징**

- 절제성, 범생이, 명예, 창의성과 자립성 주장을 주장한다.
- 분석을 잘한다.
- 구조조정과 관리를 잘한다.

### ⑤ 금기의 성향

- 용도에 따라 변화하는 성향으로 개혁적이며 정의감과 명예를 중시한다.
- 공격적이고 개혁적이며, 일을 하면 결과를 빨리 내야 하는 성향이 있다.
- 신중함이 있으며, 항상 자신과 타인을 긴장시키는 성향이 있다.
- 스스로 통제하고 관리하는 능력이 있으며, 법과 윤리, 도덕 등 사회적 규범을 잘 준수하며, 조직 회사 단체 등에서 그 규율을 잘 따르는 성향이 있다.

### ⑥ 금기의 성격

- 금은 경제활동을 관장하는데 실리 위주의 생활로 경제적 성장을 이룬다.
- 금은 자유와 평등의 가치를 추구한다.
- 사회성이 발달하고 조직생활에 적합한 자제력을 갖고 있으며 모범적이다.
- 변혁적이고 혁신적이다.
- 비판적이고 냉소적이며 결단력이 있고 냉철하다.
- 분석적이며 논리적이다.
- 자신을 잘 드러내지 않는다.
- 이익이 없으면 방관하는 자세를 취한다.

### ⑦ 금기의 본성

- 의(義)의 본성으로 불의를 보면 참지 못하는 정의감이 있다.
- 거짓 없이 솔직하며 용기가 있고, 책임감이 강하다.
- 냉정하고 차가운 성격으로 타인을 놀라게 한다.
- 배반은 절대 하지 않는 강직한 인품으로 항시 명예를 소중히 여긴다.

### ⑧ 금기의 태과불급

**| 태과 |**

- 금기가 많으면 잔인하고 무모할 수 있다.
- 방어하려는 마음이 앞서 기회를 놓치는 실수를 저지르는 경우도 있다.
- 모든 일을 독단으로 처리하며, 때로는 칼처럼 비정하고 뱀처럼 싸늘하다.
- 필요 이상의 이득도 원치 않지만 손해도 보지 않으려고 한다.

- 다른 사람이 자기에게 맞추기를 원하며 싫어하는 사람과는 타협하려 하지 않는다.
- 지나치게 비판적, 외고집, 다툼, 분쟁, 파괴적 성향이 나타난다.

**| 불급 |**

- 금기가 부족하면 계획만 세우고 실행으로 잘 옮기지 못한다.
- 권력을 남용하고 잘난 체하며, 이득에 민감하여 절대 손해 보려 하지 않는다.
- 사치가 심하고 허영심이 있다.
- 결단력과 추진력이 약하고 때로는 우유부단하다.

**⑨ 금기의 유의점**

- 배반하지 않으나 손해를 안 보려 하는 모습이 드러난다.
- 잔인한 면이 있다.
- 지적을 잘하는 경향이 있다.

### (5) 수기의 의의

**① 수기의 행성의 관점**

- 수기(水氣)는 수성의 영향을 받은 기운으로 본다. 수성은 열을 저장하지 못하고 방출하는 찬 기운을 가지고 있다. 그러므로 水는 응축작용을 하고 물처럼 아래로 흐르는 하강(下降)운동을 한다.
- 수는 응집력이 있어 저장작용을 한다.

### ② 수기의 물상(物象)

- 水의 물상적 의미는 겨울의 물이 된다. 물은 겨울 기운으로 차가운 기운이지만 생명의 근원이므로 생장의 원동력을 갖고 있다.
- 바다, 강하(江河), 우로(雨露)의 형상이다.

### ③ 수기의 개념

- 겨울의 기운으로 생각과 지혜의 영역이다. 두뇌가 발달하여 생각이 많고 다양한 생각을 한다.
- 겨울의 어두운 땅속에서 만물의 양분이 되어 주는 水는 형체가 드러나면 증발함으로 모여서 강물을 이룬다.
- 겉은 차갑지만 속은 따스한 온기를 지니고 있다.
- 차가움과 영양분 그리고 감춤 등의 용어로 표현하며, 마치 얼어붙은 물속에서 새봄을 준비하는 것과 같다.

### ④ 수기의 특징

- 만물을 윤택하게 하는 생명력이 있다.
- 생각의 폭이 넓은 만큼 상대를 배려하고 이해하는 능력이 탁월하고, 매사 성급하게 처신하지 않고 신중하고 진중하다.
- 정보력이 있고 기획을 잘한다.
- 돈을 지혜롭게 번다.
- 사색을 많이 하며 신중하고 겸손하며 태도가 유연하다.
- 교육적 기질과 봉사적 기질이 있다.
- 비밀이 있다.

### ⑤ 수기의 성향

- 현실파다.
- 임기응변을 잘하고 지구력과 친화력이 있다.
- 스며들지 않는 것이 없는 물처럼 융통성이 있다.

### ⑥ 수기의 성격

- 수는 겨울에 물건을 잘 간수하여 다가올 봄을 준비하는 것이므로 인색한 것이 아니라 지혜로운 것이다.
- 검은 물의 깊이를 알 수 없는 것처럼 수의 뜻을 짐작하기 어려우니 겉만 보고 청탁을 논할 수 없다.
- 아이디어가 많으며 순리를 지향하고, 타협을 잘 한다.
- 마음속을 알 수가 없다.

### ⑦ 수기의 본성

- 지(智)의 본성으로 명석하고 지혜롭다.
- 지혜란 선천적으로 타고나기도 하지만, 경험에 의하여 얻기도 한다. 水는 지혜의 원천이니 인간이 살아가는 데 필요한 처세술이나 기교가 뛰어나고, 임기응변은 타의 추종을 불허한다.
- 정신세계를 추구하기보다는 실리 위주로 살아가는 현실파로 이득에 민감한 편이다.
- 시비를 잘 판단하여 조정하고 해결하는 능력이 뛰어나지만 전면에 나서지는 않는다.

### ⑧ 수기의 태과불급

**| 태과 |**

- 너무 세차게 흐르는 강이나 바다와 같아 나무를 키울 수 없으니 허송세월을 보낼 수 있다.
- 능력이 있어도 활용하기 힘들고 고집이 강하여 실패하기 쉽다.
- 배우기를 좋아하나 쓰지 못하니 평생 공부만 하는 사람이다.

**| 불급 |**

- 응집력이 모자라니, 발생하는 힘이 약해 멀리까지 흐를 수 없으므로 용기가 없고 간사하며 의타심이 많다.
- 남과 더불어 살기를 좋아한다. 아는 척을 많이 하고 남의 말하기를 좋아해 구설에 시달릴 수 있다.
- 목적의식이 불분명해 결과가 흐지부지되는 경향이 있다.

⑨ **수기의 유의점**

- 방황하며 불안하고 고지식하며 답답한 경향이 있다.
- 생각을 짐작할 수 없다.
- 자기 꾀에 자기가 넘어가며, 의심이 많고 비밀도 많다.

## 3) 오행으로 보는 자기이해

| 천간 | 甲 | 乙 | 丙 | 丁 | 戊 | 己 | 庚 | 辛 | 壬 | 癸 |
|---|---|---|---|---|---|---|---|---|---|---|
| 발음 | 갑 | 을 | 병 | 정 | 무 | 기 | 경 | 신 | 임 | 계 |
| 오행 | 木 | | 火 | | 土 | | 金 | | 水 | |

| 지지 | 寅 | 卯 | 辰 | 巳 | 午 | 未 | 申 | 酉 | 戌 | 亥 | 子 | 丑 |
|---|---|---|---|---|---|---|---|---|---|---|---|---|
| 발음 | 인 | 묘 | 진 | 사 | 오 | 미 | 신 | 유 | 술 | 해 | 자 | 축 |
| 오행 | 木 | | 土 | 火 | | 土 | 金 | | 土 | 水 | | 土 |

**예시)** 김하늘

① 만세력에서 사주 뽑기

| 생일 | 시 | 일 | 월 | 년 |
|---|---|---|---|---|
| 천간 | 壬 | 乙 | 庚 | 乙 |
| 지지 | 午 | 酉 | 辰 | 酉 |

② 오행을 기입

| 생일 | 시 | 일 | 월 | 년 |
|---|---|---|---|---|
| 천간 | 壬 | 乙 | 庚 | 乙 |
| 오행 | 水 | 木 | 金 | 木 |

| 지지 | 午 | 酉 | 辰 | 酉 |
|---|---|---|---|---|
| 오행 | 火 | 金 | 土 | 金 |

③ 오행의 총 개수를 기입

| 오행 | 木 | 火 | 土 | 金 | 水 |
|---|---|---|---|---|---|
| 개수 | 2 | 1 | 1 | 3 | 1 |

④ 개수가 제일 많은 오행을 1개 선택, 2개가 동일하게 나오면 2개를 다 쓴다.

| 오행 | 金 | | | |
|---|---|---|---|---|
| 개수 | 3 | | | |

⑤ 본문 내용에 金 오행의 뜻을 참조하여 작성한다.

김하늘 씨는 분석, 절제, 신중, 긴장과 사회적 규범을 잘 준수하는 성향이 있으며, 비판적이고 냉소적이며 결단력이 있고 냉철한 논리적 성향에 다소 차가운 성격을 갖고 있으며, 솔직하고 책임감이 강하다. 배반하지는 않으나 손해를 안 보려는 모습이 있는데 따뜻한 마음을 표출하면 오해를 안 받을 것 같고, 상대에게 잘못된 것을 지적하기보다는 긍정적으로 표현하여 친절하게 대화하면 좋겠다.

**예시)** 이민우

① 만세력에서 사주 뽑기

| 생일 | 시 | 일 | 월 | 년 |
|---|---|---|---|---|
| 천간 | 己 | 辛 | 甲 | 癸 |
| 지지 | 亥 | 未 | 子 | 未 |

② 오행을 기입

| 생일 | 시 | 일 | 월 | 년 |
|---|---|---|---|---|
| 천간 | 己 | 辛 | 甲 | 癸 |
| 오행 | 土 | 金 | 木 | 水 |
| 지지 | 亥 | 未 | 子 | 未 |
| 오행 | 水 | 土 | 水 | 土 |

③ 오행의 총 개수를 기입

| 오행 | 木 | 火 | 土 | 金 | 水 |
|---|---|---|---|---|---|
| 개수 | 1 | 0 | 3 | 1 | 3 |

④ 개수가 제일 많은 오행을 1개 선택, 2개가 동일하게 나오면 2개를 다 쓴다.

| 오행 | 土 | 水 | | |
|---|---|---|---|---|
| 개수 | 3 | 3 | | |

⑤ 본문 내용에 土, 水 오행의 뜻을 참조하여 작성한다.

이민우 씨는 중재를 잘하며 배려하고 신비주의적 성향이 있다. 신의를 존중하고 신망이 두터우며 약속을 중히 여기는 성향이 있다. 그러나 고집이 다소 강하여 소통하기 어려운 면이 있으니 사람을 인자하게 대하도록 노력하면 좋겠다.

# 과제

## 나의 오행을 작성하세요

(1) 성명: (2) 생년월일시:

① 만세력에서 사주 뽑기

| 생일 | 시 | 일 | 월 | 년 |
|---|---|---|---|---|
| 천간 | | | | |
| 지지 | | | | |

② 오행을 기입

| 생일 | 시 | 일 | 월 | 년 |
|---|---|---|---|---|
| 천간 | | | | |
| 음양 | | | | |
| 지지 | | | | |
| 오행 | | | | |

③ 오행의 총 개수를 기입

| 오행 | 木 | 火 | 土 | 金 | 水 |
|---|---|---|---|---|---|
| 개수 | | | | | |

④ 개수가 제일 많은 오행을 1개 선택, 2개가 동일하게 나오면 2개를 다 쓴다.

| 오행 | | | | | |
|---|---|---|---|---|---|
| 개수 | | | | | |

⑤ 본문 내용에 오행의 뜻을 참조하여 작성한다.

| |
|---|
| |

# 2. 띠로 보는 자기이해

## 1) 12지지의 유래와 변천

동양 학문에서 동물의 띠, 즉 '12지지(十二地支)'는 주로 중국, 한국, 일본 등 동아시아 문화권에서 사용되는 시간, 연도, 방향, 그리고 사람의 성격이나 운세를 해석하는 체계다. 십이지는 열두 개의 동물로 구성되며, 각각은 특정한 해, 월, 일, 시간과 연결된다.

### (1) 12지지의 유래

십이지는 고대 중국의 천문학과 역법에서 유래되었으며, 일상생활과 밀접하게 연관되어 있다. 이 체계는 주기적인 반복을 통해 시간과 공간을 이해하고 조직화하는 방법으로 발전했다. 각 동물은 특정한 특성과 상징을 지니고 있으며, 이들이 조합되어 다양한 해석이 가능하다는 것이다.

#### ① 시간과 12지지

십이지는 하루를 12개의 시간 단위로 나누는 데 사용된다. 각 시간 단위는 두 시간씩 묶여 있으며, 예를 들어 자시는 밤 11시 30분부터 새벽 1시 30분까지를 나타낸다. 이를

통해 시간의 흐름을 동물의 성격이나 행동과 연관지어 설명할 수 있다.

#### ② 연도와 12지지

십이지는 12년 주기로 반복되는 연도의 명칭으로도 사용된다. 예를 들어, 2023년은 토끼띠 해였고, 2024년은 용띠 해다. 이는 태어난 해에 따라 사람의 성격이나 운명을 해석하는 데 중요한 역할을 한다는 것이다.

#### ③ 방향과 12지지

십이지는 방위각을 나타내는 데도 사용된다. 예를 들어, 쥐는 북쪽을, 말은 남쪽을 나타낸다. 이는 풍수지리나 군사적 전략 등 다양한 분야에서 활용된다.

#### ④ 12지지의 성격 및 운세 해석

동양 점성술에서는 사람이 태어난 해의 띠에 따라 성격, 운세, 적성과 같은 다양한 측면이 해석 가능하다. 예를 들어, 쥐띠는 지혜롭고 재치 있는 성격으로, 용띠는 용맹하고 권위적인 성격으로 여겨진다.

#### ⑤ 12지지의 현대적 적용

오늘날에도 십이지는 동아시아 문화에서 중요한 역할을 한다. 특히 새해가 되면 각 해의 띠와 관련된 풍습이나 행사, 예언 등이 사람들 사이에서 화제가 된다. 또한 개인의 운세를 점치거나 중요한 결정을 내리는 데 있어 십이지를 참고하는 경우가 많다.

### (2) 12지지의 변천

#### ① 12지지(地支) 한자의 변천

| 오행 | | 계절 | 지지 | 한자의 변천 | 해당부수 |
|---|---|---|---|---|---|
| 木局 | 東方 | 春 봄 | 寅인+ | 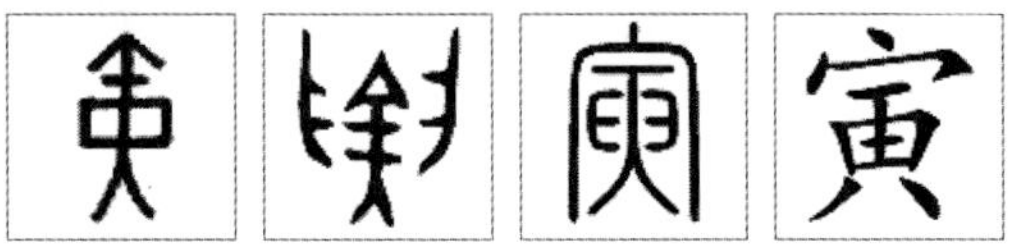 甲骨文 金文 小篆 楷体 | 木 |

| | | | | | |
|---|---|---|---|---|---|
| | | | 卯묘- | 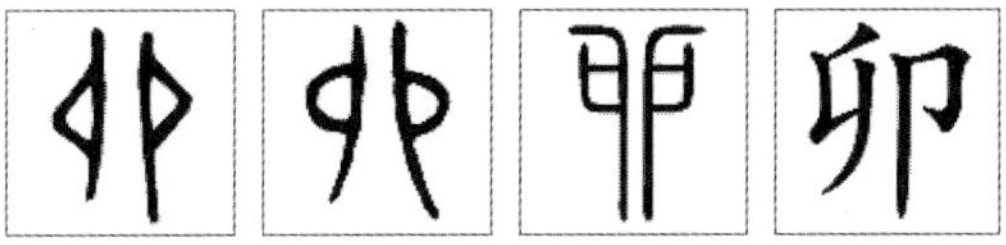 甲骨文 金文 小篆 楷体 | 艸, 禾 |
| | | | 辰진+ | 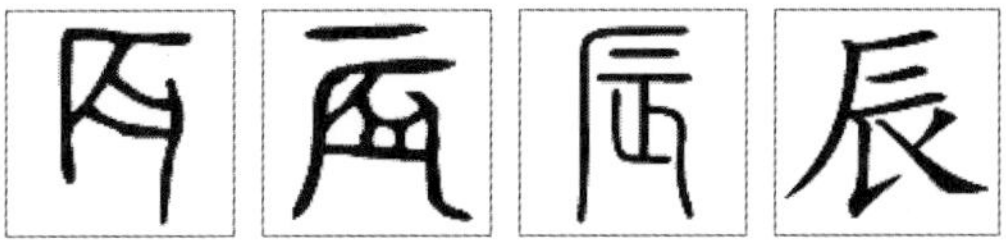 甲骨文 金文 小篆 楷体 | 환절기 |
| 火局 | 南方 | 夏 여름 | 巳사- (+用) | 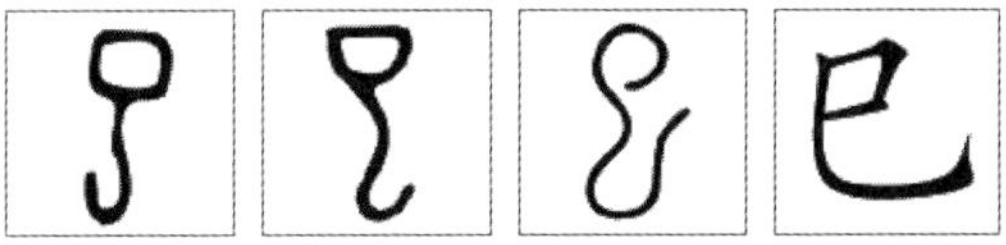 甲骨文 金文 小篆 楷体 | 日 |
| | | | 午오+ (-用) | 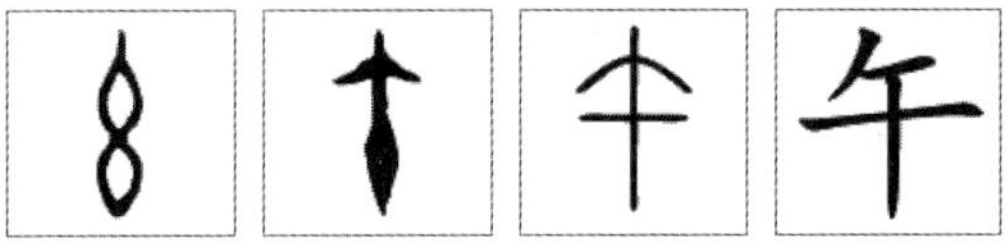 甲骨文 金文 小篆 楷体 | 火 |
| | | | 未미- | 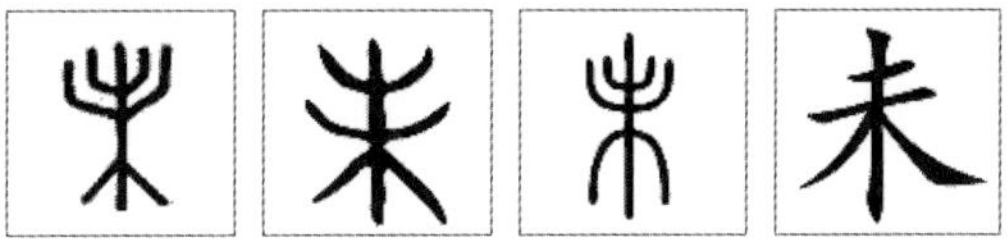 甲骨文 金文 小篆 楷体 | 환절기 |
| 金局 | 西方 | 秋 가을 | 申신+ | 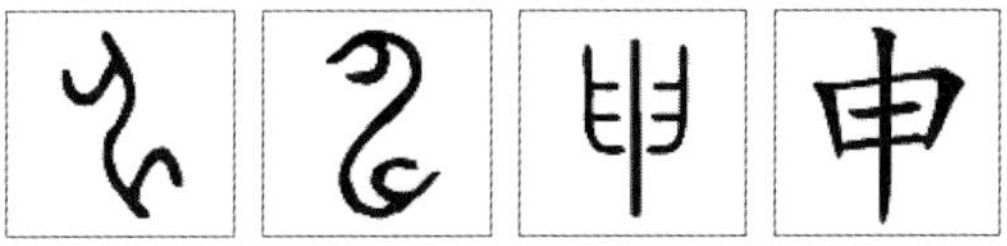 甲骨文 金文 小篆 楷体 | 金, 石 |
| | | | 酉유- | 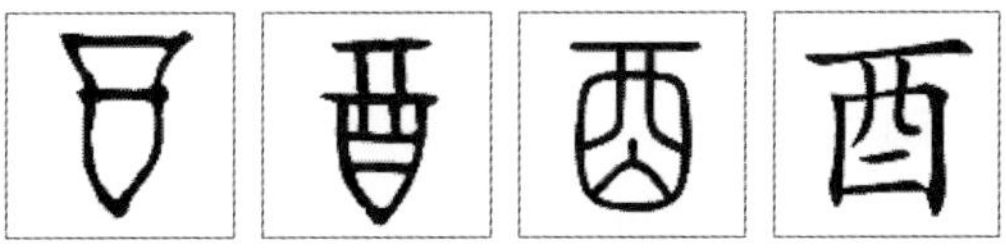 甲骨文 金文 小篆 楷体 | 玉, 王 |
| | | | 戌술+ | 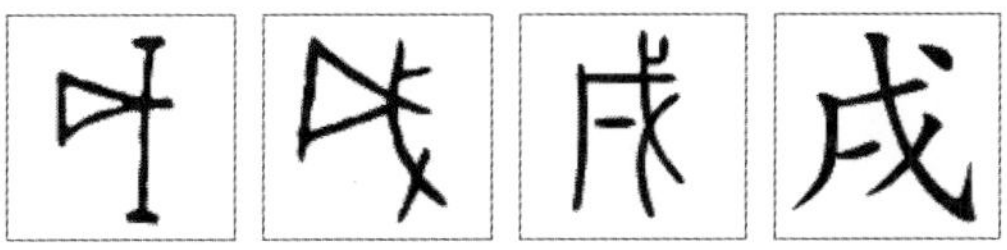 甲骨文 金文 小篆 楷体 | 환절기 |

| | | | | | | | | |
|---|---|---|---|---|---|---|---|---|
| | | | 亥해-<br>(+用) | <br>甲骨文 | <br>金文 | <br>小篆 | <br>楷体 | 水, 氵 |
| 水<br>局 | 北<br>方 | 冬<br>겨울 | 子자+<br>(-用) | <br>甲骨文 | <br>金文 | <br>小篆 | <br>楷体 | 雨 |
| | | | 丑축- | <br>甲骨文 | <br>金文 | <br>小篆 | <br>楷体 | 환절기 |

### 2) 12지지의 성격 유형

각 띠에 해당하는 동물들은 특정한 성격 특성과 연관지어 해석된다.

**① 쥐띠(子)**

지혜롭고 재치 있으며, 기회를 잘 포착한다.

**② 소띠(丑)**

성실하고 인내심이 강하며, 신뢰할 수 있다.

**③ 호랑이띠(寅)**

용맹하고 자주적이며, 도전 정신이 강하다.

**④ 토끼띠(卯)**

온화하고 사려 깊으며, 평화를 사랑한다.

**⑤ 용띠(辰)**

권위적이고 자신감이 넘치며, 리더십이 강하다.

**⑥ 뱀띠(巳)**

지혜롭고 직관적이며, 신비로운 면이 있다.

**⑦ 말띠(午)**

열정적이고 자유로우며, 활동적이다.

**⑧ 양띠(未)**

온순하고 자애로우며, 예술적 감각이 뛰어나다.

**⑨ 원숭이띠(申)**

영리하고 재치 있으며, 사회적이다.

**⑩ 닭띠(酉)**

정확하고 성실하며, 현실적이다.

**⑪ 개띠(戌)**

충직하고 정의로우며, 신뢰할 수 있다.

**⑫ 돼지띠(亥)**

관대하고 사려 깊으며, 인내심이 강하다.

## 3) 12지지의 특징

(1) 쥐띠 – 자(子)

**① 글자의 뜻(字意)**

- 낳음(孳)으로 양기가 움트기 시작하여 아래로 낳는다고 하여 다산(多産)의 의미가 있다.
- 씨앗, 종자, 난자, 정자 등으로 만물이 처음 시작하는 모습이다.

② **물상(物象)**

- 쥐는 새끼를 많이 낳는 '자손번영'의 상징이다.
- 풍요로운 결실이나 재력의 상징이며, 쥐는 행동력이 탁월하다.
- 지혜롭고 영민하며 밤에 활동하는 쥐이니 어두운 곳을 좋아한다.

③ **성향**

- 양기가 싹트는 것을 말하니 아이를 비로소 잉태한 것과 같다.
- 잡식성이며 부지런하다.
- 사교적이며 솔직하다.
- 머리가 총명하여 지혜롭고 촉이 좋으므로 예민하다.
- 감수성과 아이디어가 있다.
- 의심도 많고 적응력도 빠르다.

### (2) 소띠 - 축(丑)

① **글자의 뜻(字意)**

- 맺음(紐)으로 찬 기운이 스스로 구부려 얽어맨다는 뜻이다.

② **물상(物象)**

- 소는 예로부터 낙농업에서 사람들에게 큰 도움을 준 동물이므로 '끈기와 성실'의 상징이 되었다.
- 굴종됨을 의미하여 추운 계절의 한기가 점차 굴복하기 시작하는 모습이다.

③ **성향**

- 소의 행동은 느리지만 우직하게 끝까지 자기의 일을 한다.
- 말이 적고 우유부단하여 아직은 봄의 양기가 오지 않았으니 성취함에 더딤이 있다.
- 은근히 고집이 있다.
- 기획력과 반짝이는 아이디어가 있어 일복이 많다.
- 자신이 하고자 하는 일에 열성적이다.
- 정직하고 참을성이 뛰어나지만 한번 화를 내면 냉정하고 무섭다.

### (3) 호랑이띠 – 인(寅)

**① 글자의 뜻(字意)**

- 봄의 시작, 밝아 오는 기운으로 봄의 시작을 알린다.
- 추운 언 땅을 풀어 살려 내는 기운으로 교육성, 창조성, 건립(建)하는 뜻이 있다.

**② 물상(物象)**

- 호랑이는 모피의 모양 때문에 전생에 밤하늘에 빛나는 별이라고 생각되었던 존재였다. 결단력, 재주, 지혜의 상징이다.
- 호랑이의 대범함과 포식성을 가졌지만, 고양잇과로 행동은 민첩하고 증거를 남기지 않는다.
- 역동성(하루에도 천리를 간다.)이 있고 권력적이다.
- 단독행동을 좋아한다.

**③ 성향**

- 구속과 간섭을 싫어한다.
- 자기주관이 뚜렷하고 위엄이 있으며 우두머리 성향이 강하다.
- 호기심이 많고 도전정신이 강하다.
- 때로는 성격이 급하여 손해 보는 경우도 있다.
- 명예와 품위를 지키려고 한다.
- 몰아서 하기를 좋아한다.

### (4) 토끼띠 – 묘(卯)

**① 글자의 뜻(字意)**

- 경림(瓊林)으로 완연한 봄의 무성한 기상이다.
- 무릎쓰고 땅을 헤치고 나온다는 뜻이다.

**② 물상(物象)**

- 토끼는 평온하고 차분한 존재이기에 '가정의 안전'을 상징한다.

- 토끼는 온후함과 순종의 모습이다.
- 토끼는 민첩하고 영리하나 변덕이 심하므로 인간관계에서 배신당할 일이 있을 수 있다.
- 소심하여 무리를 지어서 다니고 일을 하다 실패하면 남을 원망하기도 한다.
- 토끼는 분주히 뛰어다니므로 이동성이 잦은 변화가 있다.
- 토끼는 귀엽고 환경변화에 민감하고 감정변화가 심하다.

③ **성향**

- 무릅쓰는 행동이라 만물이 땅 위로 솟아 나오는 성향이다.
- 뻗어 나가는 생명력이 강하다(network).
- 타인의 도움을 잘 받기도 하며 실리주의자다.
- 개성이 뚜렷하다.
- 지혜롭고 차분하지만, 분위기에 잘 휩쓸리는 기분파다.
- 재능과 적응력이 뛰어나다.
- 타인에게 베풀기를 좋아한다.
- 쓸데없는 것에 고집을 피우기도 한다.

### (5) 용띠 – 진(辰)

① **글자의 뜻(字意)**

- 펼침(伸)으로 만물이 모두 펼쳐 나오는 기운이다.

② **물상(物象)**

- 상상의 동물인 용은 여의주를 물고 하늘로 비상한다. 신화 속 존재라고 알려진 존재로 '권력자'의 상징이다.
- 용은 '정의감과 신용'의 뜻으로 알려져 있다.
- 천지의 기운을 변화시키는 뛰어난 재주와 재능을 가지고 있는 모습이다.
- 만물이 기개를 펼치고 발전하는 기상이다.

③ **성향**

- 완벽을 추구하려 한다.
- 자존심이 강하고 남에게 지기 싫어하는 면이 강하다.
- 자기애와 자존심이 높아 남의 말을 잘 들으려 하지 않는다.
- 고집이 매우 강하다.
- 억압받는 것을 싫어하며 오기를 부려 주변과 마찰을 일으키기도 한다.
- 끈기와 추진력이 있다.

(6) 뱀띠 – 사(巳)

① **글자의 뜻(字意)**

- 그침(巳)으로 여름에 활짝 피었으니 이제 양기가 베풀기를 멈춘다는 뜻이다.

② **물상(物象)**

- 뱀은 탈피하는 특성으로 '죽음과 재생'으로 인식되며, 집념이 강한 모습이다.
- 뱀은 전통적으로 재물이 들어오는 것을 의미했고 지혜와 부활의 상징이다.
- 항공, 전파, 방송, 통신 등에 비유되는 모습이다.

③ **성향**

- 내성적이지만 표현력이 뛰어나다.
- 자기중심적이며, 차갑지만 유머가 있다.
- 자존심이 강하고 잔소리가 많다.
- 정열적이지만 끈기가 약하다.
- 활동적인 면이 강하다.

(7) 말띠 – 오(午)

① **글자의 뜻(字意)**

- 거스름(忤)으로 음기가 아래에서 올라와 양을 거스른다는 뜻으로 활짝 핀 만물이 수렴작용을 시작한다는 뜻이다.

**② 물상(物象)**

- 말은 소와 함께 예로부터 인간의 생활에 없어서는 안 되는 친숙한 존재였다.
- 말은 명랑하고 화려함에 어울리는 특징이 있고, 사람들과 잘 어울리는 특성으로 '풍작'이나 '건강'을 상징한다.
- 문명의 발달을 이끈 불을 의미하여 인간 정신과 문화를 상징한다.
- 교육, 문화, 방송, 언어, 문명 등의 인기의 모습이다.

**③ 성향**

- 활동적이고 적극적이다.
- 항상 나서기를 좋아하므로 구설이 있지만 대인관계가 원만하다.
- 머리회전이 빠르다.
- 이성에게 인기가 많은 타입이다.
- 감각이 발달하고 감수성이 풍부하다.

(8) 양띠 – 미(未)

**① 글자의 뜻(字意)**

- 맛을 낸다는 뜻이다(味).

**② 물상(物象)**

- 양은 떼로 행동하기에 가족의 무사 안녕을 상징한다.
- 양은 평온하고 착한 성격을 갖고 있다.
- 양의 무리는 들판의 초목을 보이는 대로 다 뜯어먹어 없애는 형상이 있다.
- 순해 보여도 뿔을 가진 동물이라 포악성이 있으며 스스로 고독한 모습이다.

**③ 성향**

- 온순한 동물을 닮아서 순진하고 인정이 많지만 신경이 예민하다.
- 평화를 지향하며 싸움을 싫어한다.
- 타인을 배려하며, 예의가 바르다.
- 한번 화가 나면 저돌적이고 물러설 줄 모르며 고집이 강하다.

- 은근히 끈기가 있다.
- 자존심이 강하고 외유내강의 성격이다.

### (9) 원숭이띠 – 신(申)

**① 글자의 뜻(字意)**

- 몸(身)이라는 뜻으로 사물이 몸체를 완성하니, 각자 펴고 묶어 완성되는 기운이다.
- 만물의 형체가 완성되었음을 뜻한다.

**② 물상(物象)**

- 원숭이는 '산신령의 사자'라고 알려져 있다. 임기응변에 뛰어나고 영리함과 변화, 수호신의 상징이다.
- 원숭이는 재주가 뛰어나고 지능적이다.
- 화려하고 바빠 보이는 겉모습과 달리 내면은 외로운 모습이다.

**③ 성향**

- 다재다능하고 재주가 많다.
- 유쾌함과 섬세함을 지니고 있다.
- 상대방의 모방력이 뛰어나다.
- 감각이 뛰어나다.
- 때로는 끈기와 집중력이 부족하다.
- 차분함과 인내심이 부족한 편이다.

### (10) 닭띠 – 유(酉)

**① 글자의 뜻(字意)**

- 빼어남(柔)으로 만물이 그 결실이 무르익어 완성되니 부드럽고 빼어나다는 뜻이다.
- 만물이 그 결실을 완료한다는 뜻이다.

② **물상(物象)**

- 닭은 새벽을 깨우는 의미로 '사업번영'을 상징한다.
- 닭의 벼슬은 관직을 상징하고 싸우면 용맹을 자랑한다.
- 담백하고 처세가 정확하며 꼼꼼하다.
- 가을에 농사를 수확하여 술을 곁들여 잔치하는 모양이다.
- 닭을 올리고 치르는 전통 혼례를 상징하기도 한다.

③ **성향**

- 내성적이며 섬세하고 분명한 것을 좋아한다.
- 재주가 있고 꾸준히 노력한다.
- 자기주장이 약한 편이지만 안정적이다.
- 예민하고 완벽주의자 성향이 있다.
- 직관력과 기획력이 뛰어나지만 포기도 빠르다.
- 자기 속내를 잘 드러내지 않는다.

(11) 개띠 – 술(戌)

① **글자의 뜻(字意)**

- 불쌍히 여김(恤)으로 만물을 거두어들임은 불쌍히 여겨서다.
- 만물이 생성하는 과정이 다하였음을 뜻한다.

② **물상(物象)**

- 개는 오랜 옛날부터 인간과 관계를 맺고 살아온 동물이므로 '인간의 수호신'이라는 상징성이 있다.
- 개는 근면성실과 안전과 안심이라는 의미도 있다.
- 개는 충성심이 있는 동물이고 인간과 가깝게 생활하고 책임감이 강하다.
- 무성함(茂)의 뜻으로 추수가 끝나고 풍성한 때를 의미한다.
- 도자기를 굽는 가마나 아궁이를 상징한다.

③ **성향**

- 두뇌가 명석하다.
- 감수성이 뛰어나서 다재다능하다.
- 영감이 뛰어나며, 의리가 있고, 매우 사교적이다.
- 자존심이 강하고 은근한 끈기가 있다.
- 몸과 마음이 항상 바쁘다.
- 호불호가 분명하다.
- 성공으로 가거나 실패로 가는 등 극단적인 면이 있기도 하다.

(12) 돼지띠 – 해(亥)

① **글자의 뜻(字意)**

- 씨앗(核)으로 사물이 완성되어 단단한 씨를 뜻한다.

② **물상(物象)**

- 돼지는 신화 속에서 신통력을 지닌 존재로 무병과 집안의 복을 상징한다.
- 돼지는 식복을 상징하며 부자를 의미한다.
- 낙천적이고 걱정이 없으며 이것저것 끌어모으는 기질로 욕심이 지나칠 수 있다.
- 만물의 한 시대는 끝났지만, 그 씨앗이 저장되어 있는 모습이다.

③ **성향**

- 머리가 좋고 총명하다.
- 온순한 성격으로 베풀기를 좋아한다.
- 우직하고 믿음직스럽다.
- 정직하며 솔직하고 담백한 타입이다.
- 사람을 가려서 사귀며 소심한 타입이다.

**예시)** 김하늘

① 만세력에서 사주 뽑기

| 생일 | 시 | 일 | 월 | 년 |
|---|---|---|---|---|
| 천간 | 壬 | 乙 | 庚 | 乙 |
| 지지 | 午 | 酉 | 辰 | 酉 |

② 년의 지지와 동물 기입

| 년 지지 | 酉 |
|---|---|
| 동물 | 원숭이 |

③ 본문 내용을 참조하여 작성한다.

김하늘 씨는 용맹스럽고 담백하고 처세가 정확하며 꼼꼼하다. 내성적이며 섬세하고 분명한 것을 좋아하며 재주가 있고 꾸준히 노력한다. 또한 자기주장이 약한 편이지만 안정적이며 완벽주의자 성향이 있다. 직관력과 기획력이 뛰어나지만 포기도 빠르며, 자기 속내를 잘 드러내지 않는다.

# 과제

**나의 사주를 뽑아 작성하세요.**

(1) 성명:

(2) 생년월일시:

① 만세력에서 사주 뽑기

| 생일 | 시 | 일 | 월 | 년 |
|---|---|---|---|---|
| 천간 | | | | |
| 지지 | | | | |

② 년의 지지와 동물 기입

| 년 지지 | |
|---|---|
| 동물 | |

③ 본문 내용을 참조하여 작성한다.

제13장

# 일간 및 일주론으로 보는 자기이해

당신이 자기 자신을 알면 당신은 백 번을 이길 것이다. 당신이 남을 알면 당신은 백 번을 이기지 못할 것이다.

– 논어

자신에게서 답을 찾는 것이 자아 발견의 중요한 방법이다.

– 맹자

# 1. 일간으로 보는 자기이해

## 1) 일간의 개념

사주명리학(四柱命理學)은 동양철학의 한 분야로, 사주팔자(四柱八字)를 통해 개인의 운명과 성향을 분석하는 학문이다. 이 중에서 '일간(日干)'은 매우 중요한 역할을 한다. 일간은 태어난 날의 천간(天干)을 의미하며, 사주를 해석하는 데 있어서 핵심적인 요소 중 하나다.

## 2) 일간 찾기

**예)** 김하늘, 여자, 양력, 2005년 5월 1일 오전 12시 30분 탄생

| 생일 | 시 | 일 | 월 | 년 |
|---|---|---|---|---|
| **천간** | 壬 | 乙 | 庚 | 乙 |
| **지지** | 午 | 酉 | 辰 | 酉 |

김하늘 씨의 일간은: 을(乙)이 된다.

**예)** 이민우, 남자, 양력, 2003년 12월 24일 오후 11시 25분 탄생

| 생일 | 시 | 일 | 월 | 년 |
|---|---|---|---|---|
| **천간** | 己 | 辛 | 甲 | 癸 |
| **지지** | 亥 | 未 | 子 | 未 |

이민우 씨의 일간은: 신(辛)이 된다.

### 3) 일간의 분야별 작용

(1) 자아와 성격

- 일간은 개인의 자아와 기본 성격을 나타낸다. 일간이 어떤 천간인지를 통해 그 사람의 성격적 특성과 행동 양식을 파악할 수 있다.
- 예를 들어, 일간이 '갑(甲)'이라면, 갑(甲)은 나무의 속성을 가지므로 강하고 직선적인 성격을 가지는 성향이 있다.

(2) 신체와 건강

- 일간은 신체적 건강 상태와 관련된 정보도 제공한다. 각 천간이 의미하는 신체 부위나 건강 요소를 통해 그 사람의 건강의 성향을 이해할 수 있다.

(3) 대인관계

- 일간은 다른 천간들과의 관계를 통해 그 사람의 대인관계나 사회적 상호작용을 분석하는 데 사용된다. 예를 들어, 일간과 월간(月干)의 관계는 부모와의 관계를 나타낼 수 있다.

(4) 사주 전체의 조화

- 일간은 사주의 다른 요소들과의 상호작용을 통해 사주 전체의 조화를 분석하는 데 중요한 역할을 한다. 일간이 다른 지지(地支)나 천간과 조화를 이루는지, 충돌하는지를 통해 인생의 성향을 파악할 수 있다.

(5) 운세의 변화

- 일간은 대운(大運)과 세운(歲運)과의 관계를 통해 특정 시기의 운세 변화를 예측하는 데 사용된다. 즉, 일간과 월지의 관계를 규정하고 그 시기의 운의 흐름을 파악할 수 있다.

사주명리학에서 일간은 개인의 기본적인 성향과 운명의 큰 틀을 이해하는 데 중요한 출발점이 된다. 이를 통해 개인의 삶의 방향과 중요한 시기에서의 운세를 이해할 수 있다.

## 4) 일간으로 보는 자기이해

10천간에 대한 개념과 대표적 성격 및 장점과 단점은 자기이해에 도움을 준다.

### (1) 10천간의 분류별 특성

#### ① 갑(甲)

| | 甲 |
|---|---|
| **개념** | • 甲은 씨앗에서 싹이 트는 것으로, 만물이 껍질을 쪼개고 나오는 형상의 에너지다.<br>• 甲은 큰 나무로 곧고 강하며, 열매를 맺거나 건축에 쓰이는 재목이며 불을 때는 땔감이 된다. |
| **성격** | • 인자하나 위로 뻗어 나가려는 나무의 속성을 닮아 우두머리 기질을 가지고 있어서 다른 사람의 지배와 간섭받는 것을 다소 싫어할 수 있다.<br>• 자존심이 강하며, 자기가 앞장서서 통솔해야 직성이 풀린다.<br>• 앞으로만 나아가는 성향으로 독선적이며 고집이 세게 보일 수 있다.<br>• 설득력과 논리성이 있다. |
| **장점** | • 친화력 · 습득력이 있고, 진보적 · 적극적이며 성격이 바르고 곧으며, 본바탕이 어질다.<br>• 예의 바르고 대인관계가 무난하다.<br>• 진취적이며 리더십이 강하다.<br>• 인자하고 따뜻한 마음의 소유자다.<br>• 타인을 배려하고 인정할 줄 안다.<br>• 자신의 의견을 논리적으로 전달하여 상대방을 설득한다. |
| **단점** | • 천성이 지도자적인 타입이지만, 민첩하게 대처하는 능력은 다소 부족하다.<br>• 미래 지향적이지만 의욕과 고집이 강하게 보일 수 있다.<br>• 결정적인 순간 자신의 의견을 내세우지 못하고 마음속에만 담아 둔다.<br>• 자기 생각을 잘 굽히지 않고 은연중에 관철하기도 한다.<br>• 능력보다 인간성에 치중하다 일 처리가 늦어지기도 한다.<br>• 타인을 배려하고 인정해 주다가 손해를 보기도 한다.<br>• 이해되지 않으면 마음을 바꾸지 않는다. |

② 을(乙)

| | 乙 |
|---|---|
| 개념 | • 乙은 초목이 가까스로 굽어 올라오는 모양을 본뜬 것으로 외면상 부드럽고 유순하지만, 환경 적응력이 뛰어나며 생명력이 무척 강한 에너지다. |
| 성격 | • 외유내강하여 베어도 또 자라나는 잡초와 같은 끈기가 있어 심한 고난도 잘 견딘다.<br>• 기회 포착에 능하고 타협적이다. 모나지 않고 어떤 환경에서도 잘 적응한다.<br>• 부드러운 성품, 인자함, 섬세함, 친절함, 실리에 밝고 현실적, 외유내강, 성실함, 인내와 끈기, 환경 적응 능력이 뛰어나고 예술적 감각이 있다. |
| 장점 | • 부드럽고 섬세하며 타인을 배려한다.<br>• 자신을 낮추며 예의가 있고 겸손하다.<br>• 어디서나 잘 적응하고 누구와도 잘 어울린다.<br>• 순간의 판단이 빨라서 대처능력이 뛰어나다.<br>• 자신의 감정을 잘 드러내지 않고 분위기에 순응한다. |
| 단점 | • 부드럽고 유약하고 신경이 예민하므로 까다롭고, 주변의 반응에 민감하며 인내심이 부족하게 될 수 있다.<br>• 과장된 면이 있어 속마음을 알기가 어렵다.<br>• 의존심이 있어 이기적으로 보일 수 있다.<br>• 처세술이 뛰어나고 매사에 정치적으로 행동하기 쉽다.<br>• 자책감이 있으면 결정적인 순간에 판단능력이 떨어지며 감정 기복이 심하기도 한다. |

### ③ 병(丙)

| | 丙 |
|---|---|
| 개념 | • 丙은 태양과 같은 강렬한 불의 형상이며, 식물을 기르고 동물을 생활할 수 있게 하며, 만물을 밝게 빛나게 하고 성장시키는 에너지다.<br>• 하늘의 따뜻한 기운으로 힘든 사람에게는 위로가 되며, 사람들에게 공평하고 분명하게 밝음을 준다. |
| 성격 | • 화려한 것을 좋아하며 허세가 있고 불처럼 성급하지만, 예의를 존중하며 솔직 담백하고 명랑 활발하다.<br>• 이상과 포부가 원대하고 계획이 크며, 자기주장이 강하고 명분을 앞세운다.<br>• 쾌활하고 매사에 정열적이고 적극적이며 화끈하지만, 성급하고 싫증을 빨리 낸다. |
| 장점 | • 활동적이며 활발하고 명랑하다.<br>• 자신의 감정을 숨기지 않고 시원스럽게 표현한다.<br>• 예의 바르고 옳고 그름에 대해 명확하다.<br>• 추진력이 강하고 적극적이며 돌파력이 있다.<br>• 대인관계가 좋고 리더십이 있어서 타인을 잘 이끌어 간다. |
| 단점 | • 자신을 꾸미려고 하고 사치스럽거나 분위기에 편승하는 타입이다.<br>• 태양과 같은 모두를 생각하는 마음이 있지만, 자기주장이 강하고, 불리한 생각이 들 때 타인을 무시하는 경향도 있다.<br>• 집착과 소유욕이 강하여 이기적으로 보일 수도 있다.<br>• 다혈질적이고 조급하여 흥분을 잘한다.<br>• 기분파 성향으로 사람들과 방만하게 어울리는 경향도 있다. |

④ 정(丁)

| | 丁 |
|---|---|
| 개념 | • 丁은 심지와 불꽃으로 태우는 인공적인 불이며, 열기로서 만물의 물성을 변화시키는 에너지다.<br>• 만물이 건장하고 충실한 모양이며, 큰 장정이다. |
| 성격 | • 어둠을 밝게 하는 문명의 불이며, 예술적 재능이 풍부하고 어둠 속에서 인도하는 일을 잘하므로 종교에 인연이 깊다.<br>• 온기와 정감을 느끼게 하여 잔정이 많고 차분한 성격이다.<br>• 헌신적이고 봉사심이 강하며, 상대를 배려하고 관계를 원만하게 한다.<br>• 외면적으로는 부드럽고 조용하면서 유약하게 보이지만 내면적으로는 강하다.<br>• 평상시에는 조용하고 안정적이고 객관적이지만, 불만이 가중되면 성격이 급변하는 특성을 가진다. |
| 장점 | • 부드럽고 섬세한 성격이다.<br>• 따뜻하고 온화한 성격이다.<br>• 침착하고 자신을 절제하는 능력이 있다.<br>• 예의 바르고 주변환경과 조화를 이루는 성격이다.<br>• 타인에 대한 배려가 깊고 심성이 착하다. |
| 단점 | • 예민하고 민감하다.<br>• 부드러운 타입으로 타인의 말에 쉽게 동화되고 흔들릴 수 있다.<br>• 밖으로 드러나지 않는 자기중심적인 면이 있다.<br>• 상상력이 너무 많고 순간순간 재치와 변화가 많다.<br>• 사리에 맞지 않는다고 생각하면 어느 순간 갑자기 폭발하는 경향이 있다. |

### ⑤ 무(戊)

| | 戊 |
|---|---|
| 개념 | • 戊는 높은 산과 넓은 평야와 같아서 큰 나무가 자랄 수 있는 토양이 되며, 바람을 막아 주고 물길을 막는 제방 역할을 하며 조절하는 에너지다.<br>• 모든 것을 수용하기도 하고 정지시키도 하며, 발생시키고 내보낸다.<br>• 마음이 넓고 여유가 있으며 신용과 신의를 중히 여긴다. |
| 성격 | • 중후하고 과묵하며 믿음직스럽고 단단하며 외고집이 강하다.<br>• 중개와 화해를 잘하고 만물을 포용하는 덕이 있으나 때로는 공격적이다.<br>• 말과 표정의 변화가 적으며 성실하고 책임감이 강하다. |
| 장점 | • 중후하고 흔들림 없는 품격이 있다.<br>• 타인들을 포용하고 통솔하는 타입이다.<br>• 목표한 것이 있으면 꾸준하게 밀고 나가는 타입이다.<br>• 믿음직하고 신용이 있다.<br>• 은근한 고집과 성실함으로 일을 완성해 나간다. |
| 단점 | • 자기주관이 강하여 융통성이 부족하고 보수적인 타입이며, 고집불통인 면이 있다.<br>• 과묵하여 행동이 느리고 순간적인 대처능력이 약할 수 있다.<br>• 기분 좋을 때는 자기과시와 자만심에 빠져 공상에 사로잡히는 경우도 있다.<br>• 마음의 변화가 적어 고정관념과 자기 생각의 틀에서 벗어나기 어려울 수도 있다. |

⑥ 기(己)

| | 己 |
|---|---|
| 개념 | • 己는 논밭의 흙으로 곡식을 기르는 터전이 되며, 정원과 화단으로 화초를 기르는 땅이다. 촉촉하게 젖은 듯하며 기름지고 부드러운 흙으로 문전옥답의 형상이다.<br>• 만물을 기르는 능력이 있는 까닭에 부드럽고 온화함을 대표하는 에너지다. |
| 성격 | • 순박하고 부드러우며 조용한 가운데서도 대체로 자기주장을 내세우지 않으며 자애롭고 포용력이 있다.<br>• 주변의 상황에 조화롭게 맞추며 변화와 변칙을 싫어하고, 자기 일에 충실하며 온정, 신의, 고집, 소극적인 특성을 가진다. |
| 장점 | • 주관이 강하고 끈기가 있다.<br>• 계획적이고 치밀하여 자기관리에 능숙하다.<br>• 대인관계가 무난하고 순응을 잘한다.<br>• 언어능력이 발달하여 표현력이 뛰어나다.<br>• 은근한 고집과 부드러운 추진력으로 밀고 나간다. |
| 단점 | • 급박할 때 다소 순간적인 대처능력이 떨어질 수 있다.<br>• 자기감정을 쉽게 드러내지 않고 감추는 것이 많다.<br>• 타인의 억압이나 강압에 심한 스트레스를 받아 부적응하기도 한다.<br>• 겉으로는 활발한 듯하지만, 마음에 상처를 많이 받는다.<br>• 자기중심적인 면이 있다. |

### ⑦ 경(庚)

| | 庚 |
|---|---|
| **개념** | • 庚은 제련되지 않은 무쇠 덩어리이며 큰 바위와 같아 큰 나무를 자르고, 물을 샘솟게 하는 형상이다.<br>• 가공되지 않은 무쇠인지라 뜨거운 불로 제련되어 쓸모 있는 기물이 되기를 가장 원한다.<br>• 庚은 견고하고 강한 모양이며 만물을 수렴시켜 결실의 에너지다. |
| **성격** | • 강직하고 직선적이며 의리가 있고 적극적이다.<br>• 겉으로는 강하고 차가운 느낌이 들지만, 내면에는 따뜻한 정이 있고, 결단이 빠르고 과감하다.<br>• 의협심이 강하고, 이성적인 판단력과 강한 결단력이 있다. |
| **장점** | • 원리 원칙을 중시하고 계획성이 탁월하다.<br>• 마음먹은 일에 대해 결단력과 추진력이 있다.<br>• 성실하고 정의감이 강하며 논리적이다.<br>• 머리가 총명하고 자신의 능력에 대하여 확신이 있고 자긍심이 있다.<br>• 부지런하고 일 처리 결과가 완벽하다. |
| **단점** | • 주관이 강하여 자기중심적이고 융통성이 부족할 때가 있다.<br>• 자기 생각대로 되지 않으면 스트레스가 심하다.<br>• 상황이 불리하면 타인의 의견을 무시하고 독선적이며 비타협적이다.<br>• 자신감이 지나치면 자신의 능력을 과시하고 잘난 척하는 타입이다.<br>• 불리할 때 따지기를 좋아하니 주변 사람들이 피곤하게 생각하기도 한다. |

### ⑧ 신(辛)

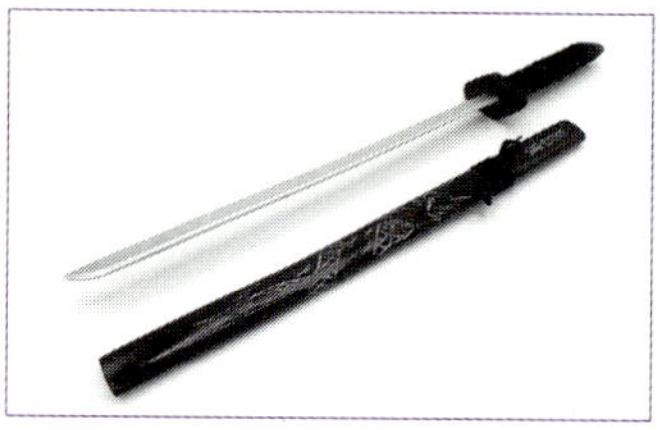

| | 辛 |
|---|---|
| 개념 | • 辛은 경(庚)을 녹여 만든 제련된 금속으로 예리한 칼이고 바늘이며, 정밀한 기계와 같은 형상의 에너지다.<br>• 화초를 베는 역할을 하며, 보석과 같아서 빛을 발한다.<br>• 녹슬지 않게 해야 하며 깨끗이 닦고 씻어서 빛을 내야 한다. |
| 성격 | • 자존심이 너무 강하거나 욕심이 많으며 자신을 자랑하고 싶어 한다.<br>• 겉으로는 약해 보이지만 단단하고 야무지며 섬세하다.<br>• 자기주장이 강하고 냉정하다. |
| 장점 | • 생각이 깊고 안정적이고 침착하다.<br>• 총명하고 명석하며 냉철한 판단력을 가지고 있다.<br>• 원리 원칙적이고 계획적이며 치밀하다.<br>• 말할 때 논리적이고 체계적이며 언변이 좋다.<br>• 절제력이 있고 일을 완벽하게 마무리를 잘 한다. |
| 단점 | • 예민하고 섬세하여 까다롭다.<br>• 논리적이고 분석적이므로 타인의 실수를 용납하지 않는다.<br>• 자기주관적이고 약간의 부정적인 성격으로 타인에 대해 비판적인 면이 있다.<br>• 비평에 유능하므로 상대가 지적으로 느껴 억울한 오해를 받기도 한다. |

### ⑨ 임(壬)

| | 壬 |
|---|---|
| 개념 | • 壬은 강과 바다와 호수와 같으니 만물의 생장에 필요하며 사람과 동식물이 먹고 자라는 물이다.<br>• 형체가 있으나 수시로 변화고, 유동성이 있어 아래로만 흐른다. |
| 성격 | • 수용성과 흡수력과 유연성이 높고, 지혜롭고 총명하다.<br>• 환경 적응력이 굉장히 빠르며 과감하다.<br>• 상대적 환경변화에 지혜롭게 대처한다.<br>• 그릇에 따라 모양이 달라질 수 있는 물처럼 임기응변과 대처능력이 좋고 사교적이어서 대인관계가 탁월하다. |
| 장점 | • 아이디어가 탁월하고, 두뇌 회전이 빠르고 총명하며, 기획력이 뛰어나다.<br>• 예지력과 마음을 읽는 능력이 뛰어나다.<br>• 마음이 넓어 포용력이 있고 대범하다.<br>• 친화력이 있고 대인관계가 무난하다.<br>• 부지런하고 실천적이며 매우 활동적이다. |
| 단점 | • 생각이 너무 많고, 쓸데없는 걱정이 많다.<br>• 불리하면 모사를 꾸미기도 한다.<br>• 무시받는다고 생각되면 참을성이 떨어지며 화를 내기도 한다.<br>• 자존감이 떨어지면 타인을 무시하는 경향이 있고, 앞장서려고 하며 허세를 잘 부린다. |

### ⑩ 계(癸)

| | 癸 |
|---|---|
| 개념 | • 癸는 개울물과 빗물과 이슬과 같은 물이므로 유약하나 태양을 가릴 수 있고 제련된 기물을 녹슬게 하는 형상이다.<br>• 아래로 향하는 물의 기본 성질이 있으며 만물을 기르는 에너지다.<br>• 지혜와 지식습득에 능하다. |
| 성격 | • 영리하고 섬세하고 조용하며, 변화 적응력이 뛰어나다.<br>• 마음이 약한 편이라 내면의 감정변화가 많다.<br>• 과다한 생각과 고민으로 인하여 하고자 하는 일에 추진력 부족으로 나타날 수 있다. |
| 장점 | • 두뇌가 총명하고 재주가 있다.<br>• 합리적이고 계획적이며, 구조화된 일에서 능력을 발휘한다.<br>• 섬세하고 꼼꼼하며 치밀하다.<br>• 적응력이 있고, 어느 장소에서나 있는 듯 없는 듯 자기를 드러내지 않으며, 친절하고 원만하다.<br>• 감수성이 뛰어나고 감각이 예민하다. |
| 단점 | • 자기감정을 드러내지 않아 속마음을 알기 어렵다.<br>• 일이 생기면 섬세하여 신경이 예민하고 까다로우며 우울한 생각이 많다.<br>• 자신에게 이익이 있는지를 따지는 경우가 종종 있다.<br>• 적극성이 부족하여 의지력과 끈기가 없어 보일 때가 있다.<br>• 내가 마음에 들면 정을 주며 때로는 배신을 당하기도 한다. |

## (2) 일간(日干)으로 보는 자기이해 예시

**예시)** 김하늘, 여자, 양력, 2005년 5월 1일 오전 12시 30분 탄생

### ① 만세력에서 사주 뽑기

| 생일 | 시 | 일간 | 월 | 년 |
|---|---|---|---|---|
| 천간 | 壬 | 乙 | 庚 | 乙 |
| 지지 | 午 | 酉 | 辰 | 酉 |

### ② 일간을 기입

| 일간 |
|---|
| 乙 |

### ③ 본문 내용의 일간의 내용을 참조하여 작성한다.

김하늘 씨는 외유내강하고 어떤 환경에도 잘 적응하며, 인자하고 성실하며 친절하고 실리에 밝고 현실적으로 생활력이 강하다. 타인을 배려하고 겸손하며 대처능력이 뛰어나고 분위기에 순응하는 대인관계의 성품을 지녔다.
다만 아쉬운 것은 유약하므로 예민하고 힘이 들면 참을성이 없고 감정 기복이 심하여 마음은 그러하지 않은데 이기적으로 보일 수 있으므로 포용하는 힘을 기르면 대인관계가 원활하게 된다.

## 과제

### 나의 사주를 만세력으로 찾고, 일간을 뽑아 작성하세요.

① 만세력에서 사주 뽑기

| 생일 | 시 | 일간 | 월 | 년 |
|---|---|---|---|---|
| 천간 | | | | |
| 지지 | | | | |

② 일간을 기입

| 일간 |
|---|
| |

③ 본문 내용의 일간의 내용을 참조하여 작성한다.

# 2. 일주론으로 보는 자기이해

## 1) 일주의 개념

명리학에서 '일주(日柱)'는 사주팔자의 네 기둥 중 하나로, 생년(年柱), 생월(月柱), 생일(日柱), 생시(時柱) 중에서 태어난 날을 기준으로 한 기둥을 의미한다. 일주는 일간(日干)과 일지(日支)로 구성되며, 명리학에서 매우 중요한 역할을 한다.

## 2) 일주 찾기

**예)** 김하늘, 여자, 양력, 2005년 5월 1일 오전 12시 30분 탄생

| 생일 | 시 | 일 | 월 | 년 |
|---|---|---|---|---|
| 천간 | 壬 | 乙 | 庚 | 乙 |
| 지지 | 午 | 酉 | 辰 | 酉 |

김하늘 씨

일간 : 을(乙)

일지 : 유(酉)

**일주 : 을유(乙酉)**

**예)** 이민우, 남자, 양력, 2003년 12월 24일 오후 11시 25분 탄생

| 생일 | 시 | 일 | 월 | 년 |
|---|---|---|---|---|
| 천간 | 己 | 辛 | 甲 | 癸 |
| 지지 | 亥 | 未 | 子 | 未 |

이민우 씨

일간 : 신(辛)

일지 : 미(未)

**일주 : 신미(辛未)**

## 3) 일주의 분야별 작용

(1) 개인의 본질과 자아

- 일주는 일간(日干)과 일지(日支)로 나뉘며, 이 둘의 결합을 통해 개인의 본질적 성향과 자아를 나타낸다. 일간은 개인의 외적인 성향을, 일지는 내적인 성향을 보여 준다.
- 예를 들어, 일간이 '병(丙)'이고 일지가 '인(寅)'이라면, 병(丙)은 화(火)이므로 화(火)의 성향과 인(寅)은 목(木)이므로 목(木)의 성향이 결합되어 강하고 따뜻한 성격을 나타낼 수 있다.

(2) 부부관계

- 일주는 특히 부부관계를 분석하는 데 중요한 요소로 작용한다. 일지는 배우자를 의미하며, 일지와의 관계를 통해 배우자와의 관계, 결혼 생활, 부부간의 궁합 등을 분석할 수 있다.
- 예를 들어, 일지가 '자(子)'이면 물(水)의 성향을 나타내며, 일간과의 상생관계 또는 상극관계를 통해 부부관계의 조화를 살펴볼 수 있다.

(3) 인생의 중요한 시기

- 일주는 개인의 중요한 시기와 사건을 예측하는 데 도움이 된다. 일간과 일지의 관계를 통해 특정 시기에서의 운세 변화를 분석할 수 있다.

- 예를 들어, 대운(10년 마다 오는 운)이나 세운(1년마다 오는 운)과 일간, 일지의 관계를 통해 특정 시기에 발생할 수 있는 중요한 변화나 사건을 이해할 수 있다.

### (4) 건강과 신체적 특징

- 일주는 개인의 건강 상태와 신체적 특징을 분석하는 데도 사용된다. 일간과 일지의 오행(五行) 속성을 통해 어떤 신체 부위가 약할 수 있는지, 어떤 질병에 취약할 수 있는지 등을 이해할 수 있다.
- 예를 들어, 일간이 '경(庚)'이고 일지가 '신(申)'이라면 경(庚)은 금(金)이고 신(申)도 금(金)이므로 금(金)의 성향이 강하여 폐나 대장 관련 건강 문제를 유의할 필요가 있을 수 있다.

### (5) 성장 환경

- 일주는 개인의 성장 환경과 가정에서의 역할을 나타내는 데도 작용한다. 일지의 특성을 통해 가정 내에서의 역할, 부모와의 관계 등을 이해할 수 있다.
- 예를 들어, 일지가 '묘(卯)'라면 묘(卯)는 목(木)이므로 나무(木)의 성향을 뜻한다. 성장 환경이 자연과 가깝거나 교육적인 영향을 많이 받았을 수 있다.
- 일주는 사주명리학에서 개인의 깊은 본질과 인생의 중요한 부분을 분석하는 데 중심적인 역할을 한다. 이를 통해 개인의 성향, 부부관계, 건강, 중요한 시기 등을 종합적으로 이해할 수 있다.

## 4) 일주로 보는 자기이해

### (1) 일주의 분류별 특성

일주는 총 60개다. 일주별 특성을 보면 자기이해에 도움이 된다.

#### ① 갑자(甲子)일주

- 성격
  - 활동력이 떨어지고 조용한 곳을 추구하는 경향이 있는 사람이다.
  - 낙천적인 성격으로 가슴이 넓고 자신감이 넘치며, 의지가 강하고, 대인관계가

원만하며 인정이 많다. 자존심이 강하고 이해타산이 빠르며 공과 사가 분명한 성격이다.

- 장점
  - 명분을 추구하고, 어질고, 착하고, 인정이 많은 사람이다.
  - 우두머리 기질이 강하고, 남 앞에 나서기를 잘 한다.
  - 자기가 좋아하는 것을 열심히 하는 사람이다.
  - 잘생기고 인기가 있으며, 공부를 잘하고 똑똑한 사람이다.
  - 윗사람들로부터 도움을 받을 수 있다.

- 단점
  - 외모, 이성, 취미에 관심이 많아서 좋아하는 것에 집착하기 쉽다.
  - 자존심 강하고, 고집이 세고, 자기주장이 강하여 남의 말을 잘 듣지 않는 면이 있다.

**② 을축(乙丑)일주**

- 성격
  - 어질고, 착하고, 부드러우며, 인정이 많은 사람이다.
  - 다소 내성적인 성품에 온화하고 온순하며, 모든 일에 합리적이다. 하지만 자기주관이 강해 말을 잘하고 유연하며 생활력이 강하다.

- 장점
  - 안정적인 직장생활을 유지할 수 있는 사람이다.
  - 재산의 관심이 많고 경제활동이 유리한 면이 있다.

- 단점
  - 흑백이 너무 명확하며, 은근한 고집이 있고, 사람을 가려 사귀는 경우가 있다.

### ③ 병인(丙寅)일주

- **성격**
  - 태양은 둥글기 때문에 얼굴이 둥글고 체격이 좋은 사람이 많다.
  - 하늘 높이 떠 있으므로 자신이 최고라는 생각을 가지고 있고 아는 것이 많은 사람이다.
  - 자존심 강하고 낙천적이며 남의 간섭을 싫어한다.
  - 성격은 급하지만 대인관계는 원만한 사람이다.
  - 희생, 봉사 정신이 뛰어나므로 성격이 좋은 사람이다.

- **장점**
  - 학문을 사랑하고 효심이 깊은 사람이다.
  - 어머니의 능력과 영향력이 강하다.
  - 건강하고 자신감이 넘치는 사람이다.
  - 활동력이 좋고, 의식주가 풍부하고, 말을 생생하게 잘 한다. 즉, 달변가다.
  - 직장에서 능력을 인정받는 사람이므로 직장생활에 잘 맞는 사람이다.

- **단점**
  - 태양은 자신이 최고이므로 경쟁하는 것을 싫어한다.
  - 돈 관리를 잘 못하고 사업(유통업)은 잘 맞지 않는 사람이다.
  - 감정의 기복이 심하여 분노조절이나 우울증을 조심해야 한다.

### ④ 정묘(丁卯)일주

- 성격
  - 개성이 있고 재주가 많고 성실하며 사람들 사이에 인기가 있다. 옷차림과 행동이 독특하고 주관이 굉장히 강하다. 과도하게 베푸는 성향도 있다.

- **장점**
  - 이성적이고 합리적이며 차분하고 온화하다.
  - 수리와 계산이 뛰어나고 학습능력이 탁월하다.

- 잘 배풀고 인정이 많으며 남녀 공히 평균 이상의 외모를 갖추고 있다.

● 단점

- 결실, 성과, 실리에 미약한 편이다.
- (너무 베풀기를 좋아해서)일과 사업에서 용두사미 격으로 끝날 때가 많다.
- 생활공간이나 환경이 좁고 제한적이다.
- 시시비비를 가리거나 논리적 설득에서 마음이 상할 때가 많다.

### ⑤ 무진(戊辰)일주

● 성격

- 주어진 일을 완벽하게 해결하는 능력이 있고, 남의 부탁이나 일을 도맡아 처리해 주기도 한다. 하지만 완벽주의자로서 가까운 사람들에게 잔소리가 심한 단점이 있다.

● 장점

- 인내심이 강하고, 성실하며, 안정적인 것을 추구하는 성향이 강하다. 사업보다 직장생활이 더 유리하며, 일반회사원보다 군경계통 관직에 오르거나 자격증 기반으로 외과의사, 건축, 군경, 종교 관련 직종을 추천한다.
- 성질이 보통이 아닌 경우가 많으며, 자기에 대한 자부심이 대단한 사람들이 많다.

● 단점

- 본성은 소심, 고독, 우울, 쓸쓸함이다.
- 주변으로부터 소외, 고립되는 경우도 있다.
- 외형상으로 탈세속적이고 고고하며 종교에 관심이 많다.

### ⑥ 기사(己巳)일주

● 성격

- 말수가 적고 조용하며 믿음이 가는 성격으로, 자신감 있게 정력적으로 생활해

나간다면 기대 이상의 성과를 얻을 수 있다. 하지만 자기주장이 너무 강하고 가족들에게 의지하려고 하며, 끈기와 끝맺음이 부족하다.

- **장점**
  - 모든 일에 판단과 이해가 빠르며 믿음직스럽고 끈기가 있고 저장능력이 뛰어나다.
  - 부지런하고 성실하며 지식 탐구를 꾸준히 행한다.
  - 매사에 의욕적이고 진취적인 기품이 있으며 속이 깊고 고집이 세고, 논리 정연하며 통솔력과 포용력이 있다.

- **단점**
  - 화를 내면 절제가 되지 않는 단점이 있다.
  - 말을 잘하고 머리가 좋아서 이를 잘못 쓰게 되면 모사꾼이 되기도 쉬운 사주이니 말을 좋은 데 사용해야 한다.
  - 계산과 실리에는 정확하지만 대인관계는 비교적 좁고 외로운 편이다.
  - 결실, 결과, 실리, 뒷마무리에는 상당히 취약하다.
  - 남 밑에서 일하기 어렵고 스스로 고독, 우울함을 자초하기도 한다.

**⑦ 경오(庚午)일주**

- **성격**
  - 마음이 넓고 쾌활하고 명랑하며, 매사에 너그럽게 지나가는 온유한 성격의 소유자이며, 인심을 베풀고 인색하지 않으므로 여러 사람들에게 존경을 받는다.

- **장점**
  - 꿈, 이상이 원대하며, 호탕하고 포용력도 좋다.
  - 뭐든지 최선을 다하며, 웬만한 것들에서 평균 이상의 수준을 한다.
  - 정말 아니다 싶으면 헤어지더라도 웬만하면 끝까지 간다.
  - 주변의 신용과 신뢰는 매우 좋으며 예민, 엄격함으로 무장되어 있다.

- **단점**
  - 혼자 일당백하는 스타일이라 정신이 없고 이로 인해 체력악화와 인생을 반쪽으로 사는 이유가 된다.
  - 두 마리 토끼를 양손에 쥐고 싶어 하는 문제가 있다.
  - 상명하복의 질서체계에는 잘 적응하지만 미래 지향적 창조성에는 취약하다.
  - 이성에게 쉽게 혹하고 쉽게 끝나는 경향이 있다.

**⑧ 신미(辛未)일주**

- **성격**
  - 이해심이 많고 외유내강의 성격을 지녔으나, 신경이 예민하고 자존심이 유난히 강한 타입이다. 분석력이 뛰어나고 매사에 세밀하고 정확하며 의리를 중요시하는 성격이지만, 냉정한 면도 지니고 있다.

- **장점**
  - 승부욕, 경쟁심이 강하다.
  - 본인만의 전문지식 기술에 배울 점이 있다.
  - 지혜와 전략이 뛰어나며 재주가 있다.
  - 꿈과 자신감, 인내력이 있고 어질고 착한 스타일이다.

- **단점**
  - 때로는 융통성 부족으로 답답한 면이 있다.
  - 자신의 복잡한 마음이 나와 타인을 혼란스럽게 하기도 한다.
  - 가끔은 주변이 고독하고 적막하며 외로울 때가 많다.

**⑨ 임신(壬申)일주**

- **성격**
  - 매사에 적극적이며 끈기가 있고 일을 완벽하게 하는 성격으로, 재주가 뛰어나고 대인관계에서 매우 능수능란하며 다방면에서 경험과 지식이 풍부한 사람이다. 하지만 재주가 너무 많아 이것저것 하려고 하는 것이 너무 많을 수 있다.

● 장점

- 언어구사력, 자신의 주장을 잘한다.
- 실천력이 있고 세련미와 완숙미를 보인다.
- 성공도 크게 실패도 크게 한다.
- 총명한 머리를 지녔으며 남들을 가르치고 설득하고 이해시키는 능력이 좋다.
- 정신적 깨달음의 경지도 계기만 주어진다면 상당히 높은 수준까지 도달한다.

● 단점

- 삶의 기복이 있어, 자칫 쉽게 포기한다.
- 겉으로는 온화 단정하고 너그럽고 내성적으로 보이지만 실제 내면에서는 냉정한 심성으로 다소 패쇄적 심리구조와 부정적 속성도 지닌다.
- 생각이 많아서 인내와 끈기를 발휘하기가 어려울 때가 많다.

**⑩ 계유(癸酉)일주**

● 성격

- 겉으로는 화려하게 보이지만 소박하고 부지런하며, 속으로는 아주 여리고 보호본능이 강한 기질을 갖고 있다. 하지만 자기 재주를 너무 과신하다 손해를 보기도 하고, 이것저것 벌이기를 좋아하기도 한다.

● 장점

- 감정적으로 예민하고 사회성, 감수성이 좋고 빠른 직관력을 지녔다.
- 똑똑한 사람이 많고 배움에 대한 호기심과 욕구가 강한 편이다.
- 다재다능하며 암기력, 집중력이 좋으며, 깔끔한 보석과 같은 이미지를 풍긴다.
- 기회를 포착하면 내 것으로 만들 줄 아는 힘이 있다.

● 단점

- 주변이 정막하고 결백, 고독한 심성이라 특히 정신건강에 조심해야 한다.
- 외모와 겉치레에 너무 빠질 수 있다.
- 자신의 생각과 주장을 시원하게 펼치지 못해 생기는 억압구조가 변형되면 자칫

부정적 왜곡이나 폭력성으로 나타날 우려가 있다.
- 자신의 능력을 너무 과신하다 손해 보기도 한다.

⑪ **갑술(甲戌)일주**

● **성격**

- 말솜씨가 좋아 처세술이 뛰어난 사람으로, 뛰어난 머리와 지혜로 사회활동을 하면서 자기주장을 충분히 설득시키면서 일을 해 나간다.

● **장점**

- 미래를 대비하며 지도자의 역량을 가졌다.
- 의지력과 강한 인내심이 있다.

● **단점**

- 낭만과 풍유를 즐기며, 주색에 빠질 우려가 있다.
- 침착하고 사려 깊으나 성격이 과격해 주변을 적으로 만들 수도 있음을 주의해야 한다.

⑫ **을해(乙亥)일주**

● **성격**

- 뛰어난 재주를 갖고 있으며, 사물을 표현하는 능력이 뛰어나고, 우수한 감각을 가졌다. 어떤 일을 하게 되면 바로 그 일에만 몰두하는 경향이 많지만, 누군가에게 의지하고 싶어 하거나 끈기가 부족한 것이 단점이다.

● **장점**

- 부드럽고 따듯한 생기가 있어 사람들이 함께할 때 편안함을 느낀다.
- 모범생이며 정의구현의 사명감이 있고, 우아함과 교양이 있으면서 정도 많다.
- 항상 주변의 예쁨을 받는다.

- **단점**
  - 우유부단하기 쉽고, 판단이 느린 편이다.
  - 속 시원하게 말하고 행동을 화끈하게 하지 못해 답답할 때도 있다.
  - 게을러 보인다거나 의존적이기 쉬운 스타일이다.

### ⑬ 병자(丙子)일주

- **성격**
  - 진취적 기상이 뛰어나고, 항상 새로운 것을 추구하며 독창적이고 창의력이 돋보인다. 솔직담백하고 의지력이 강하여 남의 도움을 받는 것을 싫어하고, 원칙을 지킨다.

- **장점**
  - 단체 활동에 소속감이 강하고 명예로운 점이 있다.
  - 밝으면서도 부드럽고 절제되는 모습으로 귀하다.
  - 깊고 무거워 보여도 은근히 단순하고 쾌활하다.
  - 단정한 외모와 긍정적인 가치관을 지녔으며 공직, 공무원에 어울리는 성품이다.

- **단점**
  - 명예로운 품위를 지키려다가 어두운 함정에 빠질 위험이 있다.
  - 겉은 절제력과 단정함이 보이나 속으로는 고민하고, 우울한 면이 있다.
  - 권력과 품위를 유지하기 위해서는 지구력 멘탈을 단단하게 챙겨야 한다.

### ⑭ 정축(丁丑)일주

- **성격**
  - 지혜롭고 침착하며 냉정한 성격으로 대인관계가 원만하고 자기주장이 확실한 사람이다. 하지만 다소 급한 성격이면서도 끈기가 부족하고 모험을 두려워한다.

● 장점

- 기억력, 사물과의 현상에서 재해석 능력이 뛰어나며 타인에게 설득시키는 힘이 좋다.
- 잔정도 많은 편이다.
- 자신에게 주어진 임무나 책임을 성실하게 수행하는 힘이 있다.
- 윗사람과 타인에게 좋은 인식과 평가를 받는다.
- 주변을 온화하고 안정되게 자신의 무대로 만드는 능력이 있다.

● 단점

- 내성적인 데다가 억압하면 반발하는 성향이 있다.
- 성급한 판단으로 손해를 볼 때도 있다.
- 작은 일보다는 큰일에 대처능력이 미흡하다.

**⑮ 무인(戊寅)일주**

● 성격

- 자기주관이 뚜렷하여 매사에 앞장서서 일을 추진하는 타입이다. 신의를 중요하게 생각하고, 독립적이고 자유적인 성격이다. 하지만 욱하는 기질이 있고 감정조절이 약하며 강한 고집이 있다.

● 장점

- 자신이 원하는 것을 얻기 위해서 저돌적으로 나가는 경향이 있다.
- 기획 · 창작 능력과 이미지 메이킹 능력이 뛰어나다.
- 품위와 명예를 추구해 공적인 분야에서 빛이 난다.

● 단점

- 자신의 체면과 마음에 상처가 나면 통제가 어렵다.
- 이미지에 신경을 너무 많이 쓰다가 손해를 볼 수도 있다.
- 체면치레와 자존심이 강해 멘탈 약한 걸 들키기 싫어한다.
- 권위적인 면이 있어 인간미가 부족하게 보이고, 환경적응에 힘들어한다.

### ⑯ 기묘(己卯)일주

● **성격**

- 마음이 넓고 호탕한 성격으로, 가족을 사랑하며 평범한 생활을 추구하는 타입이다. 하지만 이상을 추구하는 경향이 많고 끈기가 부족하며 이성문제에 신중해야 한다.

● **장점**

- 목표설정, 성취의 의식이 강하고 분명하다.
- 총명하여 학습능력이 탁월하다.
- 다수와 공적인 일에 헌신적이다.
- 멋지거나 도도하고 패션감각이 뛰어나다.
- 무언가를 브랜딩하거나 조직을 통솔하는 능력이 좋다.

● **단점**

- 명예로움만 지나치게 추구하면 소중한 사람을 잃을 수 있다.
- 멋지고 폼은 나는데 처세술이 부족해 발전이 더디다.
- 재치가 부족해 이성관계에 어려움을 겪을 수 있다.

### ⑰ 경진(庚辰)일주

● **성격**

- 몸과 마음이 건강하고, 인내심이 강하며, 남보다 노력을 많이 하는 타입이다.
- 자기주장이 강하고 용기 있고 남성적인 성격으로 옳지 않은 일은 용납하지 못하는 의로운 사람이다. 가끔은 과도한 고집과 쓸데없이 강한 의리를 갖기도 한다.

● **장점**

- 전략적이면서 냉정함과 결단력이 있다.
- 꿈이 높거나 통이 커서 작은 것에 집착하지 않는다.
- 직관과 이해력이 뛰어나 미래예측이나 동양철학 분야에서도 두각을 나타낼 수 있다.

● 단점

- 전략적이나 냉정하고 계산적인 성향이 있을 수 있다.
- 이성적으로 매력은 많은데, 내 사람 관리 능력이 부족하다.
- 괜한 고집으로 타협이 어렵거나 피해를 보는 상황이 발생할 수도 있다.

**⑱ 신사(辛巳)일주**

● 성격

- 신의와 믿음이 두터워 쉽게 남의 말에 흔들리지 않고 올바른 길만을 가려고 노력하는 사람이다. 하지만 인색하고 차가운 성품으로 매사에 끊고 맺음이 분명하지만, 대인관계에 때때로 충돌이 일어난다.

● 장점

- 품격이 있고 원만한 처세술로 인간관계가 좋다.
- 적당히 밝고 결단력도 있으면서 이성관계가 좋다.
- 명예로움을 추구하며 창피하고 부끄러운 것을 꺼린다.

● 단점

- 예리함과 정당성을 실현하기 위해 저돌성이 필요하다.
- 욕먹는 것이 싫어 자기와 자기 사람을 챙기지 못하는 면이 있다.
- 부끄러움을 당하면 인정하지 않는 경향이 있다.

**⑲ 임오(壬午)일주**

● 성격

- 부드럽고 온유하면서도 은근한 고집과 끈기가 있어 한번 정한 목표는 성취한다.
- 마음이 여려서 남의 말에 쉽게 흔들리고 따르는 속성이 있지만, 한번 안 한다고 고집을 부리면 죽어도 안 하는 사람이다.

- **장점**
  - 성품이 온순하고 부드러워 넉넉하고 편안하다.
  - 밝으면서도 차분하며 끈적해 연애고수가 많다.
  - 지혜로움만 갖추면 명예, 재물, 배우자 복이 모두 따른다.

- **단점**
  - 온화한 부드러움 뒤에 계산적이고 권위적인 면이 있을 수도 있다.
  - 이성관계 발전에 신중함과 자기 선택에 책임감이 필요하다.
  - 정면승부를 좋아하지 않거나, 숨기는 면이 있을 수 있다.

### ⑳ 계미(癸未)일주

- **성격**
  - 성격이 부드럽고, 재주와 능력이 남보다 뛰어나지는 않지만 보통의 능력은 가지고 있기 때문에 소박한 삶을 살아가면서도 돈과 건강 때문에 고민하면서 살아가지는 않는다. 하지만 작은 일에도 고집이 너무 강하고 밀어붙이는 경우가 많다.

- **장점**
  - 예리하고 화끈하면서 감정이 솔직하고 맑은 성품이다.
  - 외부나 타인의 시선, 감정을 잘 알아차린다.
  - 존중받으면 화끈하게 양보하거나 혜택을 준다.

- **단점**
  - 숲을 못 보고 잔가지에 집착하다가 실기하기도 하고 위기를 맞기도 한다.
  - 자신을 잘 내려놓지 못해 자신뿐 아니라 옆 사람도 지칠 수 있다.
  - 권력, 출세, 대인관계에서 생각이 너무 많으면 오해를 받아 손해를 볼 수 있다.

### ㉑ 갑신(甲申)일주

- **성격**
  - 정열적이고, 뛰어난 리더십으로 사람들로부터 신뢰와 존경을 받는다. 빠른 두

뇌회전, 속전속결로 승부를 보려는 추진력이 있으며, 생활력이 강한 특징을 보인다.

- 장점
  - 명분과 의리를 중시하며, 업무나 일에 대한 책임감이 높은 편이다. 현실적인 상황에 대한 이해가 뛰어나며, 권력욕구와 사회적 인정에 대한 욕심이 있어 이를 실현시키는 능력을 갖추고 있다.

- 단점
  - 여러 방면에 재능이 많고 인정이 많은 성격이지만, 끈기가 부족하고 집중력이 모자란 것이 단점이다. 추진력과 두뇌회전은 빠르나, 지속력과 마무리 능력이 약해 일을 완결시키는 데 어려움을 겪을 수 있다.

**㉒ 을유(乙酉)일주**

- 성격
  - 재주와 지혜가 뛰어나고, 유순하고 단정한 성격이며, 다른 사람들보다 감각이 뛰어나다. 하지만 자신의 재주와 능력을 믿고 타인을 무시하거나 배려하지 않는 경우가 있다.

- 장점
  - 다재다능하면서도 두뇌가 명석하여 자존감과 생존적응력이 뛰어나다.
  - 모범적이고 뜻이 높아 조직사회에 권력이 따른다.
  - 고통을 인내하며 고상하고 가치 있는 것을 추구하며 언행이 절제되어 품위와 위엄이 있고 부드럽다.

- 단점
  - 인간관계에서 딱딱함이 있고, 체면이 상하는 것을 참지 못한다.
  - 고상함을 너무 추구하다가 중요한 사람, 건강, 재물을 잃을 수도 있다.
  - 처세술 또는 융통성이 부족해 사람들이 불편함을 느낄 수도 있다.

### ㉓ 병술(丙戌)일주

● 성격

- 단정하고 예의바르고 낙천적이며 매사에 강한 추진력을 발휘하는 정열적인 사람이다. 하지만 겉으로 드러내고 싶으면서도 그러지 못해 우울함이나 외로움이 있다.

● 장점

- 자기 고집을 적당히 부리며 융통성이 있어 말이 잘 통한다.
- 총명하고 부지런해 지구력과 인내력만 갖추면 만사형통한다.
- 낙천적이거나 외향적으로 인간관계에서 발전기회가 많다.

● 단점

- 화끈한 것에 비해서 뒷심이 부족한 경향이 있다.
- 우울증을 부를 만큼의 내면적 공허함이 있다.
- 분노자제, 내면적 감정관리, 자기과시 억제의 조절이 필요하다.
- 이성관계 발전은 잘 하는데 주도하거나 마무리가 약할 수 있다.

### ㉔ 정해(丁亥)일주

● 성격

- 온순하고 착한 성격으로, 주위 사람들에게 많은 사랑과 칭찬을 받는 사람이다. 감각이나 감수성이 발달되어 있고, 많은 사람들보다 소수의 사람들과의 관계에 치밀하다.

● 장점

- 언어감각이 좋고 빠르며, 주관성보다 객관성이 강하다.
- 뜻이 높거나 품위 있고 아름다우며 타인이나 사회생활에서 인정을 받는다.
- 환경과 사회 조직에 대한 소속감이 강하고 협조적이다.

- 단점
  - 저돌적 성향과 주체적 성향이 적어 남성미와 화끈함이 부족하다.
  - 고상한 것을 추구하다 자신의 사람을 챙기지 못할 수도 있으며, 때로는 고지식한 성향이 발생할 수 있다.

### ㉕ 무자(戊子)일주

- 성격
  - 말과 행동이 우직하고 믿음직스럽고 신중하며, 계획성이 있어서 사람들로부터 신임을 받는 인물이다. 또한 모든 일에 분명하고 합리적이다. 하지만 자기에게 손해가 되는 일은 절대 하지 않는 성격이기 때문에 돈에 조금 인색하다는 평가를 듣기도 한다.

- 장점
  - 치밀하고 꼼꼼하며 신비주의와 몸을 통제하고 검소한 생활을 하며 주변을 잘 챙기거나 재물복이 따른다.
  - 넓은 마음과 섬세함을 동시에 가지고 있다.

- 단점
  - 마음은 넓고 섬세한데 주도력이나 남성미가 부족하고 지구력이 부족하거나 고독함을 이겨 내기 힘들어 한다.
  - 재물복이 우선 따르는 모습이고 전략적 지혜가 필요하다.
  - 겉으로는 힘 있고 걱정 없어 보이지만 실제 힘은 약하고 은근히 아프고 근심이 많다.

### ㉖ 기축(己丑)일주

- 성격
  - 말이 별로 없고 수줍음을 많이 타는 성격이지만, 남다른 고집이 있어서 일단 일이 주어지면 완벽하게 이루고자 노력하므로 뒤늦게 반드시 성공하는 운세다.

● 장점

- 성실하고 한 우물을 파는 꾸준한 생활태도를 보이며, 과거보다는 미래를 대비하는 스타일로 일관성만 유지하면 뒤늦게 성공하는 형태다.
- 친구나 인간관계에 시간 투자 허비가 적은 스타일이다.
- 30대 이후부터 길흉 관계없이 운세흐름의 대반전이 예상된다.

● 단점

- 상황과 환경변화에 적응이 부족하며 적극적이고 밝고 도전적인 사람의 도움이 필요하다.
- 자신의 목표에 일관성 있는 열정과 결단력이 필요하다.

### ㉗ 경인(庚寅)일주

● 성격

- 성격이 밝고 긍정적이며, 생활력이 강하고 추진력이 강한 사람이다. 밝고 명랑하고, 온순하고 온정적이며, 적응력도 탁월하다. 대인관계가 원만한 반면, 맺고 끊는 것이 약하고 지도자로서 힘이 약하다.
- 이성관계에 관대한 성격으로 연애기회가 많다.

● 장점

- 명석하고 민첩해서 대인관계나 처세가 좋으니 조직의 관리자나 감독 역할이 제격이다.
- 의리를 추구하면서 동시에 실리를 추구하며 계산적이면서도 포용력이 있고 통이 크다.

● 단점

- 무모한 용기가 불쑥불쑥 튀어나와 잦은 실패와 고생을 자초하기도 한다.
- 통이 크고 이성적인 반면, 지구력과 마무리가 약하다.

### ㉘ 신묘(辛卯)일주

● 성격

- 꼼꼼하고 알뜰한 성격으로, 소박하며 평범한 것에 행복을 느낀다. 마음이 넓고 호탕하며, 미적 감각과 예술적 감각이 뛰어나다. 하지만 적극적인 면과 추진력이 약하고, 행동보다는 말이 앞설 수 있다.

● 장점

- 이성적이고 계산적인 성향으로 감정에 얽매임이 적다.
- 씩씩하고 뽐내고자 하는 욕구가 있고 매사에 적극적이다.
- 호탕한 면과 담백하고 솔직하며 직설적인 스타일이다.

● 단점

- 주관적 편견의 지배를 받는 입장이라 성급함과 무모함, 그리고 아집과 선입견이 큰 단점으로 작용한다.
- 음주가무와 주색잡기로 대흉을 부르는 큰 변수가 된다.
- 한번 마음이 돌아서면 단호하고 매정한 스타일이다.

### ㉙ 임진(壬辰)일주

● 성격

- 솔직담백하고, 추진력과 자신감이 넘치고 말솜씨가 뛰어나며, 타인에게 굽히지 않는 주관이 뚜렷한 사람이다. 하지만 쉽게 흥분하고 급하며, 매사에 냉정하고 인색하다는 평가를 받기도 한다.

● 장점

- 명예를 중요시하며 도량이 넓기 때문에 지도자로 성공하는 경우가 많다.
- 목표와 꿈이 원대하고 스케일이 크다.

● 단점

- 스스로를 억제하고, 긴장과 조바심을 내는 억압적 심리구조의 소유자다.

- 동정과 연민의 마음에 인내심과 솔직함이 겸비되었으니 마음고생이 크다.
- 활동에 비해 실속이 없고 경제적 안정감이 약한 편이다.

### ㉚ 계사(癸巳)일주

● 성격

- 항상 자기의 원칙을 세워 행동하고, 내성적이면서도 일단 일을 맡으면 강한 추진력과 활동력으로 일을 처리하므로 인정받게 된다. 하지만 타인의 말에 쉽게 현혹되기 쉽고 끈기가 부족한 면도 있다.

● 장점

- 어물쩍 넘어가는 경우가 없고 자신의 일에는 아주 정확한 성격이다.
- 공부, 진학에서 좋은 운과 결과를 가져오는 편이다.
- 말, 강연, 사회, 개그 등의 숨은 재능으로 주변을 즐겁게 만드는 재주가 있다.
- 남성은 처복이 좋다.

● 단점

- 물과 불이 충돌하니 변화와 변덕 성향이 강하다.
- 가끔은 구설수나 명예손상 등에 휘말릴 수 있다.
- 너무 신중하고, 생각과 의심이 많아 타이밍을 놓치는 경우가 더러 생긴다.

### ㉛ 갑오(甲午)일주

● 성격

- 뛰어난 두뇌의 소유자로서 새로운 것을 추구하고 창조력이 뛰어나며 예술 방면에 소질이 있다. 하지만 현실보다 이상을 추구하며, 그 때문에 손해를 보는 경우가 종종 있다.

● 장점

- 새로운 일에 도전적이고 높은 이상을 지녔다.

● 단점

- 성격이 급하고 융통성이 적어 가끔은 좌절과 기복이 심한 편이다.
- 일에 대한 열정에 비해 의지력이 약한 편에 속한다.

### ㉜ 을미(乙未)일주

● 성격

- 박학다식하고, 부드러운 성품을 가지고 있으며, 인정이 많고 상대의 마음을 잘 이해한다. 하지만 결정적인 순간에 자신을 내보이지 않아 약간은 계산적인 느낌을 주므로 오해받기 쉽다.

● 장점

- 뛰어난 공간감각과 적응 능력이 있다.
- 총명하고 이해력이 좋으며, 예술적 기질과 직관의 감각도 뛰어나다.
- 자유분방하고 활기찬 성격으로 스트레스를 덜 받고 심각하지 않아 즐겁게 사는 스타일이다.

● 단점

- 통이 커 보이나 꾸준함이나 인내력이 부족하다.
- 지성미가 떨어지거나 가벼워 보일 수 있으나 부드럽고 원활하다.
- 가끔은 인간관계에 책임감을 짊어지기 싫어하는 경향이 있다.

### ㉝ 병신(丙申)일주

● 성격

- 사교성이 뛰어나고, 인정이 많고 예의가 있어서 대인관계가 원만하며, 재주가 다양하다. 또한 맡겨진 일을 솔선수범하여 완벽하게 처리하는 사람이다. 하지만 성격이 급하고 가끔은 욱하는 성질이 있어 사람들과 충돌을 일으키므로 스스로를 자제하는 연습이 반드시 필요하다.

● **장점**

- 한번 마음먹으면 강한 집념과 의지로 일을 추진한다.
- 특이한 통찰력과 독특한 매력의 소유자다.
- 자신에게 이익이 되는 결과를 얻기 위해 가장 빠른 방법을 찾는 능력이 있다.
- 대인관계, 업무처리능력이 뛰어나 사업과 경쟁에서 항상 앞선다.

● **단점**

- 자신이 생각하는 스케일이 크다 보니 운명의 모습과 방향에 극단성이 발생한다. 크게 성공하거나 크게 실패하는 브레이크 없는 페달에 비유할 수 있다.
- 다재다능함이 오히려 발전을 가로막을 때가 있다.
- 한쪽으로 치우치다 보니 질병(정신건강)에 취약하다.
- 가끔은 신경질적이거나 계산적, 이중적인 성격을 나타내기도 한다.

**㉞ 정유(丁酉)일주**

● **성격**

- 용모가 수려하고 단정하며 예쁜 사람이 많아 탤런트, 배우, 가수 등 연예계에 진출해도 전망이 있는 재주꾼이다. 지혜가 있고 감각이 발달하여 예리한 판단력과 끼를 가지고 있다. 하지만 고집이 세고 화가 나면 주위를 살피지 않는 불 같은 성격의 소유자다.

● **장점**

- 유연한 처세나 낙천적 성향으로 상대를 흥겹게 만든다.
- 먼저 다가가는 친화력과 포섭능력이 좋다.
- 보호 본능, 동정심 유발을 잘 시켜 공짜로 얻는 경우가 많다.

● **단점**

- 지혜는 좋으나 자신의 말과 행동에 인내와 결단성이 다소 약하다.
- 일, 업무에는 무정하고 매정한 사람이라고 평가받을 수 있다.

### ㉟ 무술(戊戌)일주

● 성격

- 자존심이 강하고 자유롭고 싶어 하며, 명예 지향적이고 어려움도 극복해 나가는 능력이 있다. 하지만 쓸데없는 의리를 내세우다 나설 때와 나서지 않을 때를 구분하지 못하고, 몸과 마음이 바쁘고 분주하면서 실속이 없을 때가 가끔 있다.

● 장점

- 순간적인 결단과 분별로 상황을 정리하는 능력이 탁월하다.
- 체면치레를 하거나 엉큼하지 않아 담백한 사람으로 보여진다.
- 예술적 감수성과 재능이 탁월하며 공학, 기술 분야에 특출한 능력을 지녔다.

● 단점

- 급하게 끝을 보는 성향으로 매정해 보일 수 있다.
- 마음이 넓은 듯하면서도 말과 행동이 한 번씩 차가울 때가 있다.
- 강력한 용기가 때로는 사고로 연결되기도 한다.

### ㊱ 기해(己亥)일주

● 성격

- 허황된 바람을 갖기보다는, 작은 일을 소중히 여기며 남에게 아무런 대가를 바라지 않고 베풀기를 좋아해 항상 주위에 많은 사람이 따른다. 하지만 배짱이 부족하고 보여 주고 싶어 하는 경향이 강하여 인간관계에서 손해를 보는 경우가 종종 있다.

● 장점

- 꼼꼼하고 섬세하며 착실하게 살아가는 성향의 소유자다.
- 타인에게 협조적이고 특히 이성에게 충실한 스타일이다.
- 폼을 크게 잡기보다 조용하게 실리를 추구하는 타입이다.

● 단점

- 섬세하고 구체적인 것까지 신경 쓰는 치밀함이 주변을 피곤하게 만들 수 있다.
- 소비적이거나 즐기는 자세가 부족해 고지식해 보일 수 있다.
- 너무 계산적이고 계획적이어서 피곤해 보일 수 있다.

### ㊲ 경자(庚子)일주

● 성격

- 뛰어난 재주와 총명한 머리 그리고 지혜를 가진 사람으로 기획력과 아이디어가 많다. 언어능력도 탁월하고 자기표현을 잘하며, 감수성과 감각도 좋다. 하지만 가끔은 자기주장이 강하고 고집이 세다.

● 장점

- 자신의 생활을 즐길 줄 아는 자유분방한 성격의 소유자로 창의적인 아이디어나 감각적 재능도 뛰어나다.
- 천진난만하고 냉정함이 동시에 있어 여우짓의 소유자다.

● 단점

- 윤리 · 도덕적인 면이 다소 부족해 보일 수 있고, 낙천적이며 느긋하다.
- 조직과 단체 활동의 소속감이 적으며 때로는 윗사람을 인정하는 자세가 부족하다.
- 자기과시나 자기노출에 심하게 빠질 때도 있다.

### ㊳ 신축(辛丑)일주

● 성격

- 지혜와 지모가 뛰어난 사람으로 기획력이나 창의력이 탁월하다. 요행을 바라지 않고 부지런하게 노력하기 때문에 실패가 없지만, 남에게 인색한 면이 있고 일한 만큼의 성과를 얻지 못하는 경우도 있다.

● 장점

- 명석한 두뇌와 섬세하고 예리한 손재주를 지녔으며 자존심이 강한 직관력을 지

녔다.
- 재물과 물질에 대한 창의적 아이디어가 뛰어나다.
- 불필요한 인간관계나 활동을 자제하며 내적 발달을 추구한다.

● **단점**
- 실행, 실천, 표현력이 능력에 비해 부족한 편이다.
- 자신의 행복을 위한 처세술이 적은 편이다.
- 때로는 자기만의 생각에 쉽게 빠지거나 유연함이 부족하다.

### ㊴ 임인(壬寅)일주

● **성격**
- 머리도 좋고 언변도 있으며 재치가 있어서 꾸준히 발전할 수 있는 사람이다. 매사에 능동적이고 박력이 있으며 처세술이 뛰어나고 고집이 세지만, 우유부단한 단점도 있다.

● **장점**
- 머리가 좋고 언변이 뛰어나며 호연지기를 갖추었다.
- 베푸는 것을 좋아하여 주변의 사람들이 잘 따른다.
- 안정감과 큰 스케일을 지녔다.

● **단점**
- 기복이 심한 삶의 형태이며 길흉이 다소 극단적으로 나타난다.
- 싫어지면 바로 중단해 버리는 성향으로 우유부단, 끈기 부족, 마무리 취약 등의 평가를 받는다. 가끔씩 깐깐하고 외롭고 까칠하다는 평가를 받는다.

### ㊵ 계묘(癸卯)일주

● **성격**
- 재주가 많고 능력이 있는 사람으로, 다방면에서 인정을 받으며 자기의 재능을 발휘하는 스타일이다. 그러나 다른 사람과 더불어 사는 것을 근본으로 생각하

는 타입이고 자기 실속만 챙기는 실속주의자는 아니다.

- **장점**
  - 일처리 능력이 뛰어나며 일을 즐기는 경향이 있다.
  - 자신의 재주와 능력을 발휘하고자 하는 노력이 뛰어나다.
  - 연구하는 자세와 창작의 능력 또한 뛰어나다.

- **단점**
  - 매사에 올곧은 처세를 하려고 노력하여 세상을 보는 시야가 넓지 않기 때문에 고지식한 면이 있고 결벽증으로 드러나기도 한다.
  - 뒤끝은 없지만 호 · 불호가 선명하여 주변인들과의 관계가 소원해질 때가 있다.
  - 끝마무리와 실속에 취약할 수 있다.

### ㊶ 갑진(甲辰)일주

- **성격**
  - 자존심이 강하고 명예욕이 있으며, 추진력도 있고 의지가 굳으며 진취적이다. 하지만 자존심이 강해서 남에게 굽히기를 싫어하는 성격이다.

- **장점**
  - 독립심이 강하고 용기가 있다.

- **단점**
  - 성격이 급한 편이고 좌절이 심한 편으로 욕심에 비해 취하는 것이 적을 수 있다. 때로는 욕심을 줄이고 물러서서 관망하는 지혜가 필요하다.

### ㊷ 을사(乙巳)일주

- **성격**
  - 아이디어가 반짝이며, 자기분수를 알고, 세심한 성품으로 상대를 배려하는 따뜻한 성품을 가졌다. 자기표현력이 탁월하고, 상상력이 풍부하며, 재치와 임기응

변이 뛰어나다. 하지만 변화가 심하고 끈기가 부족한 편이다.

- 장점
  - 정의롭고, 자존심을 중요시하는 일주다.
  - 자신보다 어려운 처지의 사람을 도와주려는 따뜻한 마음을 지녔다.
  - 다양한 재주와 창의성, 예술적 감수성 등을 주체하기 힘들 정도로 지녔다.

- 단점
  - 자신이 옳다고 생각하는 것을 지켜 내기 위해 무모한 일마저 마다하지 않는 경향이 있다.
  - 자신의 능력과 외모에 대한 과대망상이 소외와 고립을 자초하기도 한다.
  - 바쁘게 돌아다니지만 큰 실리는 없다.

**㊸ 병오(丙午)일주**

- 성격
  - 매사에 적극적이고 진취적이며, 말솜씨가 뛰어나고, 명랑하고 호탕하며 양심적인 성격을 가지고 있다. 하지만 자존심이 상하는 일은 잘 하지 않으려 하고 성질이 급한 것이 단점이다.

- 장점
  - 사심이 없고 자신감이 충만하다.
  - 참모나 후원자를 잘 만나면 난세의 영웅이 될 가능성도 있다.
  - 겉으로는 스케일도 크고 대범하게 보이며, 여유 있게 행동한다.

- 단점
  - 자신이 제왕이고 태양이기 때문에 다소 권위적이고 타인을 아래로 여기는 성향이 있다.
  - 천상천하 유아독존의 독불장군 성향이다.

### ㊹ 정미(丁未)일주

- 성격
  - 안정적이고, 매사에 흔들림이 적으며, 맡은 바 책임을 다하고 순간적 대처능력이 빠르다. 또한 인정이 많고 심성이 고우며 예의바르고 성실하다. 하지만 고지식하고 융통성이 부족하며 쓸데없는 고집이 가끔 나온다.

- 장점
  - 자신을 드러내고 표현하는 언어적인 능력이 뛰어나고 협상능력, 설득력, 수용력이 뛰어나 타협을 잘한다.
  - 남을 편안하게 해 주는 재주가 있다.
  - 상대 입장을 헤아리고 배려할 줄 아는 심성을 지녔다.

- 단점
  - 성격이 급하고 자존심이 세서 결정적인 순간에 발끈하기도 하지만 뒤끝은 없는 화끈한 스타일이다.
  - 이도저도 아닌 어중간한 뒷마무리라서 구체적인 결실이나 성과가 약하다.
  - 때로는 부적절한 망설임, 고지식이 발전을 가로막는 형국이다.
  - 일, 사업, 결혼의 과정에서 중단되는 현상이 빈번히 발생한다.

### ㊺ 무신(戊申)일주

- 성격
  - 안정적 · 보수적이면서 은근한 고집과 중후함과 우직한 성품을 지니고 있다. 재주가 다재다능하고 뛰어난 머리의 소유자로서 전문직종이나 학문으로 진출하면 좋다. 하지만 끈기가 부족하고 배짱이나 돌파력이 약하다.

- 장점
  - 재복이 두터워 여타의 일주에 비해 부자가 많은 편이다.
  - 똑똑하고 온순하며 활달하고 언변도 유창하여 직장에서 인정받는다.
  - 기본적으로 식복을 타고난 사람이다.

● 단점

- 혼자 모든 것을 다 하려는 경향으로 주변의 신뢰를 잃을 수 있고, 말년을 외롭게 보내는 사람이 많다.
- 대충대충 끝내는 성향이 있어 일과 사업을 완결 짓지 못하는 경향이 있다.

### ㊻ 기유(己酉)일주

● 성격

- 자기주관이 강하고 고집이 세어 항상 자기중심에서 세상을 바라보는 사람이다. 섬세하고 분명한 것을 좋아하며 아무런 가식이 없어서 사람들로부터 신임을 받지만, 자신의 생각이나 고집이 있어 융통성이 부족하고 적극성이 부족하다.

● 장점

- 눈치가 빨라 대인관계와 이미지 관리를 잘한다.
- 온순 원만함과 주변을 잘 아우르는 말솜씨가 화려하며, 예술적 감수성과 사교성이 뛰어나다.
- 주변 사람들을 내 편으로 만드는 재주와 분위기를 리드하는 능력이 탁월하다.

● 단점

- 좋은 표현력과 사회성을 갖추었음에도 불구하고 줏대가 없고 깊은 의리가 부족하다.
- 자신의 생각에 반대하면 반발력이 크고, 몹시 서운해 한다.
- 때로는 시야가 좁다는 혹평을 받기도 한다.

### ㊼ 경술(庚戌)일주

● 성격

- 비록 겉은 초라하게 보이지만 안으로는 매우 섬세하고 치밀한 눈을 가지고 있다. 창조적이고 장인정신이 뛰어나 큰일을 쉽게 성사시킨다. 너무 똑똑하여 남을 무시하는 것 같은 행동과 강한 고집을 가지고 있다.

- **장점**
  - 주관이 뚜렷하고 사리에 맞는 행동을 밑천으로 정도를 걷고자 하는 의지가 충만하다.
  - 예체능 방면으로 재주가 발달하고 자기과시가 강한 특징이 있다
  - 장인기질을 바탕에 깔고 있어, 잠재력만 잘 살려 주면 대성한다.

- **단점**
  - 통제와 간섭당하는 것을 싫어하며 자기 마음대로 하기 좋아한다.
  - 겉으로는 강한 것처럼 보이지만 안으로는 기운이 강하지 못한 편이다.
  - 자존심을 건드리면 폭발한다.

**㊽ 신해(辛亥)일주**

- **성격**
  - 지혜가 뛰어나고 한번 보기만 하면 알아듣는 다재다능한 능력의 소유자다. 착실하고 명예와 의를 중요하게 생각한다. 하지만 내성적이고 소심하며, 생각이 너무 많아 간혹 냉철하게 보이기도 한다.

- **장점**
  - 고집이 완고하고 치밀하며 자기관리가 철저하다.
  - 명석한 두뇌에 이해력과 관찰력이 뛰어나며 외모에도 신경 쓰는 깔끔한 멋쟁이다.
  - 연구 등의 성과물이 치밀한 이해득실의 과정을 거쳐 제2의 결실을 만드는 재주가 있다.

- **단점**
  - 내재된 많은 생각으로 적절한 기회를 자주 놓치고 손실을 자초하는 경향이 있다.
  - 내성적이고 소심하지만 반대세력에게는 의외로 가혹하다.

### ㊾ 임자(壬子)일주

● 성격

- 모든 일에 의욕적이고 진취적이며 속이 깊고 과묵한 성격으로, 일단 말을 하면 논리정연하고 통솔력도 있으며 포용력도 있고 지구력도 대단하다. 하지만 고집이 너무 세고 한번 화를 내면 앞뒤를 가리지 않으므로 자제해야 한다.

● 장점

- 진취적이고 의욕적이며 배포가 크면서도 두뇌가 뛰어나 사람들을 잘 다루고 탁월한 리더십을 보여 준다.
- 눈치가 빠르며 다른 사람의 속내를 잘 파악하여 거짓말이나 사기를 잘 당하지 않는다.
- 재물보다 명예와 권력을 중요시한다.
- 여러 분야에 다재다능하여 주변에 사람이 많다.

● 단점

- 극단적인 면모, 폭력적인 면모도 함께 볼 수 있다.
- 한번 화를 내면 절제가 잘 안 되고 남자의 경우 밖에서는 좋은 사람이나, 집안에서는 폭력적인 모습을 보일 수도 있다.

### ㊿ 계축(癸丑)일주

● 성격

- 믿음직스럽고 조용한 성격으로 남들로부터 칭찬을 받으며 선량한 사람으로 평가받는다. 겉으로 보기와는 다르게 강한 추진력과 용기가 있어서 한번 일을 시작하면 남들에게 뒤처지기를 싫어하고, 끝까지 일을 완벽하게 해내는 성격이다.

● 장점

- 사람의 심리와 성격을 잘 파악하는 재주가 있다.
- 사려 깊고 남을 잘 배려할 줄 안다는 평가를 받는다.
- 좋은 화술과 총명함, 다정다감한 사교성으로 대인관계를 매끄럽게 이끌어 나가

는 능력이 돋보인다.

● 단점

- 길흉의 기복이 심하다.
- 편향되면서도 과도한 집착이 문제를 야기하기도 한다.
- 손해 본다는 피해의식과 그것을 억압하는 내면의식이 주변과의 관계를 어렵게 할 때도 있다.

### ⑤① 갑인(甲寅)일주

● 성격

- 두뇌회전이 빠르고, 화끈한 성격이면서 추진력과 배짱이 있고, 적극적이다. 하지만 가끔은 지나친 배짱과 고집 때문에 인생의 굴곡이 있기 쉽다.

● 장점

- 꿈이 크고 기상은 높은 편에 속하며, 미래 지향적이고 리더의 자질을 갖추고 있다.
- 권력 지향성, 정의감, 독립심, 포부 등은 최강이다.
- 분위기 파악의 화술과 설득의 말솜씨가 좋은 무기이며 화끈하고 시원시원한 면이 있다.

● 단점

- 성격이 깔끔하고 조급하며 거칠어 주변의 도움을 받기 어려울 수도 있다.
- 포용과 번복이 없으며 인생행로에서 굴곡이 다소 있다.

### ⑤② 을묘(乙卯)일주

● 성격

- 성실하고 치밀하며, 매사에 분명하고 정확한 성격이고 합리적인 사고방식을 가졌으며, 인정이 많은 착한 사람이다. 하지만 지구력이 약하고, 이상적인 일을 추구하며, 마음만큼 실천력이 약하다.

● 장점

- 착하고 온순한 성격으로 활발한 사회활동에 지향적이며 인기가 많아 대인관계가 좋다.
- 한번 정한 목표는 끝까지 이루어 내는 고집과 강단이 있으며 예술적이고 창의적인 감각이 발달된 사람이 많다.
- 개성이 뚜렷하고 창의적이며 융통성이 있어 사회나 조직에서 뛰어난 성과를 보여 준다.

● 단점

- 주변의 조언을 귀담아 듣지 않아 손해를 보기도 한다.
- 자존심과 고집이 강한 성향 때문에 주변인에 대한 배려가 부족하고 자기주장을 우선시하기도 한다.
- 이상주의적 사고를 자주 하며 항상 새로운 상황에 놓이길 바라는데 현실적인 감각이 부족한 모습을 보인다.

(53) **병진(丙辰)일주**

● 성격

- 최선을 다하고, 친화력이 뛰어나다. 다만, 마음속에는 꿈과 이상이 있지만 겉으로는 표현하거나 추진하는 데 약하다.

● 장점

- 순발력과 아이디어가 좋으며 성품이 명랑하고 자비로우며 베풀기를 좋아한다.
- 평생 식록이 넉넉하고 만인을 기르는 공덕을 쌓을 수 있는 운이다.
- 두뇌가 총명하여 일찍부터 두각을 나타내며 좋은 성적을 내기도 한다.

● 단점

- 속으로는 나약해서 말 못할 고통을 계속 참다가 분노가 폭발하면 대형사고로 이어지는 경우가 있다.
- 목표성취의 추진력이 약한 편이다.

- 사심이 없고 음흉하지도 않지만 개인적인 실리와 결실에는 약한 편이다.

### (54) 정사(丁巳)일주

● **성격**

- 머리가 뛰어나고 재주가 많아서 예술, 기술, 체육, 문학 계통의 끼가 있다. 마음이 착하고 베풀기 잘하며 호탕하고 명랑하고 언어능력도 좋고 사교적인 것이 장점이다. 그러나 화끈한 성격 때문에 타인에게 말로 상처를 주기 쉽고, 일을 잘 벌이지만 끝맺음이 약하다.

● **장점**

- 불꽃과 같이 열정적이며 뜨겁게 집중하고 완벽하게 일을 처리하는 믿음직한 사람이다.
- 치밀하고 꼼꼼하게 따지고 생각하는 합리적인 사람이다.
- 자신을 이해해 주는 범주 내에서는 깊고 넓은 대인관계의 폭과 교류를 갖는다.

● **단점**

- 자신의 열정에 스스로가 지쳐 자기의 성과를 끝까지 제대로 챙기지 못하거나, 번아웃으로 완주하지 못하는 경우가 있다.
- 합리성, 논리성은 좋으나 추진력, 설득력은 떨어지는 편이다.
- 일상생활에서 경쟁적, 억압적, 난폭성 때문에 논쟁, 갈등 등으로 번질 우려가 있다.

### (55) 무오(戊午)일주

● **성격**

- 독립적 · 자유적이면서도 매우 신중하고 섬세한 유형으로 목표를 안정적으로 이루어 간다. 순간적인 고집이 있지만 평소에는 여유가 있다. 간혹 너무 꼼꼼한 경우가 있어서 피곤하다.

● **장점**

- 끝까지 버티는 불굴의 의지가 강한 사람이다.

- 인내와 노력으로 성공을 이루어 내는 형이다.

● 단점

- 매사에 자기중심적이라 배우자 인연의 고통이 오는 수가 있다.
- 유아독존 격으로 완고하고 융통성이 없는 편이다.
- 적극적 목표달성과 넓은 대인관계에는 취약할 수 있다.

### ㊹ 기미(己未)일주

● 성격

- 순수하고 깨끗하며, 양보심이 강하고 타인에 대한 배려도 많고 정이 많다. 하지만 타인을 배려하느라 하고 싶은 대로 말과 행동을 쉽게 하지 못한다. 따라서 손해를 보기 쉬우니 자기 목소리를 내도록 노력해야 한다.

● 장점

- 자존심과 명예욕이 강하며 인내와 끈기, 뚝심이 돋보이고 무엇이든 한 가지 일에 굉장한 소질을 보이는 특성이 있다.
- 인식 · 이해능력이 뛰어나고 과거지식과 기억을 잘 정리하며, 내성적이지만 내면의 정서는 드라마틱하다.

● 단점

- 일과 업무에 은밀하면서도 조급한 성향을 띠면서 스스로 심리적 피곤을 만든다.
- 사회적인 일에는 끝까지 이루어 내는 힘이 있으나, 인간관계에 있어서는 매끄럽지 못한 경우가 있다.
- 현실적 · 물질적인 면에는 취약하다.
- 미래지향적 창조성을 요구하는 업종에는 인연이 멀다.

### ㊺ 경신(庚申)일주

● 성격

- 자기주관이 뚜렷하여 주위의 말에 쉽게 흔들리지 않고 바른 길을 꿋꿋하게 가므

로 많은 사람들로부터 존경을 받게 된다. 예체능 계통으로 재주가 발달되어 있어서 다른 사람보다 감각이 뛰어나다. 하지만 고집이 세고 자기과시욕이 강한 편이다.

● **장점**

- 기가 강하고 의리가 강하며 경쟁심을 발휘하여 일을 추진해 내는 힘이 있다.
- 자신의 관심 분야에 대한 집중력과 고집이 꽤 강하며 새로운 아이디어나 창조성으로 의외의 성과나 학문적 가치를 인정받는다.

● **단점**

- 경쟁의 논리로 타인을 지배하기 좋아하고 승부욕이 뛰어나지만 융통성보다 힘에 의해 일처리를 하므로 오히려 장애가 될 때가 많다.
- 영웅 아니면 건달이 되기 쉬운 극과 극의 운명이 될 수 있다.
- 너무 순수하고 투명하여 자신을 있는 그대로 주변에 드러내는 경향이 있다.

**㊳ 신유(辛酉)일주**

● **성격**

- 의리를 중요하게 여기며, 깔끔하고 정직하며 자존심이 강한 성격으로 예술적 자질이 뛰어나며 감성이 풍부하다. 불의를 보면 참지 못하는 성품이다. 하지만 자존심도 강해 고집이 센 편이다.

● **장점**

- 강직하면서 깔끔하고 예술적 자질이 뛰어나다.
- 용감하면서도 저돌적 추진력을 갖춰 매사 적극적인 모습으로 나타난다.

● **단점**

- 타협이 없으며 주관이 확고하여 청고한 상이다.
- 과도한 욕심으로 주변은 물론이고 자신을 힘들게 할 수 있다.
- 목표의식이 흐려지면 '잔머리 굴린다'는 주변의 혹평을 들을 수 있다.

### ⑤⑨ 임술(壬戌)일주

- 성격

  - 온화하면서도 대인관계가 호탕하고 쾌활하며 활동적이다. 자존심이 강하고 솔직 담백하며 언변이 뛰어나다. 또한 타인의 간섭을 싫어하고 자유분방한 성격이다.

- 장점

  - 온화하면서도 대인관계가 호탕하고 쾌활하다.
  - 솔직 담백한 성품이지만 드러내지 않는 자존심이 강하고 육감, 선견지명, 직관력이 뛰어나다.
  - 평생 지도자로 살아가는 사람이다.

- 단점

  - 실리추구의 욕망이 거칠어지면 이기적이고 난폭하다는 평가를 받을 수 있다.
  - 언행이 유연하고 합리적이나 자기과신, 과잉체면에 빠질 때가 가장 위험하다.

### ⑥⓪ 계해(癸亥)일주

- 성격

  - 두뇌회전이 빠르고 판단력이 뛰어나서 매사에 치밀하고 분명하게 일을 처리하면서도 대인관계에 있어서는 매우 부드럽고 정이 많다. 하지만 타인에게 보여주는 것을 좋아하다 보니 밖에서 사람으로 인한 문제가 발생할 수 있다.

- 장점

  - 두뇌가 명석하여 목표를 정해 놓고 매진하면 반드시 성공을 이룬다.
  - 거짓이 없고 남을 속일 줄 모르는 정직한 성격의 소유자다.
  - 생활력이 강하고 실속 있게 행동하므로 시간과 금전적인 면에서 낭비가 없으며, 어떤 일을 맡겨도 깔끔하고 분명하게 마무리 짓는 성격이다.

- 단점

  - 매사 재능과 경쟁으로 임하므로 자기 꾀에 넘어가 고통을 당하는 성품이다.

- 자기주장과 고집이 세어 부모와의 갈등이 있을 수 있다.
- 융통성과 포용력이 있어 인정을 베풀지만 이로 인해 피해를 보는 경우도 많다.

### (2) 일주(日柱)로 보는 자기이해 예시

**예시)** 김하늘, 여자, 양력, 2005년 5월 1일 오전 12시 30분 탄생

#### ① 만세력에서 사주 뽑기

| 생일 | 시 | 일 | 월 | 년 |
|---|---|---|---|---|
| 천간 | 壬 | 乙 | 庚 | 乙 |
| 지지 | 午 | 酉 | 辰 | 酉 |

#### ② 일주를 기입

| 일주 | 乙 |
|---|---|
| | 酉 |

#### ③ 본문 내용의 일주의 내용을 참조하여 풀이한다.

김하늘 씨는 외유내강하고 어떤 환경에도 잘 적응하며, 인자하고 성실하며 친절하고 실리에 밝고 현실적으로 생활력이 강하다. 타인을 배려하고 겸손하며 대처능력이 뛰어나고 분위기에 순응하는 대인관계의 성품을 지녔다.
다만 아쉬운 것은 유약하므로 예민하고 힘이 들면 참을성이 없고 감정 기복이 심하여 마음은 그러하지 않은데 이기적으로 보일 수 있으므로 포용하는 힘을 기르면 대인관계가 원활하게 된다.

## 과제

### 나의 사주를 기입하여 일주를 작성하세요.

(1) 성명: (2) 생년월일시:

① 만세력에서 사주 뽑기

| 생일 | 시 | 일 | 월 | 년 |
|---|---|---|---|---|
| 천간 | | | | |
| 지지 | | | | |

② 일주를 기입

| 일주 | |
|---|---|
| | |

③ 본문 내용을 참조하여 작성한다.

# 참고문헌

강효석(2005). 자기와 자아의 심리학. 시그마프레스.

구중회(2010). 한국명리학의 역사적 연구. 국학자료원.

김경란(2023). 사주명리 일주론과 MBTI성격유형의 상호보완성에 관한 연구. 서경대학교대학원 박사학위논문.

김동완(2009). 사주명리학 심리분석. 동학사.

김두훈(2000). 사상체질의 개념. 지문당.

김영철(2015). 자기 존중감과 자아 정체성 형성의 관계. 서울대학교 박사학위논문.

김영희(2015). 사주명리학과 심리상담. 지식산업사.

나남임(2011). 명리학의 성격론과 MBTI 성격유형 비교연구. 원광대학교동양학과대학원 석사학위논문.

남창환 외 4인(2020). 일주론. 좋은땅.

신정원(2019). 사주명리. 동학사.

연주(2023). 내 점성학은 내가 본다. SOUL SOCIETY.

윤종필(2003). 성리학 강의. 책세상.

이경순, 이미경. 김경희(2014). 인간관계와 의사소통. 현문사.

이기정, 김홍석(2010). 자아심리학. 학지사.

이서영(2014). 자기이해를 위한 인문적 사회교육. 한국교원대학교대학원 박사학위논문.

이석기(2007). 성리학과 한국적 의식. 서울대학교 출판부.

이소연(2021). 학생의 자기이해에 관한 존재론적 탐구. 숙명여자대학교교육대학원 석사학위논문.

이원철(2013). 『주역』의 음양대대적 관념에 관한 연구. 제주대학교대학원 석사학위논문.

이인숙(2023). 사상의학의 對待이론과 수양론. 동방문화대학교대학원 박사학위논문.

이정우 역(1993). 담론의 질서. 인간사랑.

이정은(2018). 자아 개념의 형성 과정에 대한 사례 연구. 연세대학교 석사학위논문.

이정환, 김영준(2009). 사상체질의학고찰. 스프링어.

이지혜(2018). 사주명리학과 개인 심리적 특성. 한국심리학회지.

임형순(1999). 성리학의 철학적 근간. 소명출판사.

장은석, 백영희(2013). 사상의학의 체질병리학고찰. 엘스비어.
전정훈(2010). 기초자평명리학. 혜경출판사.
정영호(2005). 성리학 입문. 새움.
조소현, 서은국, 노연정(2005). 혈액형별 성격특징에 대한 믿음과 실제 성격과의 관계. 한국심리학회지: 사회 및 성격, 19(4), 33-47.
철학교재연구회 엮음(1992). 철학개론. 이문출판사.
채혜정, 유인규, 이상진(2011). 사상체질 분류에 대한 신경생물학적 접근. 대체 및 보충의학저널.
최영진(2002). 유교사상의 본질과 현재성. 성균관대학교 출판부.
최재훈 역(2013). 논어. 팔복원.
최정준(2005). 旅軒 張顯光 易學思想의 哲學的 探究. 성균관대학교 박사학위논문.
한귀정(2008). 정치적 의지와 한국철학: 성리학의 현대적 고찰. 민음사.
황규식 역(2012). 맹자. 팔복원.

董仲舒(2010).『春秋繁露』. 上海古籍出版社.
呂不韋 著, 鄭夏賢 譯(2011).『呂氏春秋』. 소명출판사.
呂不韋 著(1989).『呂氏春秋』. 上海古籍出版社.
劉 安 編著(1989).『淮男子』. 上海古籍出版社.
劉伯溫 原作, 任鐵樵・徐樂吾 補評(1995).『命理天書 適天髓 詳解』. 聚賢館文化有限公司.
李相玉 譯著(2020).『禮記』. 明文堂.
萬民英(2013).『三命通會』. 育林出版社.
班 固 著, 金萬源 譯(2018).『白虎通義 譯註』. 圖書出版 역락.
徐 升(2011).『淵海子平評註』. 武陵出版有限公司.
蕭 吉(2003).『五行大義』. 武陵出版有限公司.
蘇 輿(2016).『春秋繁露義證』. 소명출판사.
阿部熹作 著, 鄭民鉉 譯(1998). 四柱推命學鑑定法. 三元文化史.
吳清植 譯註(2020).『窮通寶鑑評註』. 효정출판사.
王充(2008).『論衡』. 臺灣東大出版社.
韋千里(2015).『精選命理約言』. 心一堂有限公司.
劉伯溫(1993).『總斷千金賦』. 武陵出版社.
任鐵樵(1999).『適天髓闡微』. 武陵出版有限公司.
張 楠(2007).『標點命理正宗』. 武陵出版有限公司.
張耀文(1982).『四柱推命十干秘解』. 武陵出版社,
鄭英昊 編譯(1994).『呂氏春秋 十二紀』. 自由文庫.
陳煒湛 著(2002). 李圭甲 外3人 譯.『甲骨文導倫』. 학고방.
陳之潾 著, 韋千里 編著(2015).『精選命理約言』. 香港: 心一堂.

陳椿益(2007).『八字命理新解』. 武陵出版有限公司.

沈孝瞻 原著, 徐樂吾 評註(2005).『子平眞詮』. 武陵出版有限公司.

何建忠(1992).『千古八字秘决總解』. 龍昑文化出版.

管仲(1989).『管子』. 上海古籍出版社.

許愼(1986).『說文解字』. 中華書局.

Adler, A. (1907). *Study of Organ Inferiority and Its Psychical Compensation*. University of Vienna.

Adler, A. (1927). *Understanding Human Nature*. Greenberg.

Allen, C. (1993). *Cognitive and Behavioral Profiles of Down Syndrome*. University of Oxford.

Allen, C. (1993). *Down Syndrome: The Facts*. Oxford University Press.

Brown, B. (2010). *The Gifts of Imperfection*. Hazelden Publishing.

Brown, B. (2010). *The Gifts of Imperfection*. University of Houston.

Campbell, W. K., & Miller, J. D. (2011). *The Handbook of Narcissism and Narcissistic Personality Disorder: Theoretical Approaches, Empirical Findings, and Treatments*. Wiley.

Comfort, E. (2015). *Understanding the Social and Emotional Impact of Williams Syndrome*. Yale University.

Comfort, E. (2015). *Williams Syndrome: The Faces of Change*. Guilford Press.

Descartes, R. (1641). *Meditations on First Philosophy*. Cambridge University Press.

Descartes, R. (1641). *Meditations on First Philosophy*. University of Paris.

Erikson, E. H. (1959). *Identity and the Life Cycle*. Harvard University.

Erikson, E. H. (1959). *Identity and the Life Cycle*. W.W. Norton & Company.

Freud, S. (1900). *The Interpretation of Dreams*. University of Vienna.

Freud, S. (1913). *Totem and Taboo*. W.W. Norton & Company.

Freud, S. (1923). *The Ego and the Id*. University of Vienna.

Freud, S. (1923). *The Ego and the Id*. W.W. Norton & Company.

Goleman, D. (1995). *Emotional Intelligence*. Bantam Books.

Goleman, D. (1995). *Emotional Intelligence*. Harvard University.

Hegel, G. W. F. (1807). *Phenomenology of Spirit*. Oxford University Press.

Hegel, G. W. F. (1807). *Phenomenology of Spirit*. University of Jena.

Hochschild, A. R. (1983). *The Managed Heart: Commercialization of Human Feeling*. University of California Press.

Horney, K. (1937). *The Neurotic Personality of Our Time*. W.W. Norton & Company.

Horney, K. (1939). *New Ways in Psychoanalysis*. University of Berlin.

Jung, C. G. (1907). *The Psychology of Dementia Praecox*. University of Zurich.
Jung, C. G. (1953). *The Ego and the Unconscious*. Princeton University Press.
Jung, C. G. (1953). *The Ego and the Unconscious*. University of Zurich.
Jung, C. G. (1960). *The Structure and Dynamics of the Psyche*. Princeton University Press.
Klein, M. (1932). *The Psycho-Analysis of Children*. University of London.
Klein, M. (1948). *Contributions to Psycho-Analysis, 1921-1945*. Hogarth Press.
Klein, V. (2012). *Borderline Personality Disorder: New Perspectives on a Stigmatizing and Overused Diagnosis*. Praeger.
Klein, V. (2012). *The Impact of Stigma on Borderline Personality Disorder*. Harvard University.
Kohut, H. (1959). *Forms and Transformations of Narcissism*. University of Chicago.
Kohut, H. (1971). *The Analysis of the Self*. International Universities Press.
Kohut, H. (1971). *The Analysis of the Self*. University of Chicago.
Lasch, C. (1979). *The Culture of Narcissism*. University of Rochester.
Lasch, C. (1979). *The Culture of Narcissism: American Life in an Age of Diminishing Expectations*. W.W. Norton & Company.
Luby, J. (2006). *Handbook of Preschool Mental Health: Development, Disorders, and Treatment*. Guilford Press.
Luby, J. (2006). *The Preschool Bipolar Phenotype: Disregulation of Mood, Behavior, and Attention*. Washington University in St. Louis.
McWilliams, N. (1994). *Psychoanalytic Diagnosis: Understanding Personality Structure in the Clinical Process*. Guilford Press.
McWilliams, N. (1994). *The Diagnostic Dilemma of Borderline Personality Disorder*. Rutgers University.
Miller, A. (1981). *The Drama of the Gifted Child*. Basic Books.
Miller, A. (1981). *The Drama of the Gifted Child: The Search for the True Self*. University of Basel.
Fraser, N. (1997). *Justice Interruptus: Critical Reflections on the 'Postsocialist' Condition*. New York and London: Routledge.
Rogers, C. (1961). *On Becoming a Person*. Houghton Mifflin.
Rogers, C. (1961). *On Becoming a Person*. University of Chicago.
Sartre, J. P. (1943). *Being and Nothingness*. University of Paris.
Sartre, J. P. (1943). *Being and Nothingness*. Washington Square Press.

한국한의학연구원 홈페이지.
사상체질 감별법 안내(tistory.com).

## 저자 소개

● **진영아**(道賢, 陳永娥)

고려대학교 정책대학원 행정학 석사
동방문화대학원대학교 철학 박사

전 가천대학교 안전교육연수원 부원장
(사)해외한민족동포교육진흥회 이사

현 경복대학교 간호학부 겸임교수
한림대학교 태동고전연구소 객원연구원
人humanity 연구소 대표

〈주요 논문〉『궁통보감』의 용신체계(2023)
『궁통보감』의 명리이론 특징(2022)
『궁통보감』에서 용신의 의미와 〈희용제요〉(2022)



동서양 학문으로 보는
# 자기이해
Self-understanding as an Eastern and Western Discipline

2024년 8월 25일 1판 1쇄 인쇄
2024년 8월 30일 1판 1쇄 발행

지은이 • 진영아
펴낸이 • 김진환
펴낸곳 • (주) 학지사
04031 서울특별시 마포구 양화로 15길 20 마인드월드빌딩
대표전화 • 02)330-5114　　팩스 • 02)324-2345
등록번호 • 제313-2006-000265호

홈페이지 • http://www.hakjisa.co.kr
인스타그램 • https://www.instagram.com/hakjisabook

ISBN 978-89-997-3165-5 93370

정가 18,000원